Heidi Maria und Martin Kuhnle

Odenwald

Wandern für die Seele

20 Wohlfühlwege

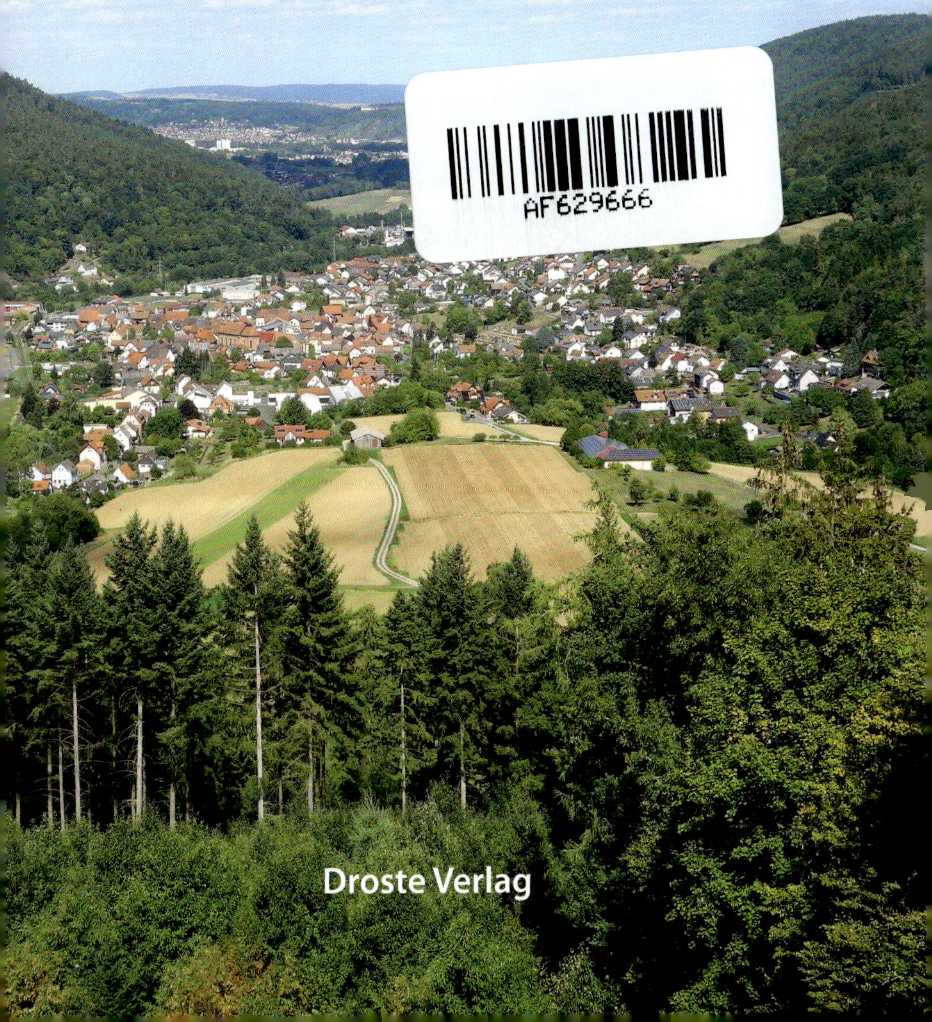

Droste Verlag

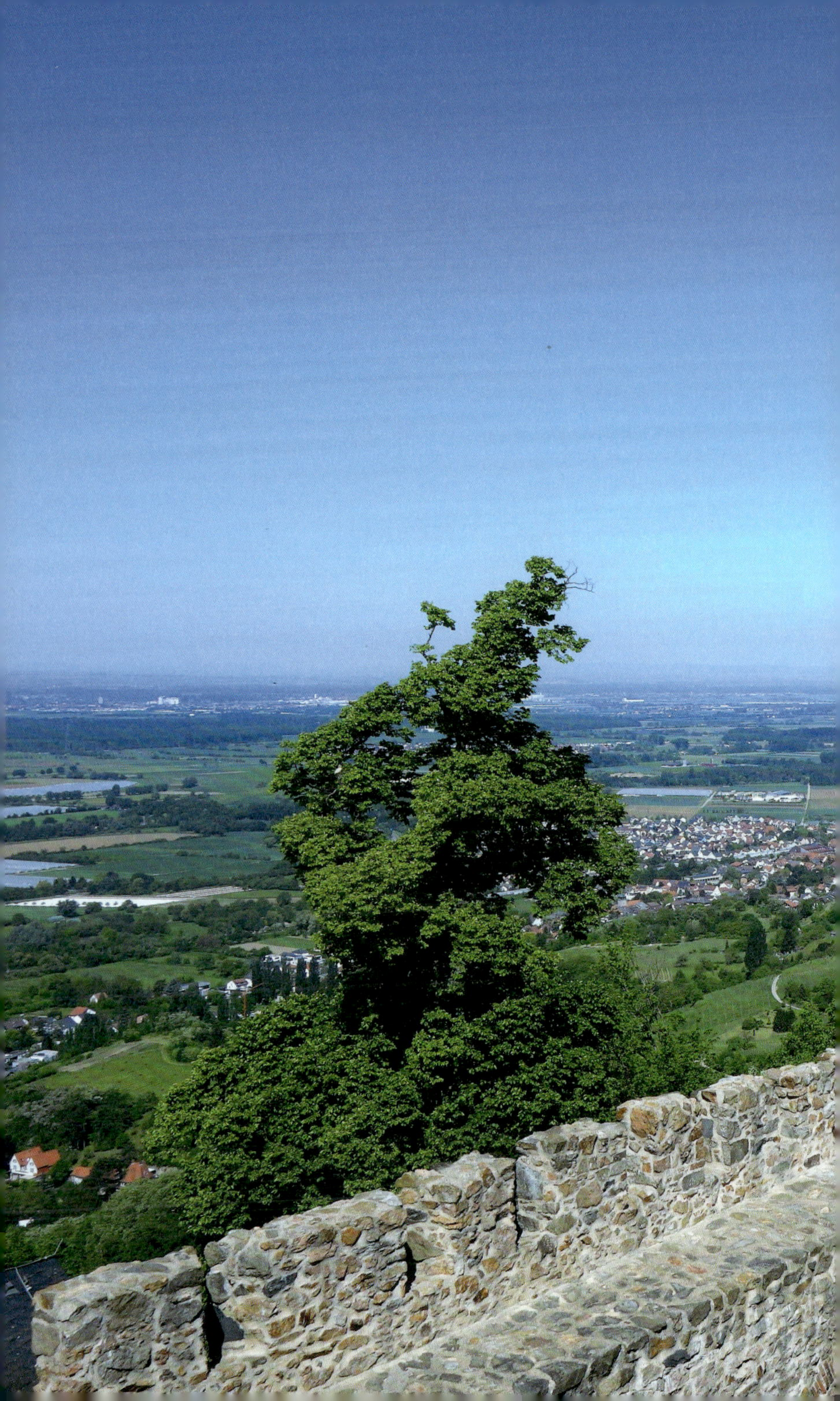

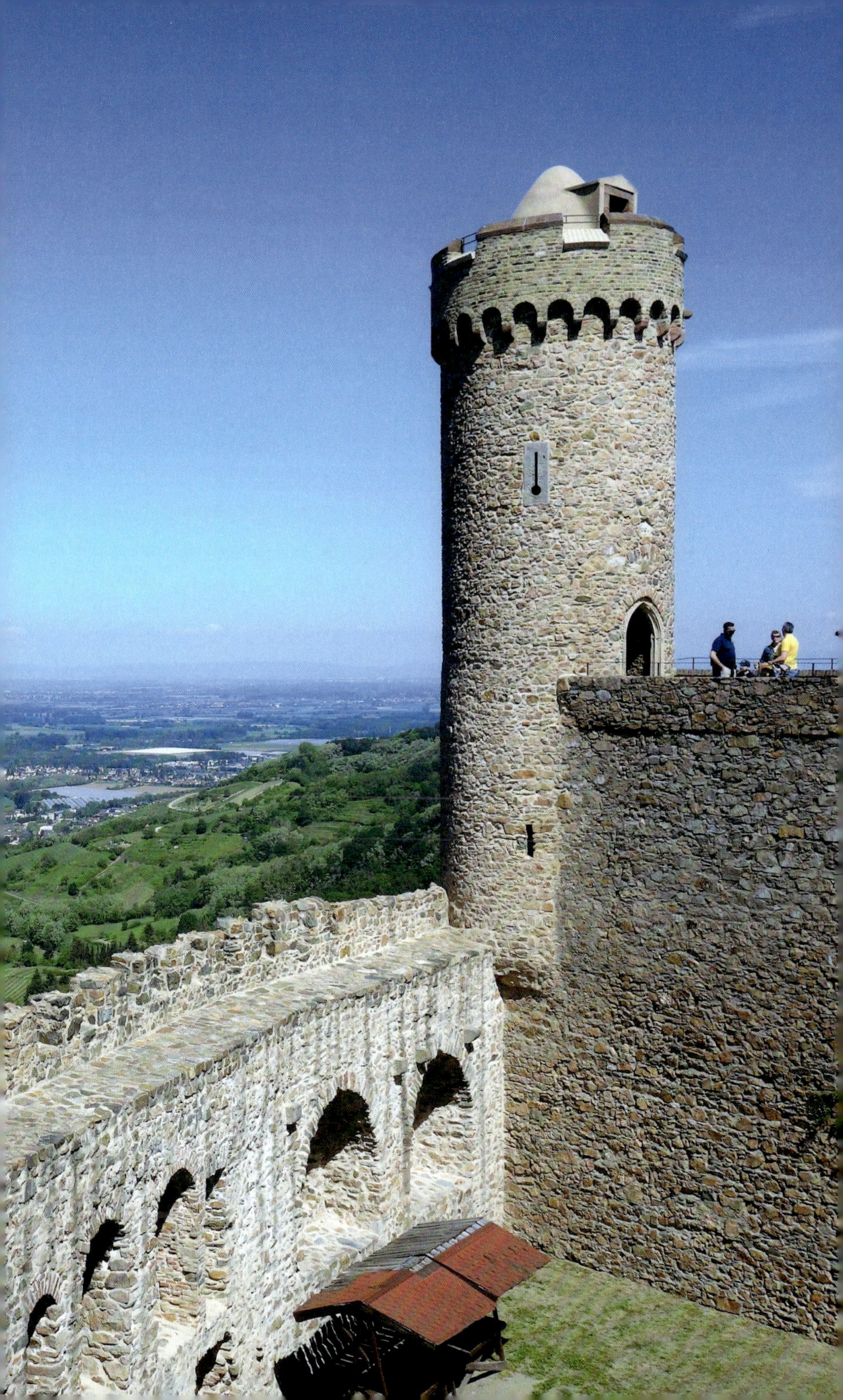

ALLE WANDERUNGEN AUF EINEN BLICK

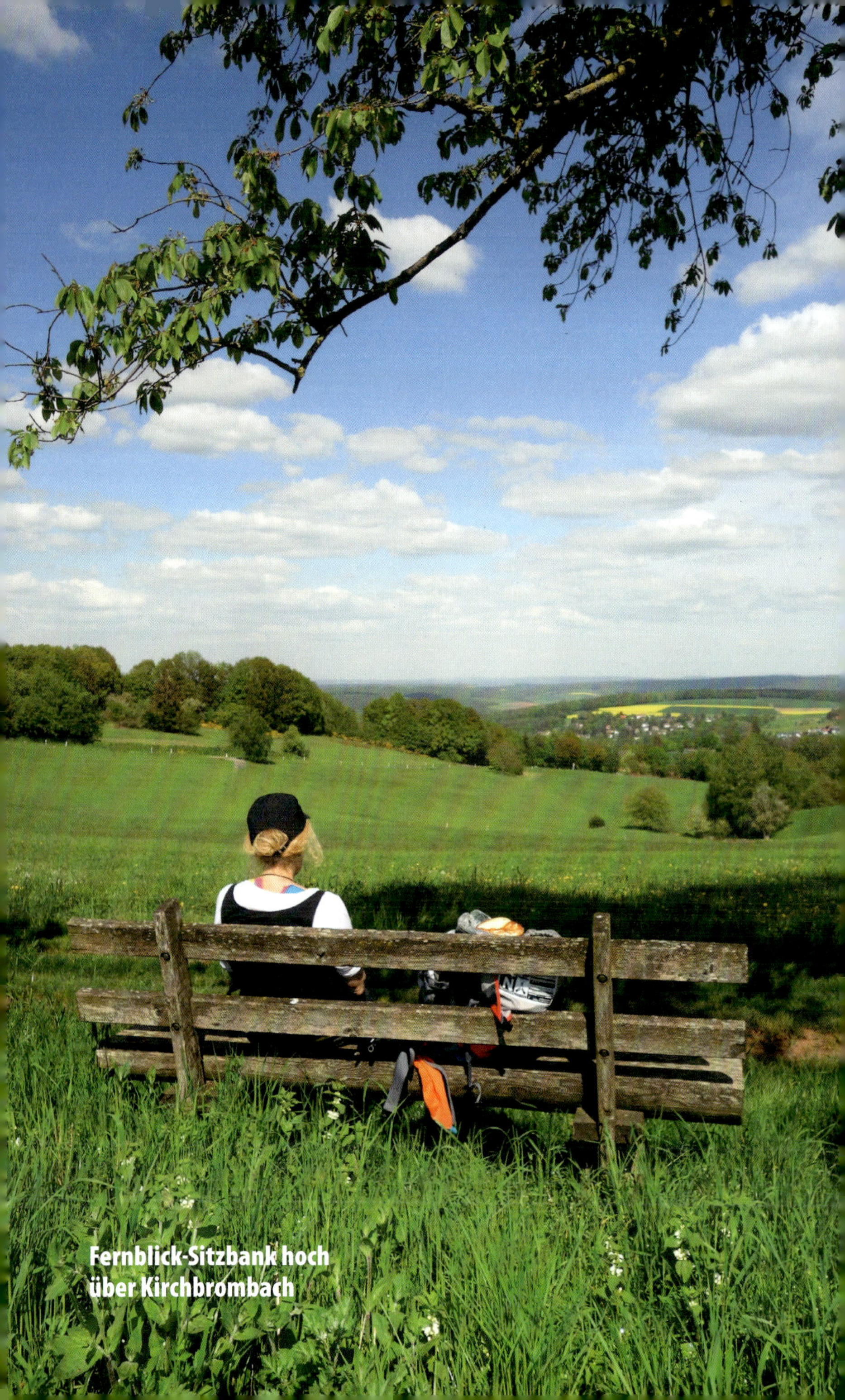

Fernblick-Sitzbank hoch
über Kirchbrombach

Liebe Seelenwandernde,

Kraft tanken und beim Wandern einfach mal die Seele baumeln lassen. Fernab von Hektik und Stress dem Alltag entfliehen. Tauchen Sie ein in die sagenhafte Landschaft des sanften Mittelgebirges, den Odenwald. Er ist nicht nur für seine zahlreichen Burgen und Schlösser bekannt, sondern erreichte auch über die Grenzen hinaus eine große Popularität, seit das Felsenmeer in Lautertal das erste UNESCO-Naturwelterbe Deutschlands ist. Kommen Sie mit, wir entführen Sie nicht nur zu den schönsten Orten, historischen Plätzen und faszinierenden Burgen und Schlössern, die diese Region zu bieten hat, sondern versprechen ungeahnte Weitblicke, tiefgrüne Täler, klare Bergbäche, urwüchsige Pfade und vieles mehr.

Die ausgesuchten Touren bieten alles, was das Wanderherz begehrt. Jede Tour ist ein kleiner Urlaub vom Alltagstrott. Wandeln Sie auf den Spuren der Römer, erfahren Sie mehr über die Nibelungensage und kühlen Sie sich am Siegfriedbrunnen ab, erklimmen Sie Schloss Auerbach oder besichtigen Sie die mächtige Burg Breuberg …

Dies alles und noch viel mehr gibt es in dieser wunderschönen Wanderregion zu entdecken. Lassen auch Sie sich vom Odenwald faszinieren!

Ihre Heidi Maria
und Martin Kuhnle

NATUR-INFO

KULTUR-INFO

TOUREN-/EVENT-INFO

GENUSS-INFO

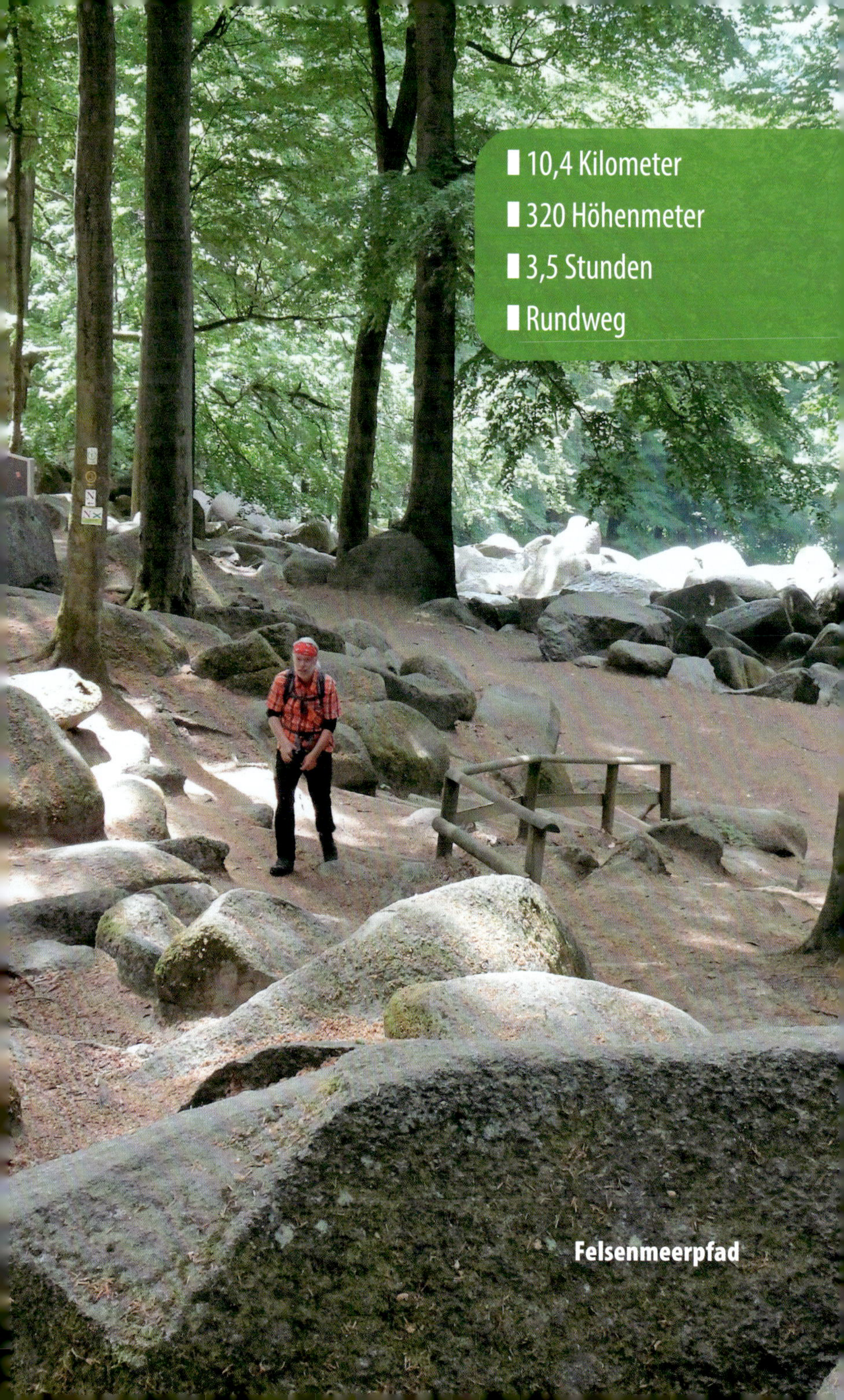

- 10,4 Kilometer
- 320 Höhenmeter
- 3,5 Stunden
- Rundweg

Felsenmeerpfad

Vogelstimmen

Lautertaler Felsenmeer-Rundweg

Sprichwörter wie „Morgenstund' hat Gold im Mund" oder „Der frühe Vogel fängt den Wurm" sollte man bei dieser Wanderung vor allem an Feiertagen und am Wochenende beherzigen. Wer früh unterwegs ist, entgeht dem Besucheransturm. Das Felsenmeer ist ein wahres Mekka für Familien mit Kindern und für Kletterbegeisterte.

Am **Wanderparkplatz Kuralpe** beginnt die sagenhafte Felsenmeer-Runde. Wir folgen immer der **grünen L1-Markierung.** Gemütlich spazieren wir entlang einer Frühlingswiese und überschreiten bald eine kleine Kuppe. Wir bestaunen die üppige Natur, während wir an einem Meer von Schafgarbe vorbeikommen. Zwischen-

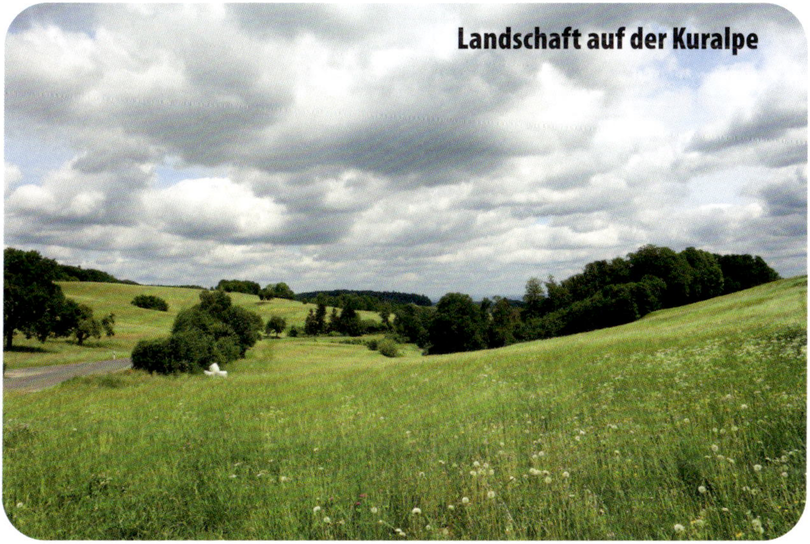

Landschaft auf der Kuralpe

durch blüht hin und wieder der gelbe Hahnenfuß, was das ganze Bild facettenreich erscheinen lässt. Bald kommen wir an Sitzbänken vorbei, die zum Verweilen locken, doch für eine Pause ist es noch viel zu früh. So gehen wir weiter und genießen den wunderschönen Weg, der durch ein herrliches Naturparadies führt. Gleich stellt sich ein unbeschreibliches Glücksgefühl ein und wir sind dankbar, einen so schönen Weg zu gehen.

Neben einer Pferdeweide schreiten wir halb rechts in den **Blätterwald.** Kurz hinter einem Forstweg achten wir auf den Linksabzweig zum ausgetretenen **Waldpfad.** Außerordentlich romantisch wandern wir dem Örtchen entgegen, entlang an Kirschbäumen, die den Wegesrand zieren. Dann führt der Weg hinunter durch eine wunderschöne und unberührte Landschaft. Hinter dem kleinen Wäldchen erreichen wir **Beedenkirchen 1.** Oh, was gibt's denn da? Im Haus mit der Nummer 42 kann man eine kleine Schnapsprobe machen und sich danach etwas von dem Gebrannten mit nach Hause nehmen, gute Idee. Aufgepasst vor lauter Hochprozentigem – gleich zweigt unser Weg scharf

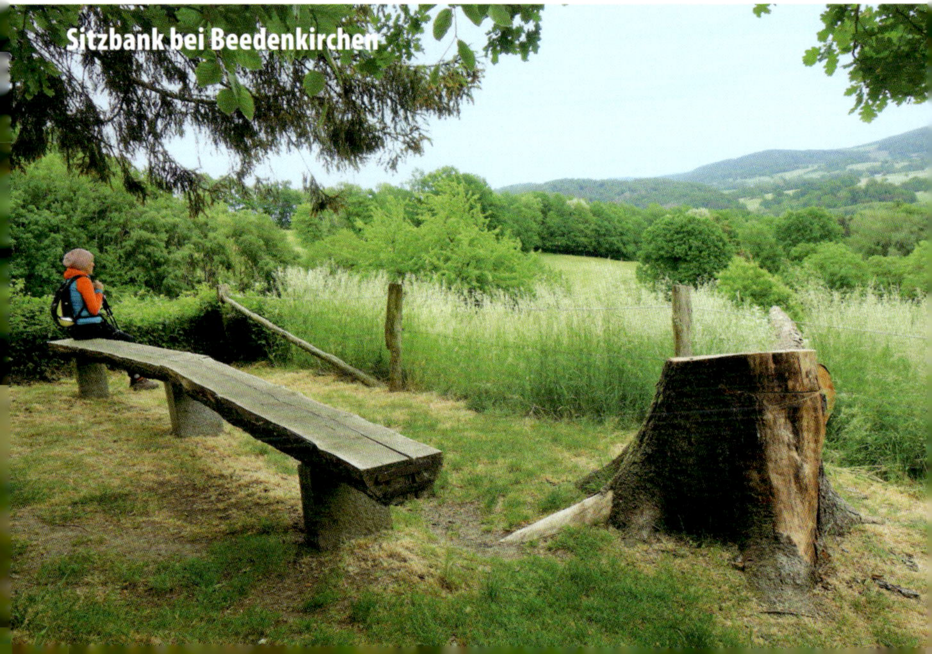
Sitzbank bei Beedenkirchen

Für die Seele

Ein Tag am Meer – nein, nicht auf Rügen oder Sylt – im Odenwald! Wir genießen das sagenhafte Felsenmeer und finden alte Zeugnisse aus der Römerzeit.

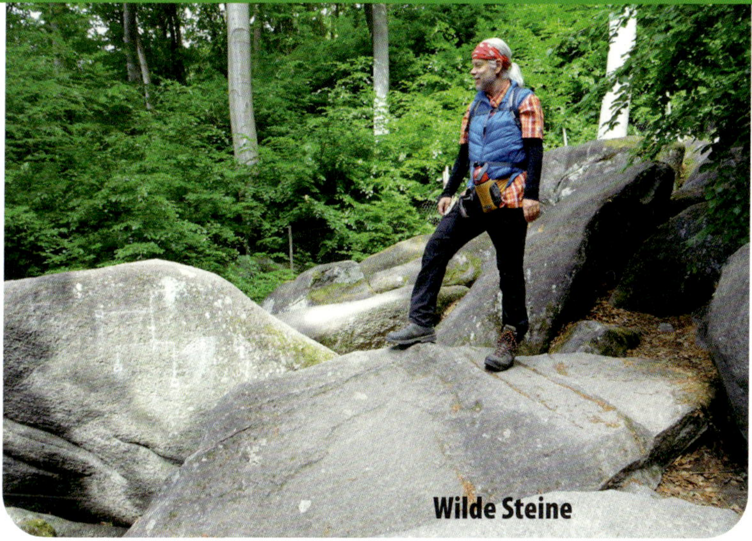

Wilde Steine

rechts ab und führt in ein urwüchsiges Wäldchen mit einem idyllischen Wasserlauf hinunter. Einfach nur schön hier, diese friedliche Stille.

Bei den **Obstbäumen** leitet die Markierung uns links weiter auf ein paar ausgetretenen Holzstufen zum Parkplatz **Römersteine** ❷ hinauf. Hinter einer Schranke geht es den **Forstweg** hoch und wir folgen an der Weggabelung dem unteren der beiden Wege. Vereinzelt erkennen wir Felsbrocken im farnbewachsenen Wald. Ach, schau an, oben im Wald steht wie angewurzelt ein junges Reh, kaum erkennbar und gut getarnt. Fast hätten wir es übersehen. Entspannt geht es leicht talwärts, während wir in einen nahezu meditativen Zustand gelangen und auch besser wahrnehmen können, wie an-

Mehrere Hundert Millionen Jahre Geschichte der Geologie ist es zu verdanken, dass diese **Gesteinswüste** Einblicke in die Zeitepochen unserer Evolution gibt.

genehm der Wald duftet. Sofort tauchen Bilder der unbeschwerten Kindheit in uns auf, damals, als wir hier unweit im Zeltlager waren, ach, wie schnell doch die Zeit vergeht.

Während wir unserer Markierung folgen, erkennen wir immer mehr und stets neue Gesteinsformationen, bis wir im eigentlichen Zentrum des **Felsenmeers** (3) angekommen sind. Einfach überwältigend, mächtig und völlig unglaublich liegen hier überdimensionierte Felsen in einer wilden Ordnung herum und ziehen sich wie eine breite Straße von ganz oben bis hinab ins Tal.

Im **Infozentrum** des Felsenmeers, das sich drunten im Tal befindet, kann man sich ausgiebig über die Entstehung informieren oder auch eine der geführten Touren buchen. Einer Sage nach sollen sich hier zwei Riesen mit Steinen beworfen haben. Einer liegt bis heute unter den Felsen begraben. So entstand angeblich der Name, nette Geschichte. Auf alle Fälle sind wir tief beeindruckt und nutzen die Möglichkeit, um ausgiebig zu klettern. Was für ein Spaß! Beinahe hätten wir die Zeit

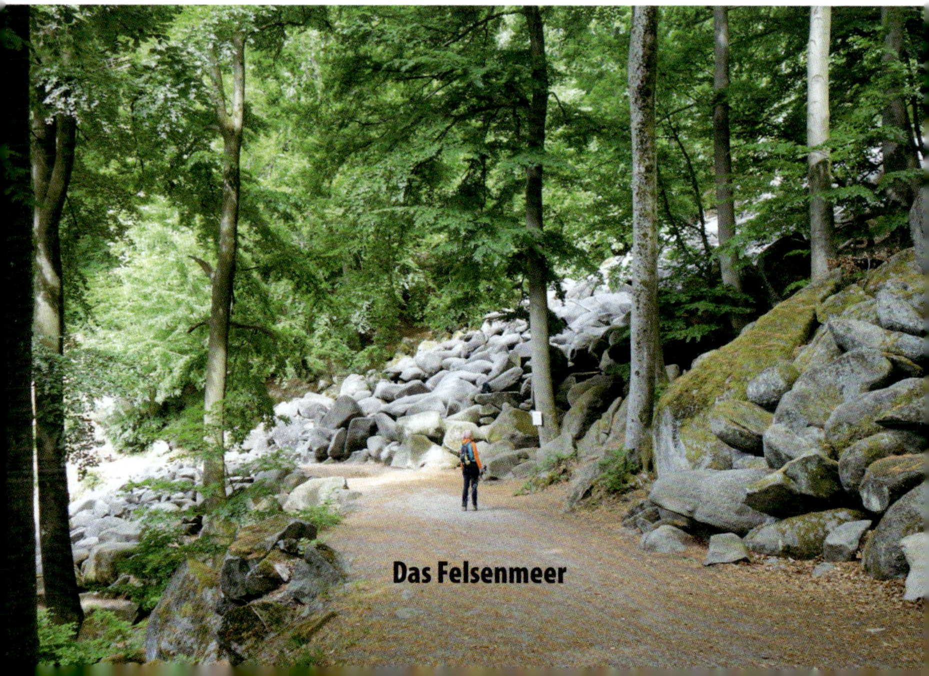

Das Felsenmeer

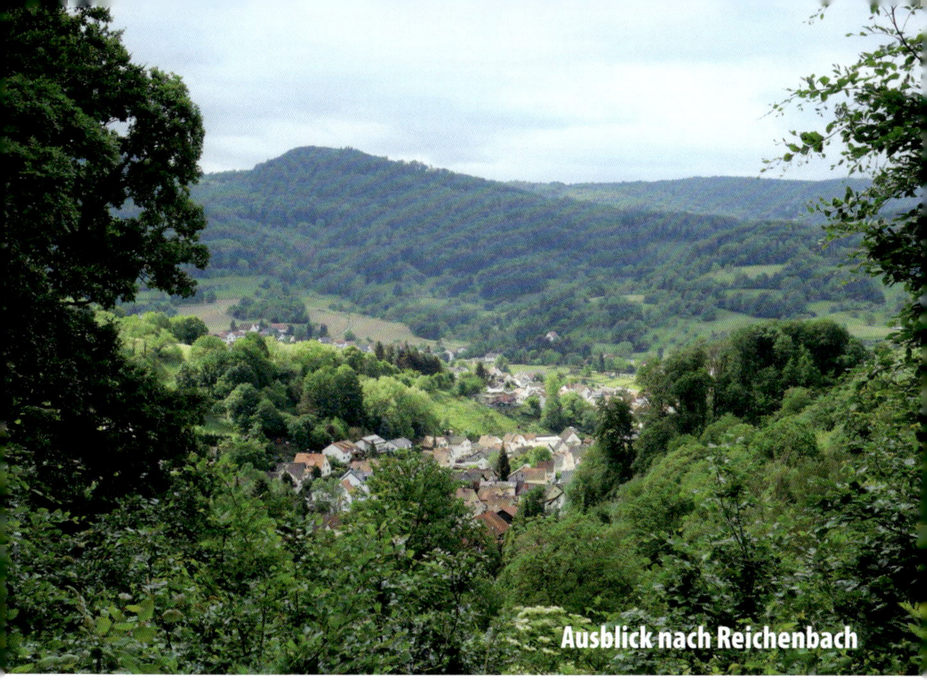

Ausblick nach Reichenbach

vergessen, doch inzwischen kommen schon immer mehr Leute den Berg heraufgekraxelt und so beschließen wir, uns wieder auf den Weg zu machen.

Sobald wir unsere Wegmarkierung wieder fest im Blick haben, geht's entspannt durch den Wald, bis dieser sich kurz öffnet und schlagartig eine ganz andere Szenerie offenbart. Herrlich blicken wir hinab nach **Reichenbach.** In dörflicher Umgebung liegt es wunderschön eingebettet unten im Tal. Selbst der Dorfhahn persönlich begrüßt uns mit seinem schrillen Morgengruß. Bald darauf passieren wir den steinernen **Eulenturm,** ein altes Transformatorenhaus, das von der Vogelschutzgruppe Lautertal-Reichenbach 1979 umgebaut wurde. Hier finden nicht nur Eulen einen Nistplatz, auch für Fledermäuse wurden extra Lüftungsziegel eingebaut, tolle Arbeit. Am Parkplatz Talweg legen wir eine kurze Rast ein, dann führt uns die Markierung über einen asphaltierten Weg hinauf und

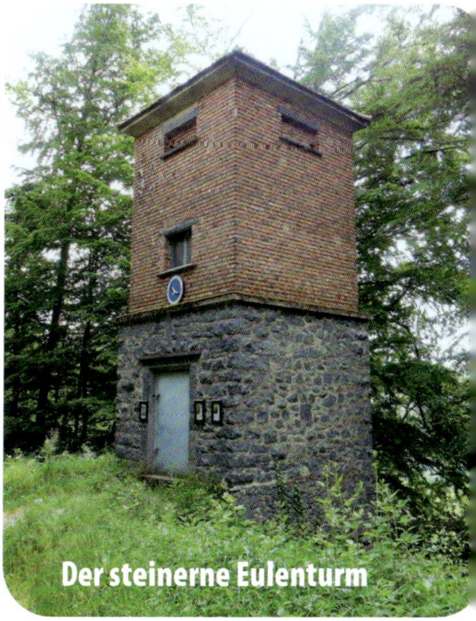

Der steinerne Eulenturm

wir gehen links zum **Vogellehrpfad** ❹, der im gleichen Jahr wie der Eulenturm angelegt wurde. Während wir diesem kurzweiligen Weg folgen, erfahren wir viel Wissenswertes über die heimischen Vogelarten.

Gerade im Odenwald wird sehr viel für den Vogelschutz und die Erhaltung der Artenvielfalt getan. Immer wieder sehen wir Nistkästen und Vogelhäuschen. Wir wandern an Felsen vorbei, die in einer wilden Ordnung verteilt im Wald herumliegen, bis wir den quirligen **Felsbach** kreuzen. Dann sehen wir an einer lichten Waldstelle Holunder wachsen sowie Brennnesseln und dunkles Lungenkraut. Deren ungiftige Blüte kann sogar verzehrt werden. Geschmacklich erinnert sie an Gurke.

__Lungenkraut__ eignet sich gebrüht zur Linderung von Halsschmerzen, Heiserkeit und Blasenleiden.

Beim Wasserspeicher halten wir uns links. Achtung, rechts geht es zum versteckten **Froschtümpel** ❺ hinauf. Wild romantisch liegt er da, ein echtes Einödparadies für Frosch, Molch, Erdkröte und Eidechse, um nur ein paar Kriechtiere zu benennen. Einige Minuten

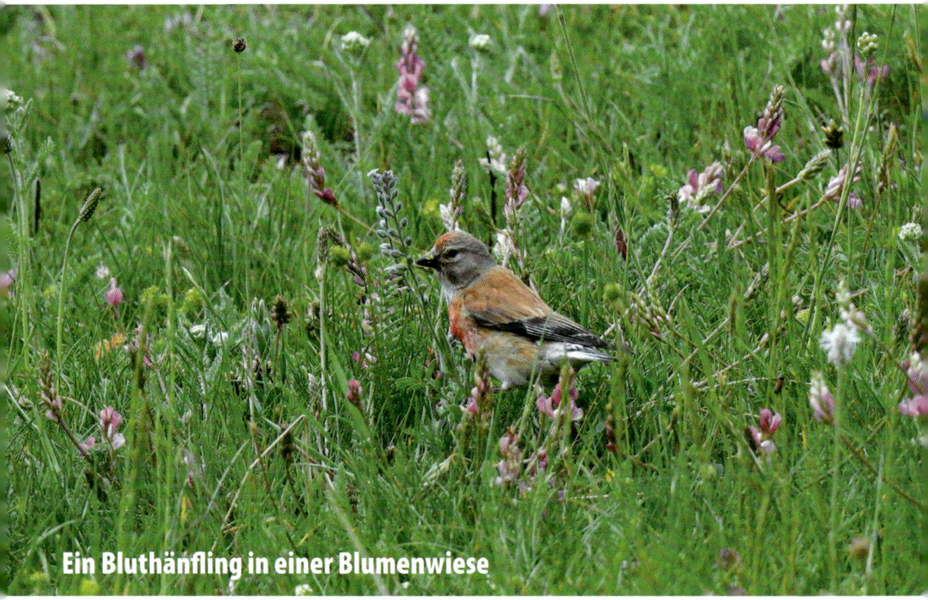

Ein Bluthänfling in einer Blumenwiese

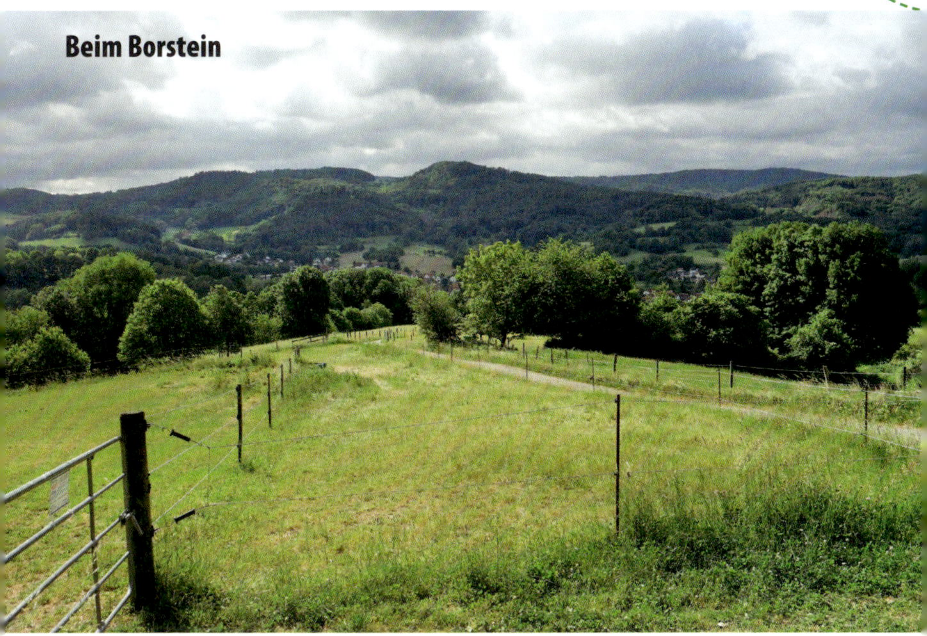

lang gönnen wir uns hier eine kleine Auszeit und lassen die Szenerie auf unsere Sinne wirken, bevor wir die Tour fortsetzen. Der Weg schlängelt sich jetzt sanft den Hang hinauf. Vogelgesang erfüllt die Stille. Oh, wer singt denn da so schön? Ist das der Dompfaff? Direkt fällt uns das Kinderlied „Alle Vögel sind schon da" ein. Statt dem geläufigen Text können wir hier singen: „Gimpel, Kleiber, Tannenmeise, Pirol und Hänfling und noch viele mehr …"

Beim folgenden **Querweg** können wir links hinunter einen Abstecher zum **Gasthaus Am Borstein** ⑥ machen, das uns eine gemütliche Rast bietet. Nach ausgiebiger Einkehr wandern wir hinauf zum **Teufelsberg,** immer weiter zieht sich der Weg in die Höhe. Dabei kommen wir an immer mehr großen Steinen vorbei, Zeitzeugen längst vergangener Jahrhunderte, bis wir wieder am **Felsenmeer** sind. Diesmal allerdings auf 430 Meter Höhe. Von hier aus führt ein Stufenweg noch weiter hinauf,

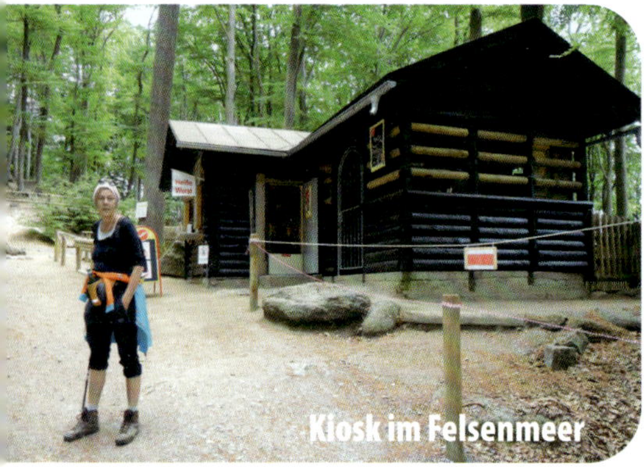

Kiosk im Felsenmeer

bis wir urplötzlich vor dem **Kiosk Felsenmeer** 7 mitten zwischen den Felsen stehen, an dem man kleine Snacks und Erfrischungen kaufen kann.

Ganz in der Nähe liegt eine **Riesensäule,** es handelt sich um ein römisches Relikt. Die steinerne Säule mitten in den Felsen wird heute als Balance-Spielplatz nicht nur von Kindern genutzt. Vermutlich ist sie über 2000 Jahre alt. Sie ist 9,33 Meter lang und kam eventuell aufgrund von Mängeln nicht zum Einsatz.

*Der **Granitstein** des Felsenmeers fand beim Dombau zu Trier seine Verwendung. Vier Säulen stützen den Dom, die alle eine Höhe von 12 Meter haben.*

Den Wegweisern folgend gelangen wir im Verlauf des weiteren Anstiegs zum **Altarstein,** einem römischen Überbleibsel, das nie fertiggestellt wurde und somit auch nicht zum Einsatz kam. Schon faszinierend, überall diese riesigen Felsbrocken. Sie erzählen

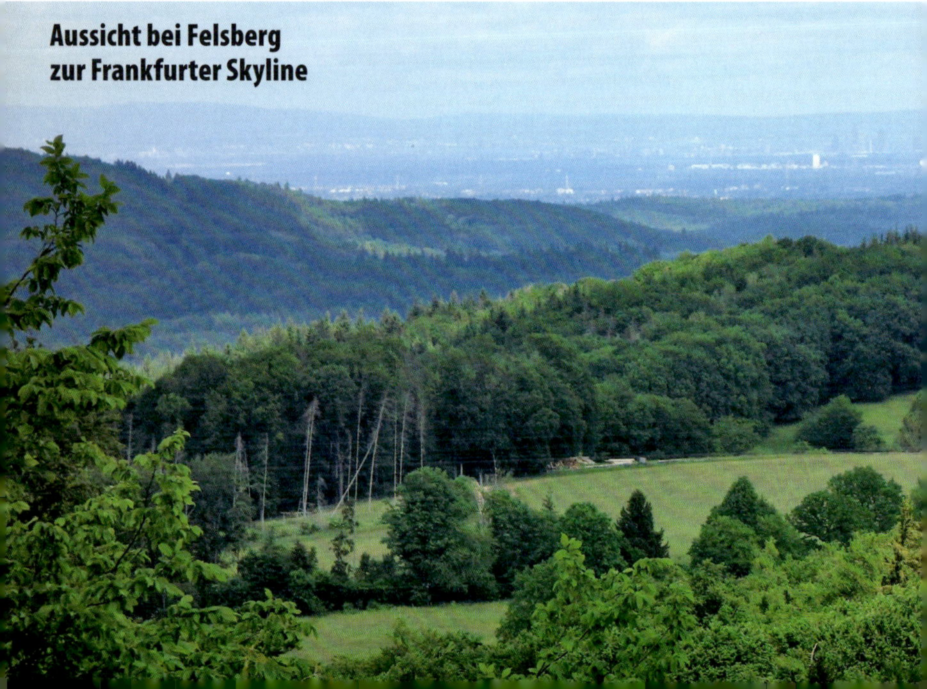

Aussicht bei Felsberg zur Frankfurter Skyline

uns die Geschichte einer anderen Zeit, einer Vergangenheit, die sich so sehr von der schnelllebigen Zeit unterscheidet, in der wir jetzt leben. An der Holzhütte vorbei führt die Tour weiter hinauf, bis wir das Felsenmeer verlassen und auf einen Waldweg treffen, der uns zur Siedlung **Felsberg** ⑧ bringt. Wer möchte, kann kurz zum **Ohly-Turm** ⑨ hinübergehen, um eine reizend strahlende Aussicht zu erleben. Zurück am Pfeiler mit dem Wegweiser gehen wir links. Im **Ada's Buka** ⑩**,** einem afrikanischen Gasthaus, kann man einkehren oder beim **Imbiss,** der bei schönem Wetter ab 12 Uhr geöffnet ist, einfach eine tolle Aussicht auf die Frankfurter Skyline genießen.

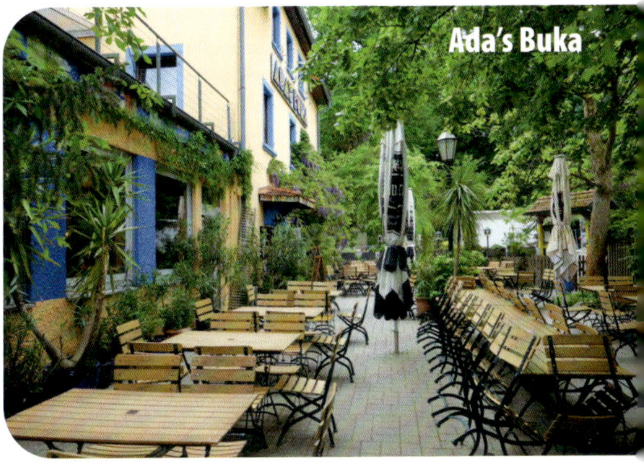

Ada's Buka

Direkt hier führt unsere Wanderung uns nach rechts

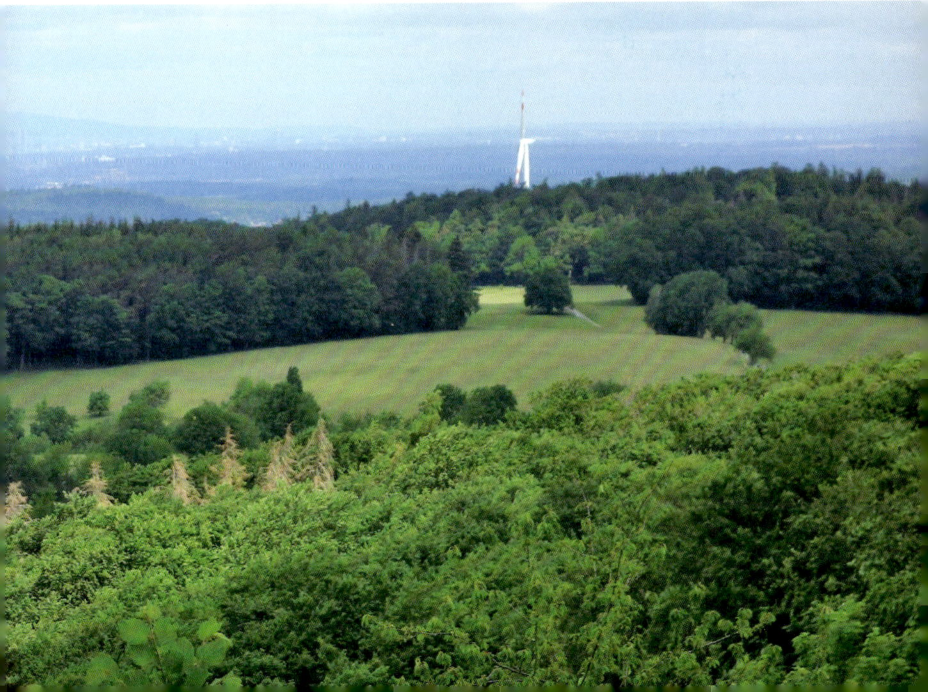

und wir folgen dem Pfad bergab, der sich zwischendurch von seiner urwüchsigen Seite zeigt. Immer weiter wandern wir ins Tal und genießen die Ruhe und Stille, die uns umgibt. Inzwischen sind wir völlig versunken und eins mit uns selbst. Mittlerweile ist der Pfad in einen Forstweg übergegangen, der uns stetig weiter abwärtsführt. Wenn sich der Wald öffnet, sehen wir schon das **Hotel Kuralpe** ⑪ vor uns liegen. Der verbleibende kurze Abschnitt bis zum Parkplatz ist leicht zu bewältigen. Besonders attraktiv ist der wundervolle Blick auf die blühenden Wiesen.

Es neigt sich ein erfüllter Wandertag dem Ende zu, so schön war's.

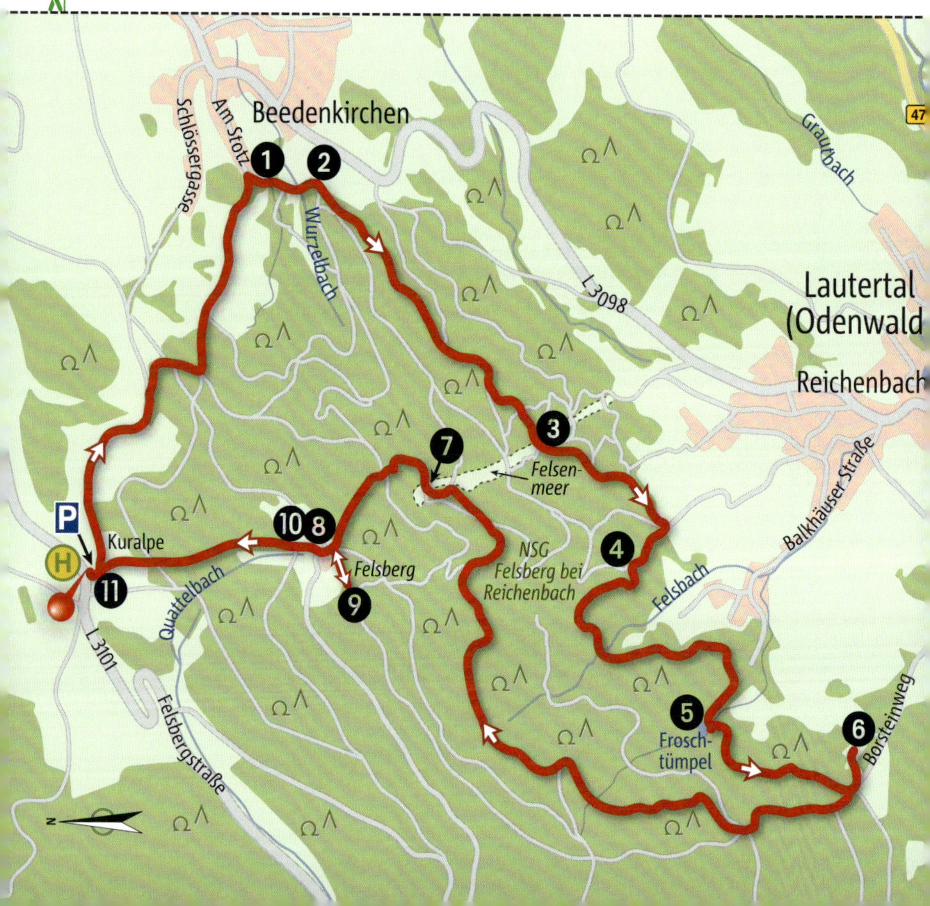

Entspannung ✱✱✱✱✱
Genuss ✱✱✱✱✱
Romantik ✱✱✱✱✱

WIE & WANN:
Die Wegbeschaffenheit ist durchweg sehr gut.
Beste Wanderzeit von April bis November.

HIN & WEG:
Auto: A5 bis Ausfahrt Bensheim, über Auerbach hoch zur Kuralpe.
Wanderparkplatz Kuralpe, auf der Anhöhe zwischen Balkhausen und Wurzelbach,
64686 Lautertal (GPS: 49.7375, 8.685083)
ÖPNV: Bus 664 von Bensheim, Lautertal oder Modautal bis Haltestelle Kuralpe

ESSEN & ENTSPANNEN:
Waldgasthaus Am Borstein ❻ Borstein 1, 64686 Lautertal,
www.waldgasthaus-am-borstein.de
Kiosk Felsenmeer ❼ Nibelungenstraße 313, 64686 Lautertal
Ada's Buka ❿ Felsberg 3, 64686 Lautertal, Tel. (0 62 54) 13 49, www.adas-buka.de
Kuralpe-Kreuzhof ⓫ Kuralpe 2, 64686 Lautertal, Tel. (0 62 54) 9 51 50, www.kuralpe.de

ENTDECKEN & ERLEBEN:
Beedenkirchen ❶
Römersteine ❷ Reichenbacher Straße 73, 64686 Lautertal
Felsenmeer ❸
Vogellehrpfad ❹
Froschtümpel ❺
Felsberg ❽
Ohly-Turm ❾

- 10,6 Kilometer
- 350 Höhenmeter
- 3 Stunden
- Rundweg

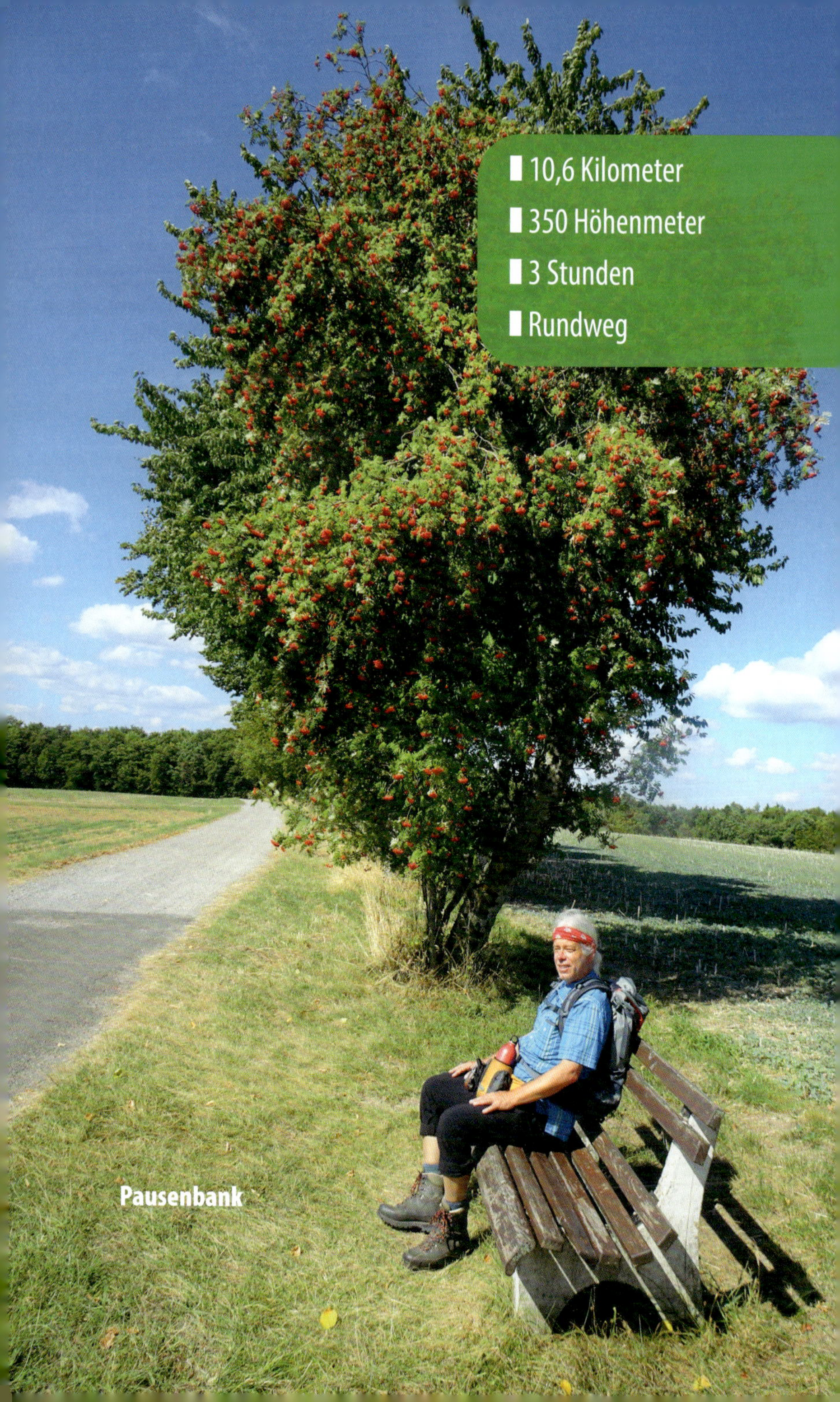

Pausenbank

Waldromantik

Amorbach und die Gotthardskapelle

Vielversprechend hört sich die heutige Wanderung an, die uns nach Amorbach in den bayerischen Odenwald führt. Sie verspricht nicht nur pure Waldromantik, sondern auch herrliche Ausblicke sowie die Erkundung historischer Stätten. Und damit nicht genug, sorgt sie zusätzlich für eine sportliche Herausforderung, denn wer noch keine Zeit für Frühsport hatte, dem ist diese Tour wärmstens zu empfehlen.

Der Amorbacher Waldromantikweg startet beim **Altstadtparkplatz** neben dem Freibad. Von hier aus können wir einen Blick auf die Altstadt von Amorbach werfen, die nur durch die Eisenbahnlinie sowie die Bundesstraße getrennt ist. Dominant erscheint die **Kirche St. Gangolf** – wie ein fast übermächtiger Zeitzeuge wacht sie über die Stadt und erinnert uns mit ihrem Glockengeläut daran, dass die Zeit zügig voranschreitet. Wir schultern unseren Rucksack und los geht's.

Noch vor dem Freibad schreiten wir über die **Billbachbrücke** zu einem Spielplatz mit Wassertretbecken. Hier entdecken wir auch unsere heutige Markierung, die uns mit der **grünen A9** den Weg weist. Links unseres Wegs stehen prächtige Villen und Häuser, die von einer goldenen Zeitepoche zeugen. Weiter geht's vorbei an gepflegten Gärten. Noch laufen wir eben und kommen so langsam in beste Wanderstimmung. Nach einer S-Kurve wenden wir uns beim **Grillpavillon** dem Bergpfad zu, der uns in engen Serpentinen recht zügig an Höhe gewinnen lässt. Nach einigen Höhenmetern überqueren wir eine Straße; gegenüber verläuft unser Weg weiter.

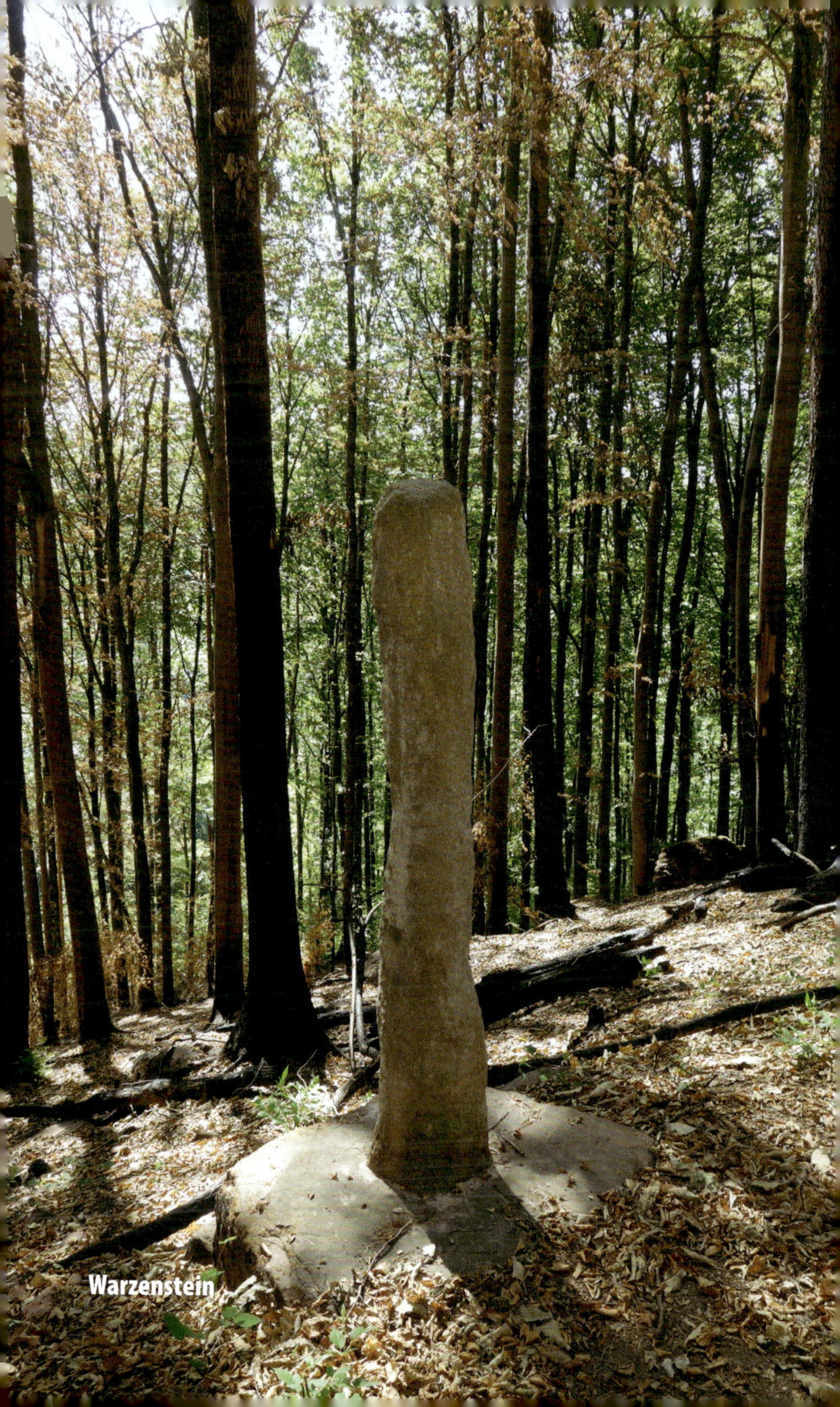

Warzenstein

Für die Seele

Waldromantik auf schmalen Pfaden erleben, das ist schön. Die facettenreiche Tour bietet pure Idylle, sportliche Herausforderung und viel Geschichtliches!

Es geht mächtig bergan, immer noch auf einem schmalen Bergpfad, der uns flugs in die Höhe bringt. Bei einem **Forstweg** wenden wir uns nun scharf rechts. Während die Glocken vom Amorbach herauftönen, laufen wir kurzzeitig neben einem **plätschernden Wildbach** entlang. Inzwischen sind wir schon ziemlich sportlich unterwegs; wir verlangsamen deshalb unsere Schrittgeschwindigkeit und steigen leichtfüßiger Meter um Meter empor. Dank unserer guten Kondition gelangen wir mühelos auf einen breiten Weg und gehen dann rechts. Bald darauf wenden wir uns an der Gabelung links. Geschafft, die Steigung läuft immer mehr aus. Wir trinken erst einmal einen kräftigen Schluck Wasser, um den Flüssigkeitshaushalt wieder auszugleichen. So ein Aufstieg hat durchaus etwas Bereicherndes! Er ist zwar auch herausfordernd, aber wer ihn gemeistert hat, fühlt sich frei und unbeschwert. Wir genießen noch für einige Minuten dieses Glücksgefühl, bis wir uns wieder auf die Socken machen.

Der Weg verbreitert sich und ein paar **Buntsandsteine** zieren den Waldboden. Als wir uns der **Alten Steige** nähern, haben wir uns bereits akklimatisiert und sehen der nächsten Herausforderung spielend entgegen. Ein Waldpfad leitet uns steil nach oben und bringt uns noch einmal kräftig auf Betriebstemperatur. Im **Hinteren Steigwald** passieren wir den **Warzenstein** und kommen oben aus dem Wald. Ein Grasweg führt hinauf zu einer Straße, der wir dann kurz in Richtung **Neudorf** folgen. Das nett gelegene Örtchen bietet uns eine schöne landschaftliche Abwechslung, die wir nach dem stei-

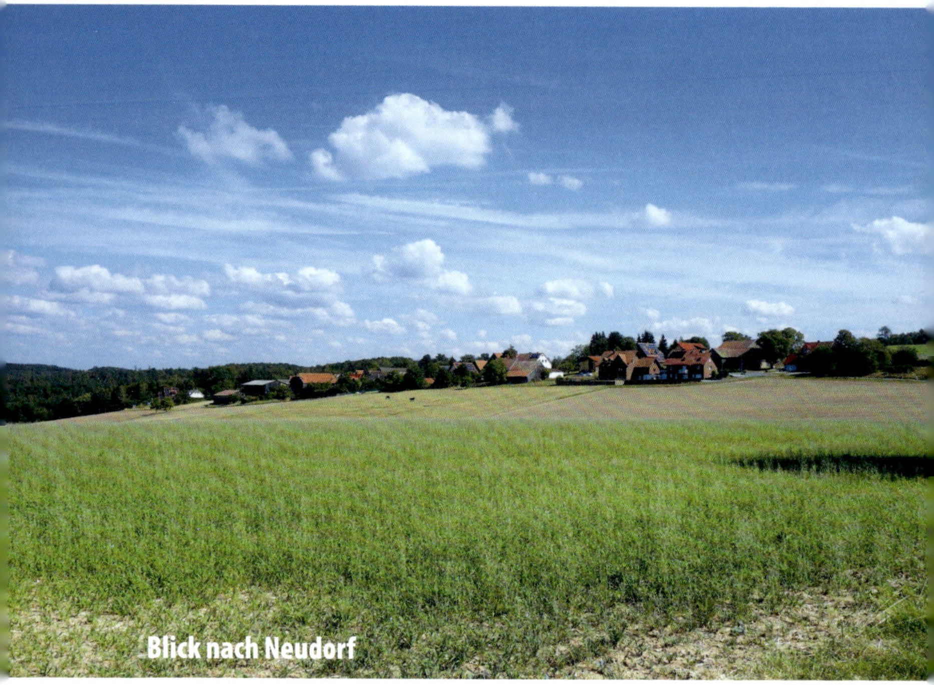
Blick nach Neudorf

len Anstieg von Amorbach durch den kühlen Wald durchaus genießen können. Auf der **Sitzbank unterm Apfelbaum ❶** gönnen wir uns eine kurze Erholungspause und entspannen unsere Beine. Herrlich ist es hier.

Wir setzen den Weg fort und wenden uns auf der Neudorfer Höhe dem **Alleeweg** zu. Vorbei an landwirtschaftlichen Feldern schweift unser Blick über das prächtige bergige Umland. Geradewegs geht es dem Wald entgegen, bei dem uns bereits ein Forstweg empfängt. Gemütlich wandern wir zur **Fuß-Pils-Hütte ❷,** komischer Name für eine Hütte. Noch vor der Hütte führt unser Weg rechts in den Wald. Auf dem schönen Waldpfad lauschen wir dem leisen Rauschen des Blätterdachs über uns. Wenn wir kurz die Augen schließen, erinnert es uns an eine leichte Meeresbrandung. Das sind einfach die besten Momente auf einer solchen Wanderung.

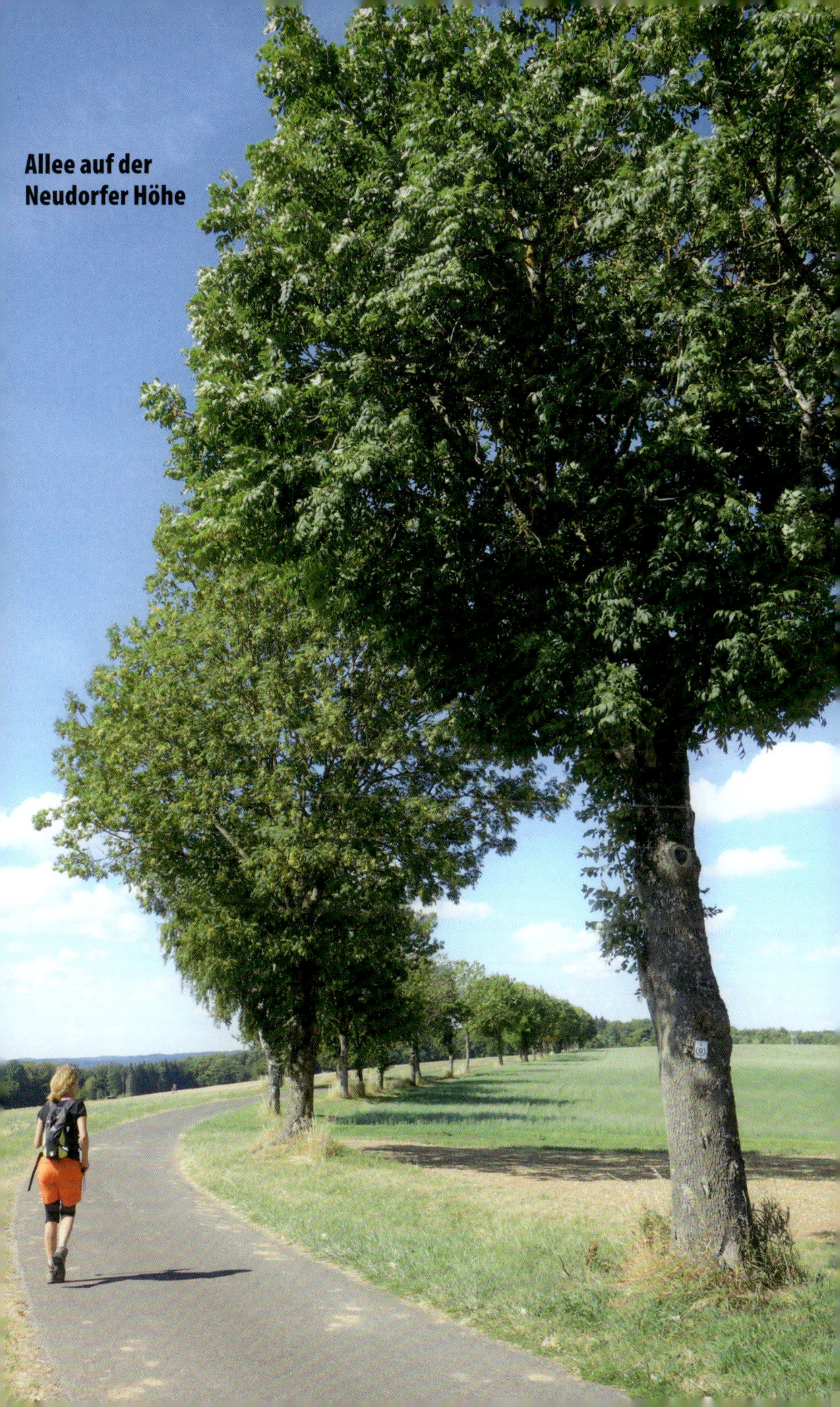

Allee auf der
Neudorfer Höhe

Auszeittour 2

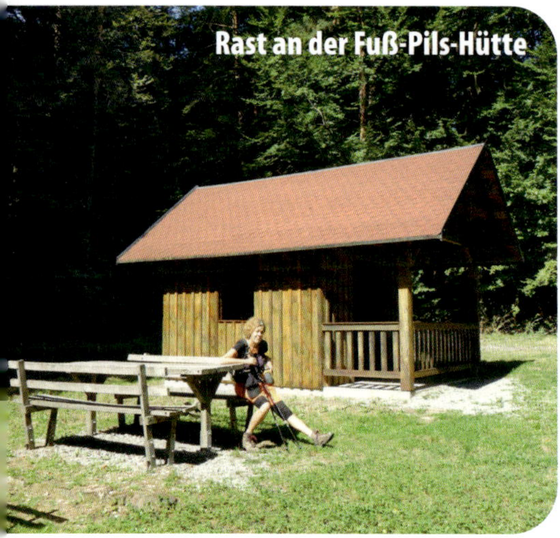
Rast an der Fuß-Pils-Hütte

Leichten Fußes gehen wir den Pfad entlang, bis wir einen Forstweg queren. Hier folgen wir kurz dem **Fuchs-Bau-Weg** und biegen gleich links auf einen schmalen Waldpfad ab. Idyllisch führt er uns durch den Wald. Umrahmt von einer wildromantischen Naturkulisse passieren wir eine **Hütte,** die fast wie aus einem Märchen wirkt und einen mystischen Eindruck erweckt. Diesen sagenhaften Wegabschnitt sollte man wirklich bewusst genießen, denn er versprüht einen eigenwilligen Charme. Der wurzelige Pfad ist leicht zu bewältigen und bietet uns eine willkommene Abwechslung.

Wir sind in allerbester Wanderstimmung und setzen nach einer Kehre hinter dem Forstweg den Abstieg weiter fort. Immer noch reizvoll, leitet der Weg abwärts, bis wir hinter einer kleinen Holzbrücke dem **Sommerbergweg** talwärts weiter folgen, um dann in einer Rechtskurve zum **Rote-Erde-Pfad** abzubiegen. Abermals geht es steil bergab, aber bald schon erreichen wir die Waldöffnung bei der **Sattelhütte** ❸. Oh wow, hier blicken wir sehr beeindruckend auf Amorbach hinunter. Auf einer Sonnenuhr am Wegesrand erkennen wir, dass die Zeit schon mächtig vorangeschritten ist. Ein Panoramaweg mit grandiosem Ausblickpotenzial führt uns an einer **Pferdeweide** vorbei, bis wir wieder in den Wald gelangen. An der Kreuzung gehen wir halb links, und noch einmal werden unsere Beinmuskeln mächtig beansprucht, denn der **Gotthardsbergweg** führt steil empor. Der Aufstieg lohnt sich allemal. Oben angekommen, erreichen wir die **Ruine der Gotthardskapelle** ❹, einst als Burg errichtet. In dem engen Sandsteinturm führen 87 Stufen hinauf zur Aussichtsplattform, von

*Die ursprünglich dreischiffige **Pfeilerbasilika** stammt aus dem 8. Jahrhundert und wurde von dem fränkischen Gaugraf Ruthardt als Burg Frankenberg erbaut. Im Jahr 1138 erweiterte man sie um eine Kapelle, um den heiligen Godehard aus Hildesheim zu ehren.*

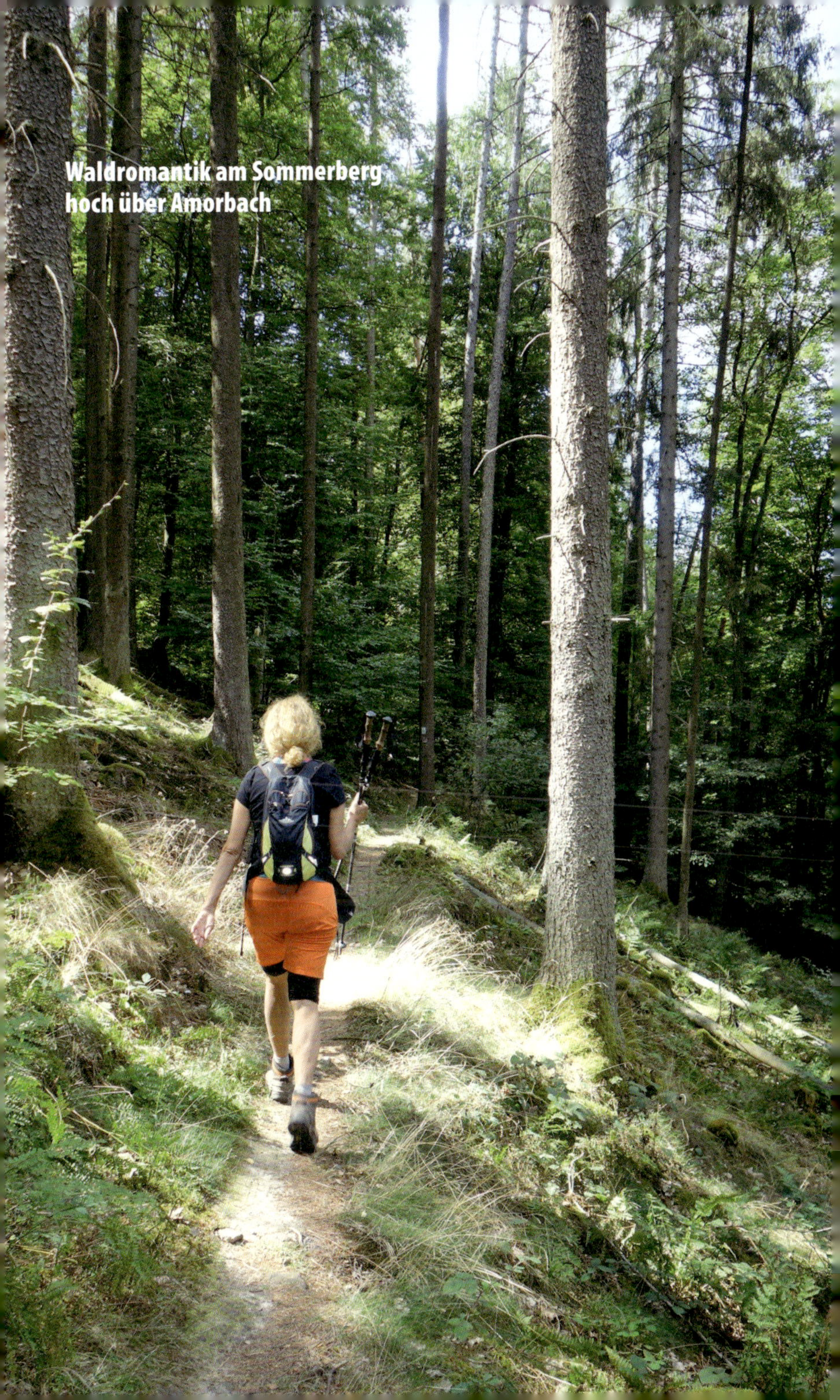

Waldromantik am Sommerberg
hoch über Amorbach

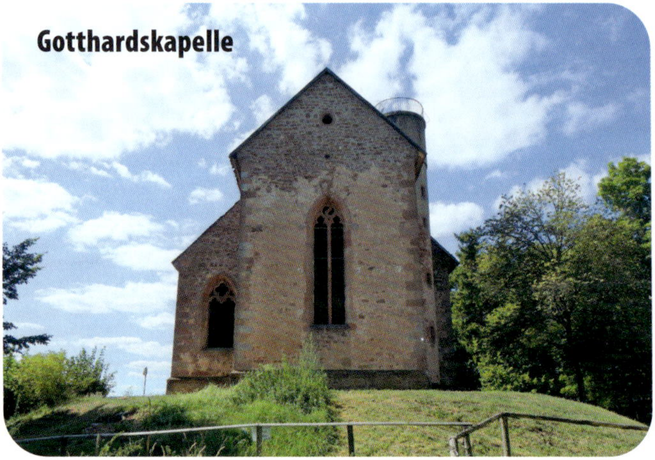
Gotthardskapelle

der aus wir einen gigantischen Blick genießen. Phänomenal, wir überblicken sage und schreibe sieben Täler sowie Amorbach.

Bereits im Jahr 1168 wurde im Reichstag zu Würzburg beschlossen, diese gefährlich geltende Burg – man bedenke, es waren unsichere Zeiten mit Raubrittern – wieder abzureißen und niemals mehr aufzubauen. Anstelle der Burg sollte ein Benediktinerkloster entstehen. 1439 erfolgte dann die Auflösung des Klosters. Der Be-

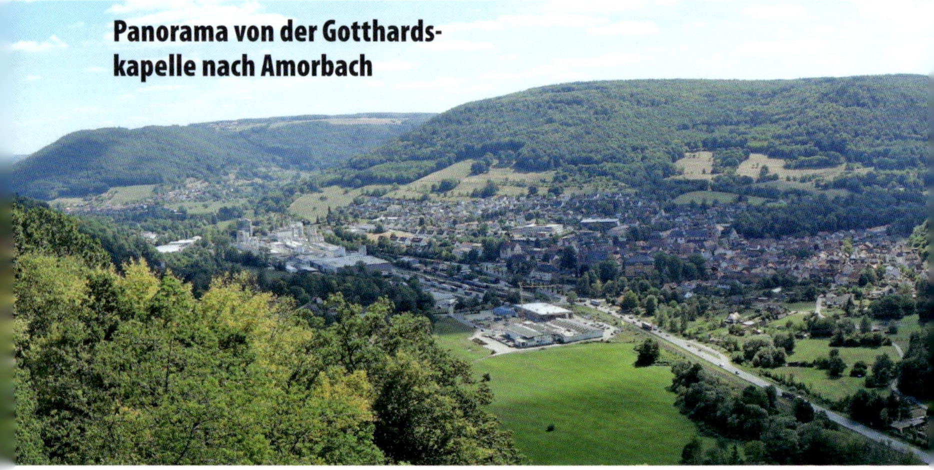
Panorama von der Gotthardskapelle nach Amorbach

sitz wurde an die Abtei Amorbach als Probstei übergeben. 1525 wurde die Kapelle im Bauernkrieg in Schutt und Asche gelegt, 1631 hat man sie wieder aufgebaut und 1714 brannte sie schicksalhaft nach einem Blitzschlag völlig aus. Erst 1956 wurde sie mit einem Dach versehen, um sie vor weiterem Verfall zu schützen. Was für eine Vergangenheit! Nach so viel Geschichte wird es Zeit, wieder in die Gegenwart zurückzukehren, und so lassen wir die Ruine und die Historie rechts liegen und gehen zum Abstiegsweg, der uns an dichten Hecken vorbeiführt. Sie bieten nicht nur für Vögel eine sättigende Nährquelle, sondern halten je nach Saison auch gesunde Hagebutten für uns bereit, eine sehr gute Vitamin-C-Quelle.

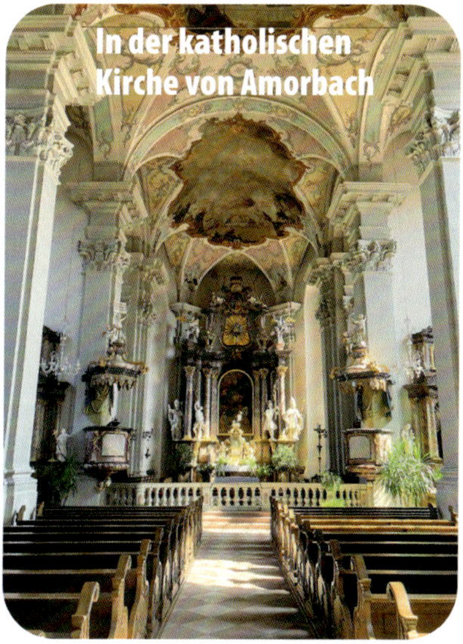
In der katholischen Kirche von Amorbach

Nach den Hecken führt unser Weg in den Wald, zuvor aber blicken wir noch einmal ehrfürchtig zur Ruine zurück. In Kehren leitet uns der Weg auf dem **Walderlebnispfad** hinab, bis er neben einer alten Stützmauer eben verläuft. Sobald wir die ersten Häuser von **Amorbach**

*Aus dem Hägenmark der **Hagebutte** wird die leckere Hagebuttenmarmelade gekocht.*

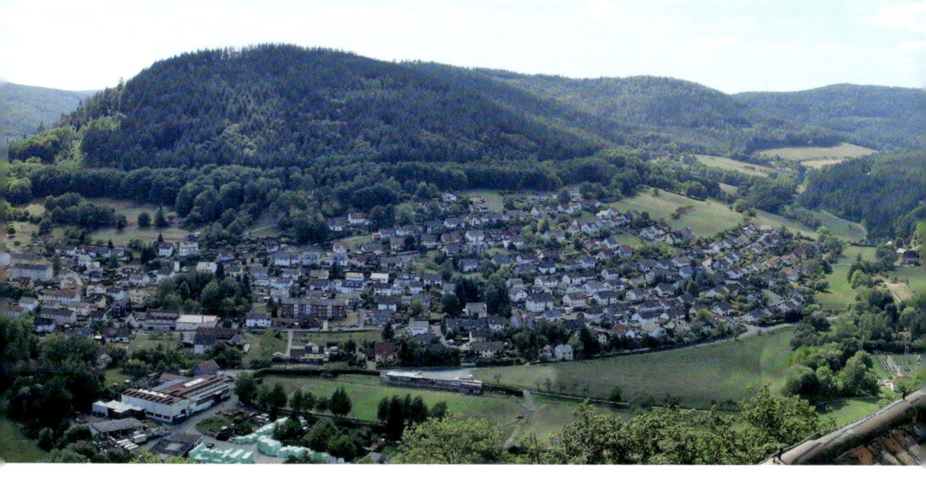

Auszeittour 2

Nach der Wanderung lohnt der Besuch von ***Amorbachs Altstadt*** *mit ihren übermächtigen Kirchen und hübschen Fachwerkhäusern.*

erreichen, folgen wir dem Gotthardsweg, der uns vollends hinab ins Tal bringt. Jetzt können wir bereits in Richtung Altstadt blicken. Im Talgrund treffen wir auf die **Weilbacher Straße** und gehen vor dem **Billbach** links. Hier laufen wir über die Brücke und schon sind wir am Ausgangspunkt der Wanderung angelangt. Wehmütig blicken wir noch einmal hoch zur Gotthardskapelle, die stolz auf dem Berg thront. Spontan beschließen wir, noch einen Streifzug durch die **Altstadt** zu unternehmen, wenn wir schon mal hier sind. Und am Ende des Tages gibt es zur Belohnung ein leckeres Eis und einen Cappuccino im **Eiscafe Dolomiti,** das muss jetzt einfach sein.

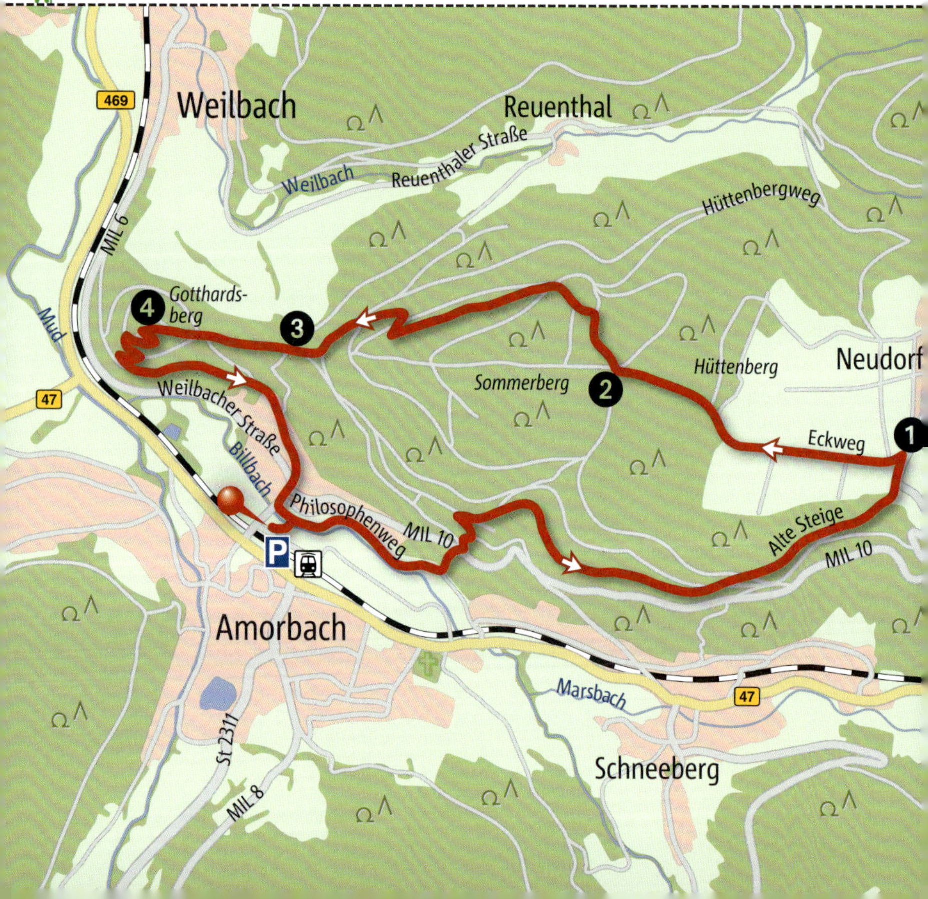

Entspannung ✱✱✱✱✱

Genuss ✱✱✱✱✱

Romantik ✱✱✱✱✱

WIE & WANN:
Der Aufstiegsweg zur Neudorfer Höhe ist etwas steil. Ansonsten stellen die Wege und Pfade bei trockener Witterung keine Probleme dar. Beste Wanderzeit von März bis Dezember.

HIN & WEG:
Auto: Über die B47 oder B469 nach Amorbach. Dort die Kreisverkehre in Richtung Neudorf verlassen und zum Freibad abbiegen.
Altstadtparkplatz, Dr.-F.A.-Freundt-Straße, 63916 Amorbach (GPS: 49.64683, 9.22207)
ÖPNV: Bus 40N, RB84 von Miltenberg bis Amorbach Bahnhof

ESSEN & ENTSPANNEN:
Vom Straßencafé über die Eisdiele bis zum Restaurant gibt es in Amorbach mehrere Einkehrmöglichkeiten, aber besser erst nach der Wanderung.

ENTDECKEN & ERLEBEN:
Sitzbank unterm Apfelbaum ❶
Fuß-Pils-Hütte ❷
Sattelhütte ❸
Gotthardsruine ❹

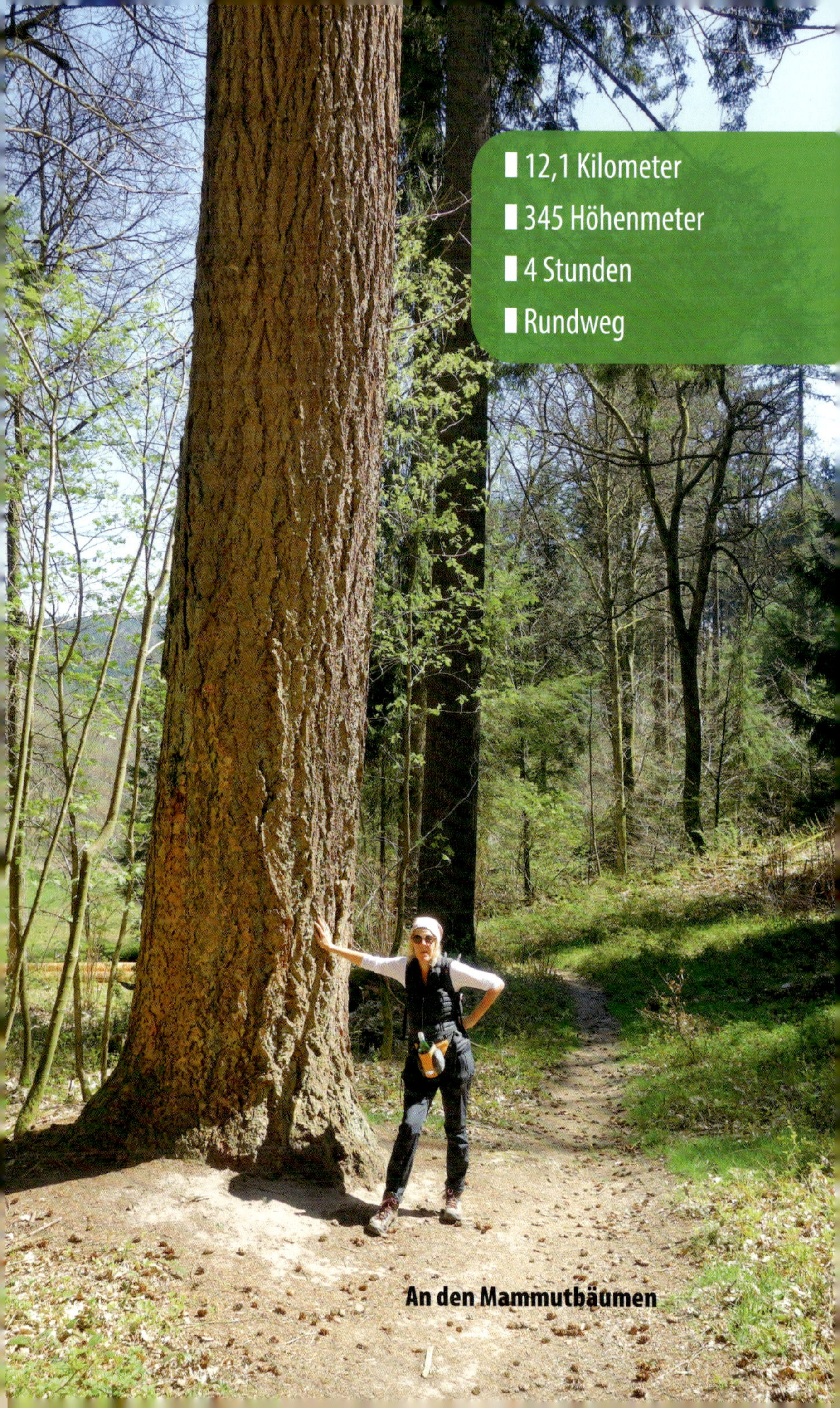

An den Mammutbäumen

Auszeittour 3

Innere Einkehr

Wallfahrtsweg Lichtenklingen

Der Eiterbach entspringt in Siedelsbrunn und fließt in Heiligkreuzsteinach zur Steinach. Lichtenklingen bedeutet: helles Wiesental mit Quellwasser. Das ehemalige Hofgut besteht aus einer Kapellenruine, einem ehemaligen Forsthaus und einem Brunnen. Die 1387 erstmals erwähnte Kapelle war bis zur Reformation ein Wallfahrtsort – und ist es seit 1980 wieder.

Unsere heutige Wanderung steht ganz unter dem Motto „Innere Einkehr". Das klingt nach einer turbulenten Arbeitswoche vielversprechend und scheint genau das Richtige für uns zu sein. Am Parkplatz am Minigolfplatz von Siedelsbrunn startet die heutige Tour. Rechts oberhalb erkennen wir auf einer Anhöhe das **Kloster Buddhas Weg,** rein architektonisch sieht es eher nach einem Hotel oder Gästehaus aus. Sehr spannend, hier können Suchende den Weg zu sich selbst finden. Zudem bietet das Kloster Kurse rund um das Thema ganzheitliche und buddhistische Lebensführung in Theorie und Praxis an und noch einiges mehr.

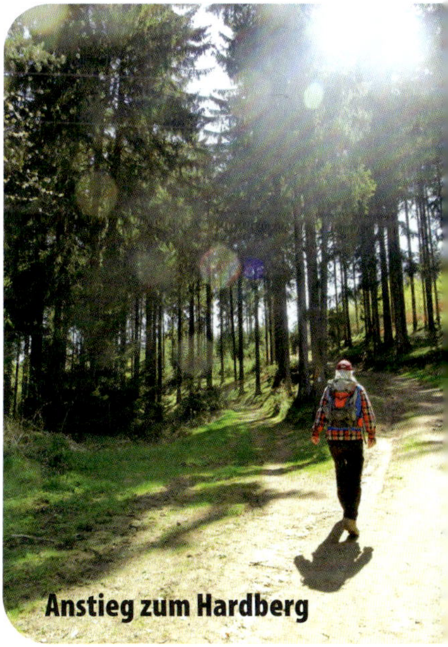
Anstieg zum Hardberg

Neben der **Hardberg-Klause** folgen wir der **grünen Si6-Markierung** hinauf zur Hardberg-Grillhütte mit Spielplatz. Am Wald gehen wir kurz rechts und folgen dann dem Weg in Richtung Turm. Hier werden wir von zahlreichen Waldvögeln mit ihrem lieblichen Morgengesang freudig begrüßt. Schöner kann ein Wandertag fast

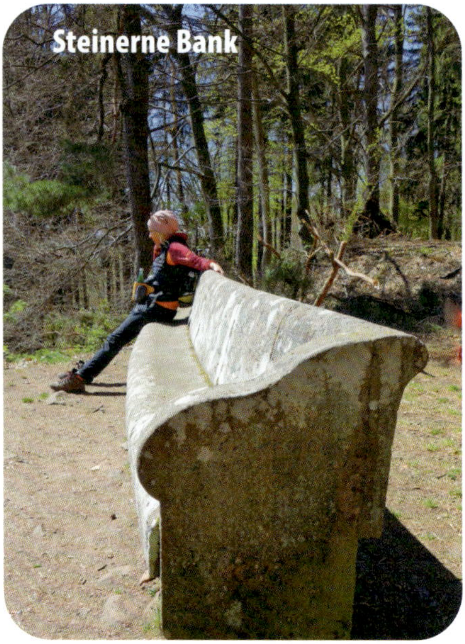

nicht starten. Bei einer kleinen Lichtung wandern wir an einer Hütte vorbei und erkennen im Nadelwald die **Hardberg-Türme** aufragen. Der wurzelübersäte Anstieg versetzt uns bei konzentriertem Gehen in eine Art meditative innere Ruhe, und wir können den Alltag vollkommen hinter uns lassen. Oben angekommen, biegen wir links ab. Der mächtige Tannenwald lässt uns fast vergessen, dass wir im Odenwald und nicht im Schwarzwald sind. Kristallklare Bergluft umgibt uns hier bei dieser Genuss-Höhenwanderung. Wir atmen tief durch und füllen unsere Lungen mit Sauerstoff. Die herrliche kühle Luft macht förmlich den Kopf frei. An der nächsten Wegkreuzung haben wir gleich vier Möglichkeiten, aber unsere Route führt erst links und gleich wieder rechts zum Waldpfad. Mit geringem Höhenverlust erreichen wir bald den **10-Wege-Platz ❶.** Dort laufen wir an der Picknickbank erst links und bald rechts, dann wieder links zu einem Pfad. Der schöne Naturweg steigt zur **Stiefelhöhe ❷** an, auf der dekorativ ein gigantischer Sandstein steht.

*Auf der **Stiefelhöhe** verläuft die Bundeslandgrenze zwischen Hessen und Baden-Württemberg.*

Beim Abstieg ist achtsames Gehen angesagt, während wir der Markierung Si6 folgend den Hohlweg hinunterlaufen. Weiter geht's links, bis wir bei einer Holzhütte mit **Steinerner Bank ❸** ankommen. Diese grandiose Sitzfläche errichtete 1905 Andreas Lammer, ein Steinhauer aus Ober-Abtsteinach. Das Material, das er verwendete, stammt aus dem angrenzenden stillgelegten Steinbruch. Auf der langen Steinbank legen wir eine kurze Pause ein und genießen den Blick ins schöne Eiterbachtal.

Auf fast gleichbleibender Höhe setzen wir unsere Tour nach einigen Minuten Ruhezeit fort und lauschen

Für die Seele

Im Naturschutzgebiet Eiterbachtal legen wir all unsere Sorgen und Ängste imaginär ins Wasser und lassen sie davonschwimmen.

zwischendurch immer mal wieder bewusst dem sanften Klang der Stille. Begleitet von einem leichten Windhauch gehen wir beim zweiten Forstweg talwärts. Wir achten im Abstieg auf den rechts abzweigenden Pfad und durchwandern ein romantisches Nadelholzwäldchen. Ein süßlicher Harzduft erweckt Erinnerungen an Kindheitstage und Ausflüge mit der Familie. Nostalgisch schwelgen wir in alten Zeiten, bis wir nach ein paar Mammutbäumen beim **Lichtenklinger Hof** ④ ankommen. Der überregional bekannte Wallfahrtsort wird auch als Quellheiligtum bezeichnet. Zuallererst bestaunen wir diesen bezaubernden Ort inmitten einer intakten Natur. Zu Zeiten des Dreißigjährigen Kriegs

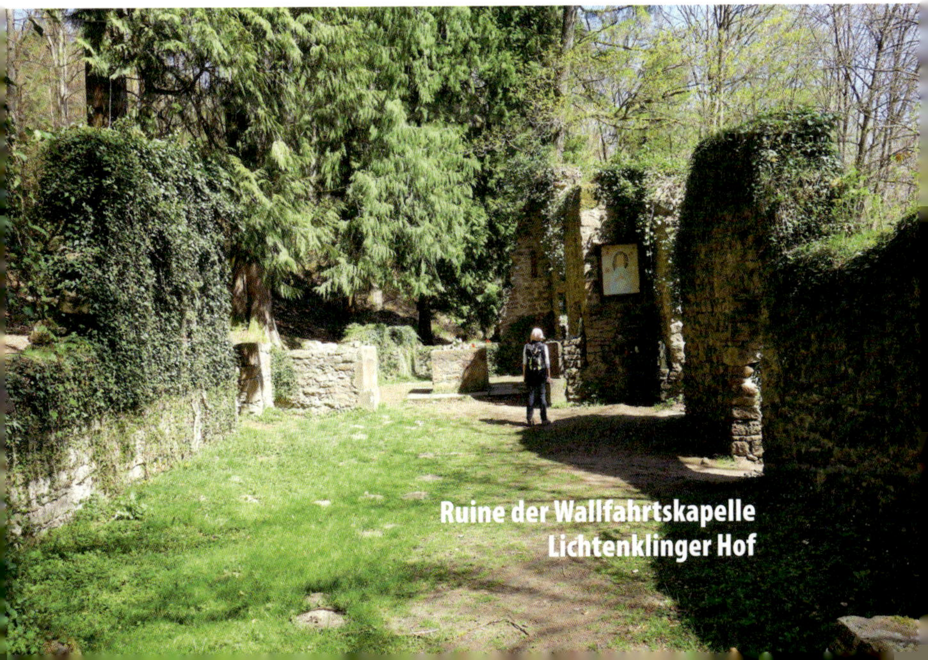

Ruine der Wallfahrtskapelle Lichtenklinger Hof

war Lichtenklingen komplett verlassen. Das Hofgut ging im Jahr 1836 in staatliche Hände über und wurde 1840 zum Abbruch versteigert. Der Lichtenklinger Hof wurde erst um 1840 gebaut und diente bis Anfang des 19. Jahrhunderts als Försterwohnung.

Auf einer Bank halten wir kurz inne und genießen es, einfach nur im Hier und Jetzt zu sein. Was für eine Kraftoase. Immer mehr stellt sich in uns in dieser ach so schönen Umgebung ein Gefühl des Einsseins mit der Natur ein. Wir besichtigen die Quelle und können uns an dem **Zwillingsbrunnen** kurz erfrischen. Der Brunnensockel ist mit heidnischen Symbolen verziert, ein Symbol steht für Wachstum und das andere für die aufgehende Sonne. Der Sage nach soll das Quellwasser eine heilende Wirkung bei Unfruchtbarkeit besitzen und so mancher Frau schon zu Kindern verholfen haben. Angeblich errichteten Mönche aus dem Kloster Lorsch im 13. Jahrhundert direkt über dem Quellheiligtum eine Kapelle und erschlossen so das Land. Urkundlich wurde sie erstmals um 1387 erwähnt. Zu dieser Zeit war die Kapelle die Stätte einer Marienwallfahrt.

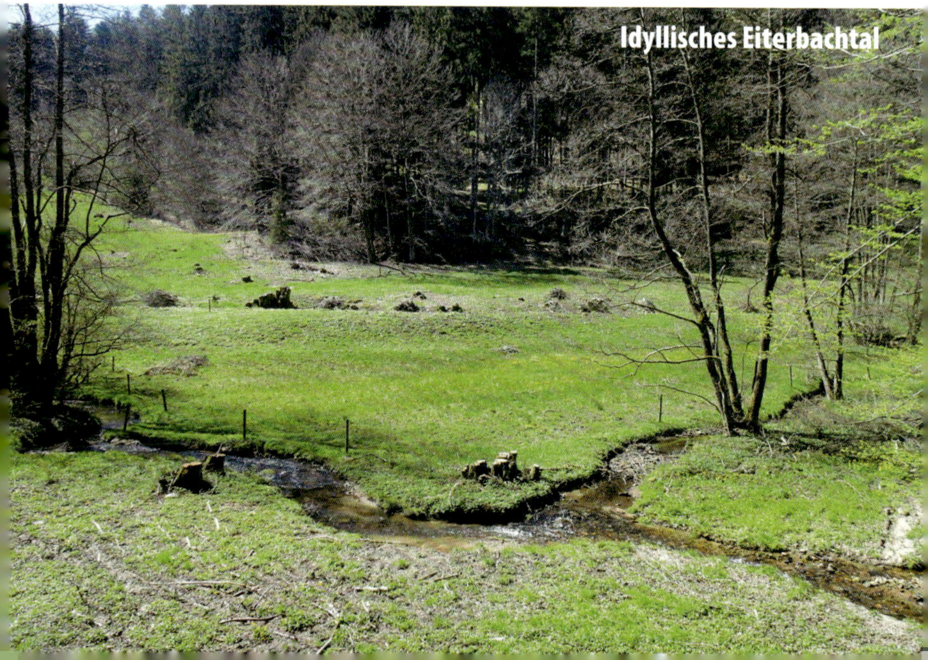
Idyllisches Eiterbachtal

Im 16. Jahrhundert, zu Beginn der Reformation, wurde diese schließlich verboten. Seit 1980 findet die Marienwallfahrt immer an dem Sonntag statt, der dem 15. August am nächsten ist. Viele Sagen und Mythen ranken sich um diesen geheimnisvollen Ort. Die Sage der weißen Frau, die des Nachts das Kind des Holzhauers wiegte, kann man am Eingang der Ruine nachlesen.

Das hübsche ***Eiterbachtal*** *hat viel zu entdecken und zu erleben. Hier scheinen sich die Zeiger der Uhren tatsächlich noch etwas langsamer zu drehen.*

Nach diesem Ausflug in die Geschichte wandern wir auf den Spuren der Vergangenheit halb rechts zum Pfad in Richtung Talgrund hinab. Quirlig plätschert ein Wildbach neben uns her. Das Rauschen des Bachs wirkt entspannend, und so laufen wir fast mühelos den Weg hinunter. Etwas weiter unten queren wir dann das Gewässer, der Forstweg bringt uns vollends hinab zum **Eiterbach ⑤**.

Kurz vor Siedelsbrunn

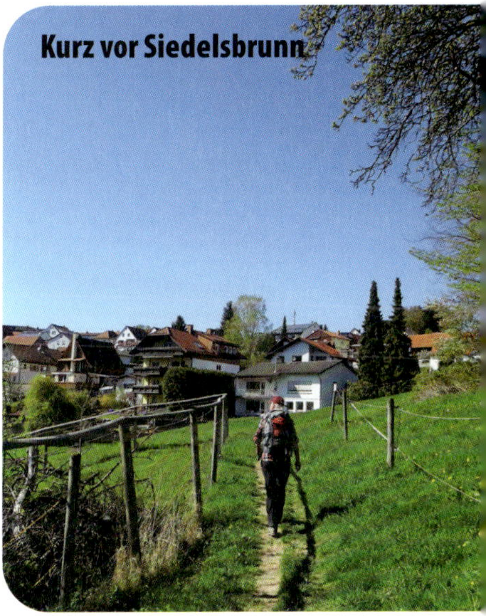

Im lauschigen Naturschutzgebiet angekommen, wenden wir uns links. Aus einer leichten Hanglage erhaschen wir einen magischen Blick auf den verschlungenen Bachlauf, der sich zauberhaft durch das Tal zieht. Etwas weiter oben treten wir in den Wald ein und folgen der Markierung zur Lichtung beim Quellgebiet **Krötenbrunnen ⑥**. Dort entdecken wir eine hölzerne Himmelsliege, die prompt für eine ausgiebige Rast mit Vesper genutzt wird. Weiter führt uns der Weg durch das liebliche Eiterbachtal. Hier wandern wir überaus idyllisch auf kleinen Wald- und Wiesenwegen hinauf nach **Siedelsbrunn ⑦** und erkennen bald schon die ersten Häuser.

Im Ort gehen wir auf dem asphaltierten Fußweg links zur Brunnenstraße, dann folgen wir der Obergasse bergwärts am **Georg-Schwebel-Platz** vorbei. Schwebel war von 1945 bis 1963 Bürgermeister. Oben wenden wir uns links dem Forsthausweg zu. Über den Kunstweg und an Sportanlagen entlang, erreichen wir kurz darauf wieder die Hardberg-Grillhütte, von der aus wir dann zu unserem Parkplatz zurückgehen. Wer noch einkehren möchte, kann dies an der Minigolfanlage tun oder aber im **Teehaus des Klosters ⑧,** das allerdings nur freitags bis sonntags geöffnet hat.

Sehr inspiriert und zufrieden ziehen wir unsere Wanderschuhe aus und brechen zur Heimfahrt auf. Ein rundum gelungener Wandertag mit viel Ruhe und Stille mitten in einer idyllischen Landschaft mit alten Gemäuern, Sagen und Mythen sowie historischen Geschichten – mehr kann man an einem Tag nicht erleben. Da fällt uns ein Vers von Johann Wolfgang von Goethe ein: „Warum in die Ferne schweifen? Sieh, das Gute liegt so nah" – wie recht er doch damit hatte.

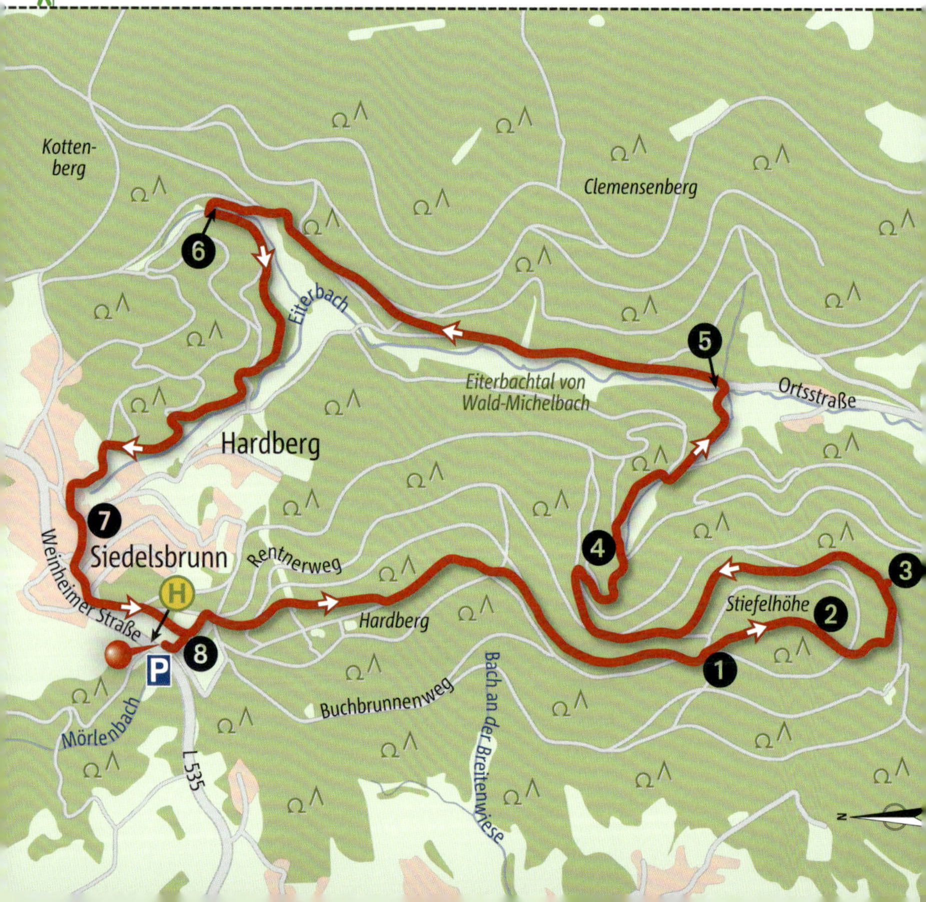

Entspannung ✱✱✱✱✱

Genuss ✱✱✱✱✱

Romantik ✱✱✱✱✱

WIE & WANN:
Die Wegbeschaffenheit ist durchgehend sehr gut, Waldwege und Pfade wechseln sich ab. Beste Wanderzeit von April bis November.

HIN & WEG:
Auto: Anfahrt A5 bis Schriesheim, hoch zum Kohlhof und über Ober-Absteinach nach Siedelsbrunn.
Wanderparkplatz Hardberg, Weinheimer Straße 65, 69483 Wald-Michelbach (GPS: 49.545417, 8.802833)
ÖPNV: Bus 680, 681 von Weinheim über Michelbach oder Ellenbach bis Haltestelle Siedelsbrunn Buddhas Weg

ESSEN & ENTSPANNEN:
Teehaus ❽ Buddhas Weg 4, 69483 Wald-Michelbach

ENTDECKEN & ERLEBEN:
10-Wege-Platz ❶
Stiefelhöhe ❷
Steinerne Bank ❸
Lichtenklinger Hof ❹
Eiterbach ❺
Krötenbrunnen ❻
Siedelsbrunn ❼

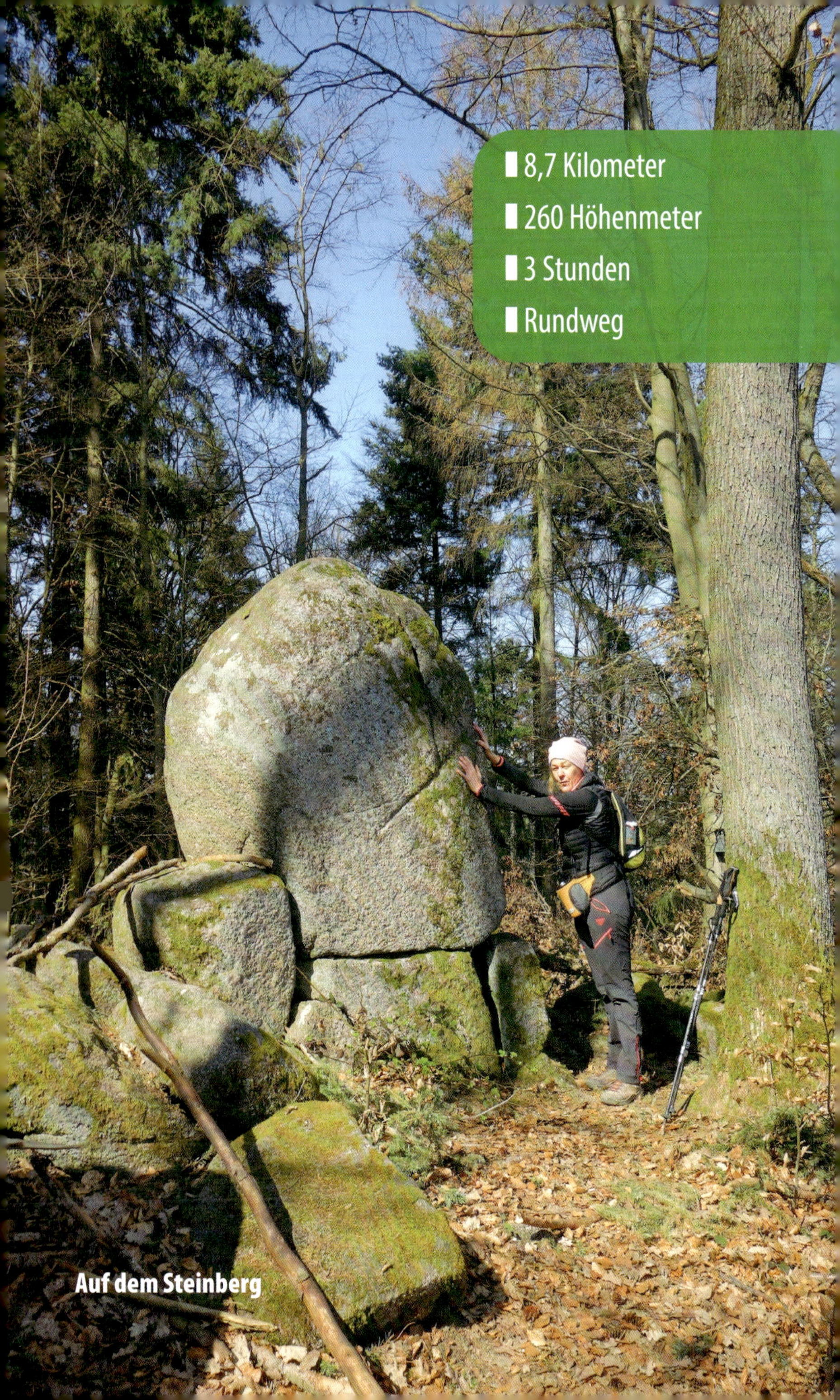

Auf dem Steinberg

Reich der Steine

Geo-Abenteuer Wildeleutestein

Es ist Ende März, frühlingshafte Temperaturen locken uns voller Vorfreude aus unserem Winterschlaf und wir brechen auf zu einer neuen Tour für unser Odenwald-Projekt. Wir sind schon total neugierig, was wir dieses Mal alles erleben dürfen!

Bei Schriesheim verlassen wir die A5, unterqueren im Branichtunnel die Stadt und erreichen etwa 1 Kilometer hinter dem Ort Ursenbach die gleichnamige Passhöhe Ursenbacher Höhe. Am **Waldparkplatz** neben dem **Naturdenkmal Alte Eiche** beginnt unsere Tour. Dort informiert eine etwas in die Jahre gekommene Wandertafel über die örtlichen Gegebenheiten. An einem landwirtschaftlichen Hof wandern wir linker Hand bergan, kurz darauf führt ein Abzweig links in den lichten Nadelwald. Für ein paar Meter steigt der Waldweg an und wir folgen der **gelben L-Markierung,** die uns heute als Orientierung dient.

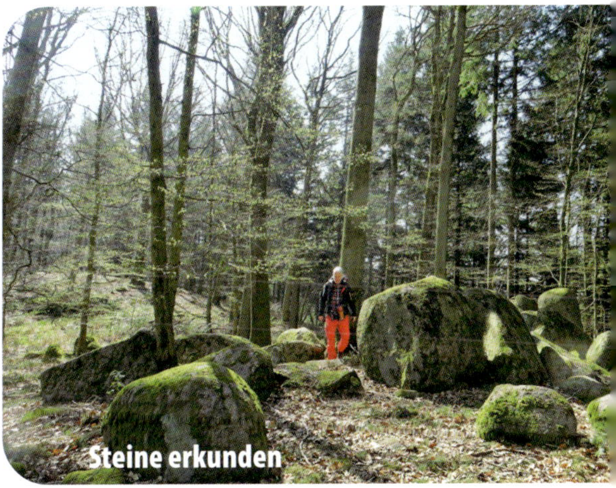
Steine erkunden

Noch ist der Wald recht karg, aber vereinzelt sind Frühlingsblümchen bereits aus ihrem Winterschlaf erwacht und an den Bäumen und Sträuchern sind erste Knospen zu erkennen. Fröhliches Vogelgezwitscher ertönt, während wir Richtung **Steinberg** ➊ empor-

*Mehrere **Infotafeln** entlang des Wegs vermitteln viel Wissen über Gesteinskunde.*

wandern. In wilder Ordnung überall verteilt, erkennen wir verschiedene Gesteinsformationen aus Granodiorit. Fasziniert erkunden wir diese Steinhaufen, die teils aus Riesensteinbrocken bestehen. Ob sich hier oben früher vielleicht eine keltische Kultstätte befand?

Der schmale Waldpfad führt zu einem Querweg, bei dem wir mit einem schönen Ausblick nach Oberflockenbach rechts abbiegen. Vorbei an weiteren moosbewachsenen Steinfelsen bringt uns dieser herrliche Traumpfad zu einem Forstweg, dem wir links hinab folgen. Der Wald öffnet sich, das Land weitet sich und gibt den Blick über die Dächer von **Oberflockenbach** ❷ frei. In Höhe der Straße Am Steinberg biegen wir scharf rechts ab und gehen danach gemächlich am Waldrand entlang, dabei genießen wir den schönen Ausblick. Sanftes Kirchenglockengeläut dringt weich an unsere Ohren und erinnert uns daran, dass morgen die Uhren auf die Sommerzeit umgestellt werden. Unglaublich, wir können kaum fassen, wie schnell die Zeit vergeht. Gerade waren wir noch im Wintermodus und wie ein Wimpernschlag ist es schon wieder Frühling.

Blick über Oberflockenbachs Dächer

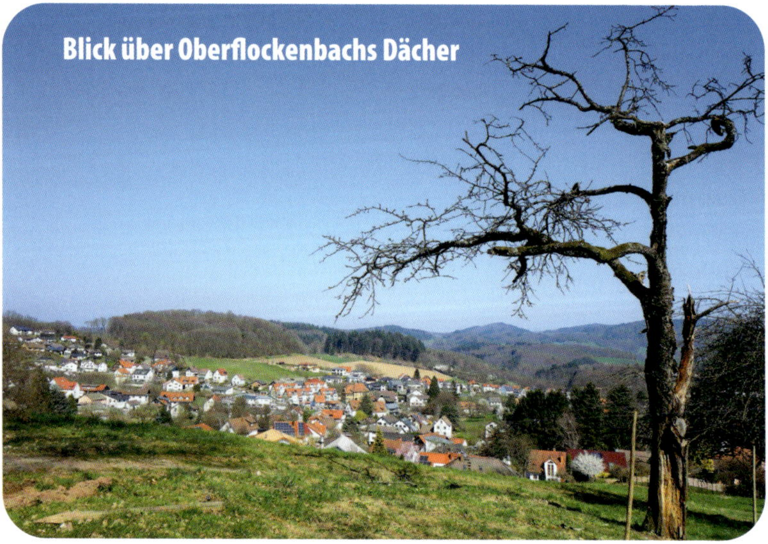

Für die Seele

Bei den Felsen tauchen wir in eine andere Welt ein und können uns auf dem Weg zum Stein- und Eichelberg mit etwas Fantasie Wald- und Fabelwesen vorstellen.

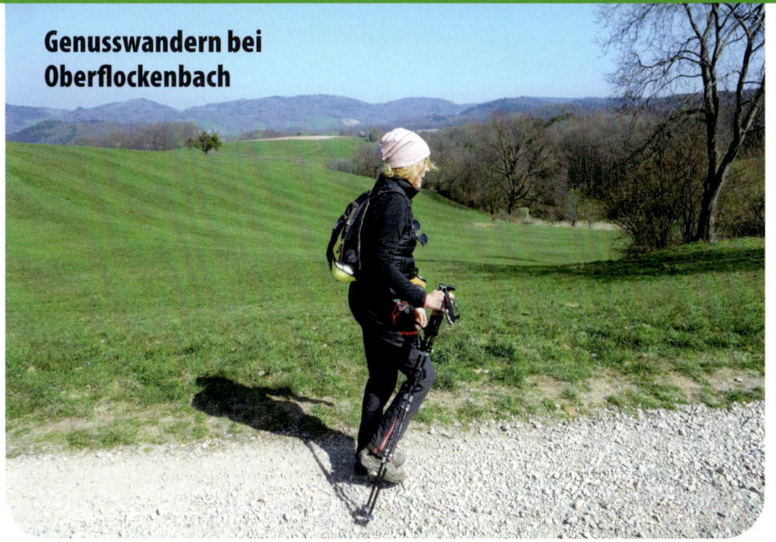

Genusswandern bei Oberflockenbach

In schöner Ortsrandlage folgen wir dem Wanderweg und biegen gegenüber dem Wehlingweg rechts zum **Feldweg** ab. Weite Wiesenflächen bestimmen hier unseren Ausblick. Entspannt geht es hinauf zum Sattel, auf dessen Anhöhe wir auf einer kleinen Sitzbank kurzweilig eine Ruhepause einlegen. Über weitläufiges Wiesen- und Ackerland blicken wir hinweg zu bewaldeten Bergkuppen, die sich sanft am Horizont verlieren, einfach nur schön, wieder auf Wanderschaft zu sein. Der weitere Wegverlauf führt uns nach links und wir wandern dem aufragenden Eichelberg entgegen. Beim Waldrand gehen wir halb links zum Forstweg, dort tauchen wir in die friedliche Stille des Walds ein und genießen vollen Herzens die pure Naturenergie, die sich

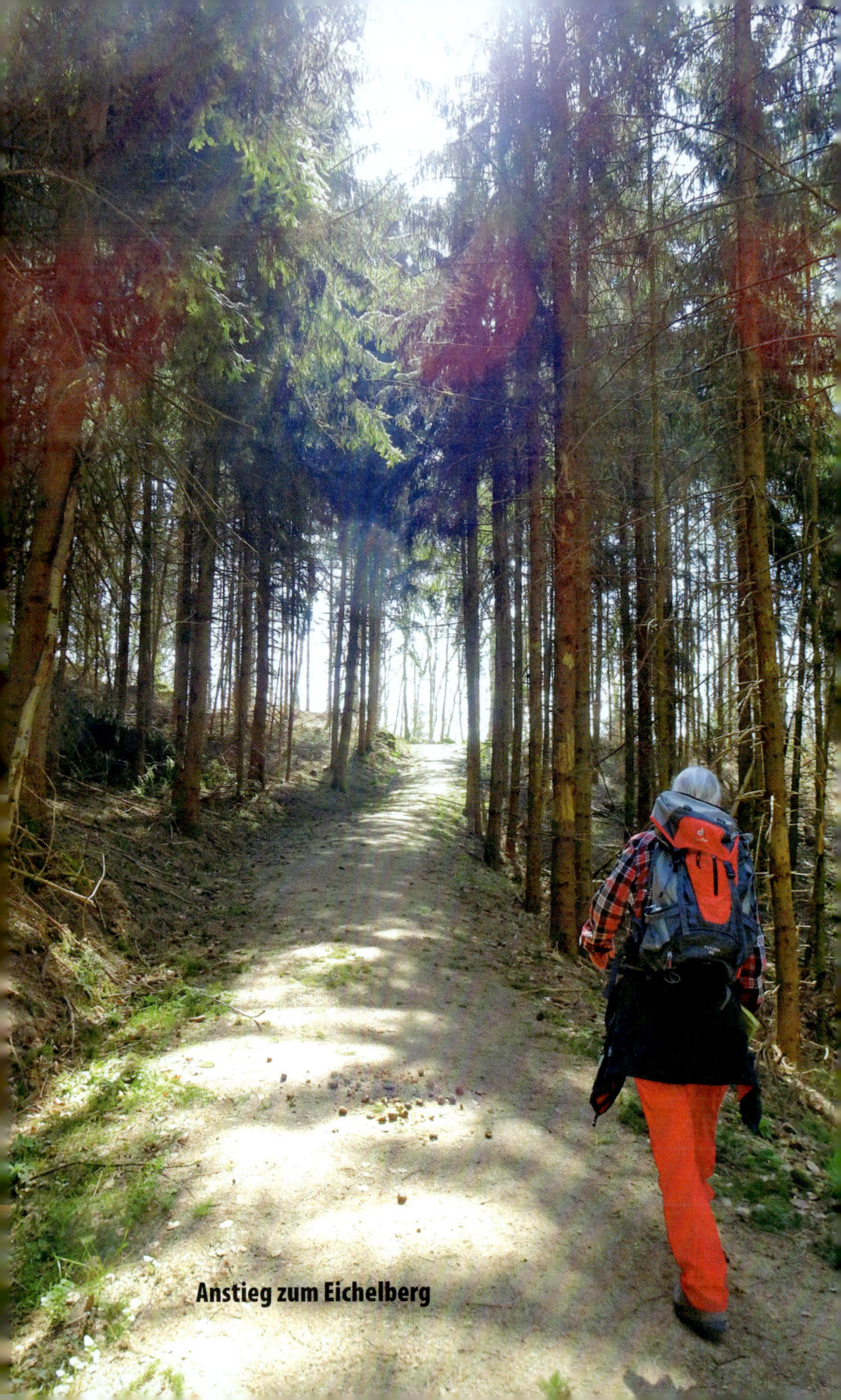

Anstieg zum Eichelberg

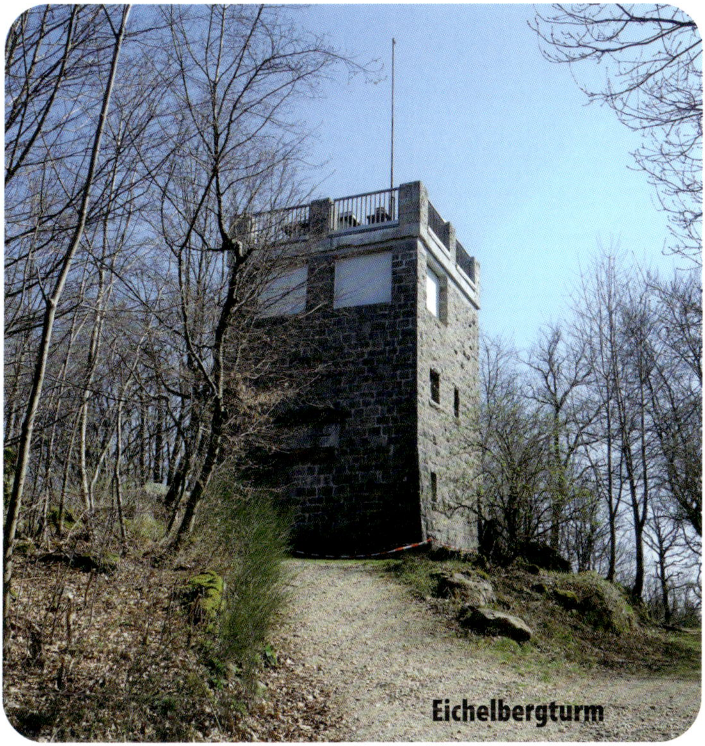
Eichelbergturm

uns hier bietet. Unsere Markierung fest im Blick, passieren wir ein **kleines Felsenmeer** und erreichen alsbald eine kleine Lichtung, bei der wir scharf auf einen Pfad abbiegen. Während des Anstiegs achten wir auf einen Linksabzweig, dem wir folgen. Liebliches Gezwitscher begleitet uns, immer wieder halten wir inne und belauschen den orchestralen Gesang der Waldvögel. Nach einer Kuppe biegen wir rechts zum Bergweg ab und gewinnen mit jedem neuen Meter weiter an Höhe. Oben angekommen, weist uns der Weg in Richtung Gipfel des **Eichelbergs** ❸ mit seinem Aussichtsturm auf 526 Meter Höhe.

Nach diesem topografischen Tageshöchstpunkt geht es nun talwärts und wir achten auf den links abgehenden Serpentinenpfad. Der wurzelige Pfad bringt

!

*Der **Aussichtsturm** am Gipfel des Eichelbergs ist an den meisten Sonn- und Feiertagen geöffnet und wird vom Odenwaldklub bewirtschaftet. Er wurde im Jahre 1911 erbaut; von seiner Plattform aus reicht die Sicht bis ins liebliche Rheintal.*

uns direkt über den Felsbrocken **Wildeleutestein ④,** der eine wunderbare Kulisse als Naturbühne bietet. Linksseitig führt uns der Weg um die Gesteinsformation herum, sodass wir unterhalb direkt die wahre Größe dieses Brockens wahrnehmen. Total beeindruckt blicken wir von unten nach oben und fragen uns, wie wohl so ein mächtiger Fels hier in den Wald gelangen konnte. Viele Sagen und Mythen ranken um diesen mystisch wirkenden Stein, einst sollen dort Wilde gehaust haben, die magische Kräfte besaßen und über verschiedene Heilmittelchen verfügten. Die Dörfler mussten als Lohn dafür die Sippe mit Essen und Trinken versorgen, welches sie am Waldrand abstellten. Der geheimnisvolle Platz ist geologisch eine echte Besonderheit.

Ein letztes Mal blicken wir fasziniert auf den Gesteinsbrocken und nehmen im Geiste die spürbare energetische Kraft dieses Platzes in uns auf, bevor wir unseren Weg fortsetzen. Immer weiter wandern wir hinab, bis der Wald sich öffnet und ein Feldweg rechts hinüber zum Kreuzungspunkt führt. An der **Sitzbank**

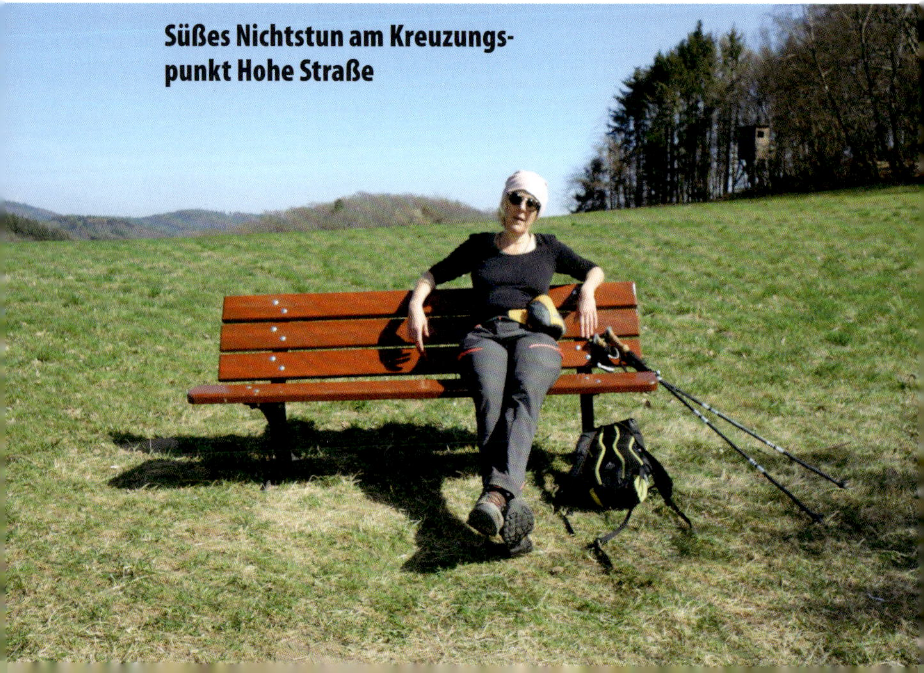

Süßes Nichtstun am Kreuzungspunkt Hohe Straße

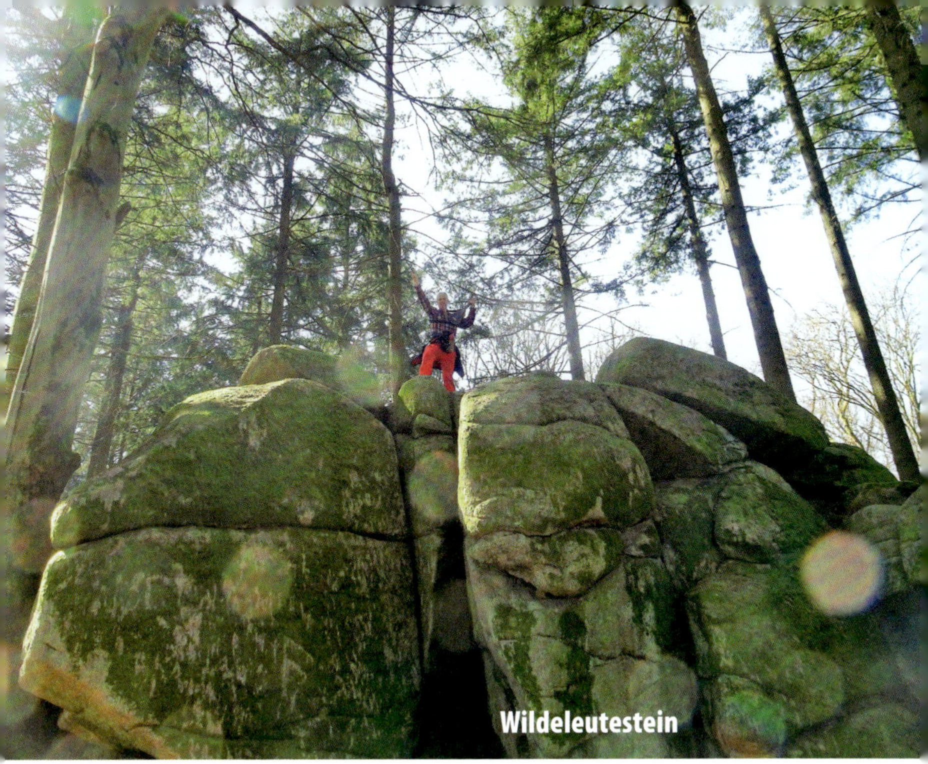

Wildeleutestein

bei der Hohe Straße ❺ angelangt, beschließen wir kurzerhand, eine kleine Rast einzulegen. Hier verweilen wir etwas, genießen die Sonne, die bereits eine wärmende Kraft ausstrahlt, und beobachten dabei das bunte Treiben um uns herum. Nur so am Rande, hier verläuft der **Europäische Fernwanderweg E1,** der mit grob 8000 Kilometern Länge das Nordkap mit Süditalien verbindet.

Entspannt kann es nun auf dem ausgewaschenen Schotterweg weitergehen, der uns sanft in Richtung Wald hinunterlenkt. Eine leichte Brise weht lässig um unsere Haare und gibt uns ein Gefühl von Freiheit. Im weiteren Abstieg halten wir uns an beiden Abzweigen rechts und erkennen hier wieder vermehrt größere Ansammlungen von Steinhaufen. Bald schon gelangen wir zum hölzernen **Waldpavillon ❻.** An der Flanke des Eichelbergs entlang führt uns der Waldweg jetzt zur Wiesen- und Ackerland-Hochfläche, die wir anfangs schon einmal passiert haben. Aussichtsreich ge-

!

*In Deutschland misst der **Fernwanderweg E1** etwa 1900 Kilometer. Vom Odenwald führt er in den sagenumwobenen Schwarzwald und dann größtenteils auf dem legendären Westweg weiter nach Süden.*

Auszeittour 4

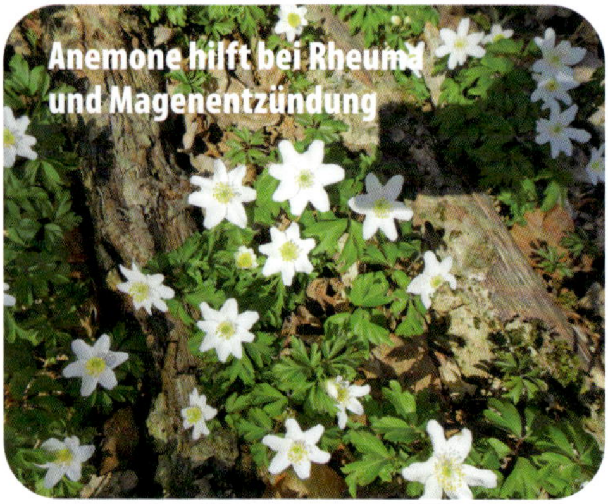

nießen wir unseren gemütlichen Rückweg und erkennen alsbald vor uns das landwirtschaftliche Anwesen auf der **Ursenbacher Höhe.** Beim Naturdenkmal Alte Eiche angekommen, haben wir unser Tagesziel erreicht.

Zufrieden ziehen wir unsere Wanderschuhe aus und verstauen den Rucksack im Auto. Einmal mehr haben wir entdeckt, wie vielfältig und schön der Odenwald sein kann. Wir sind schon jetzt mächtig auf unsere nächste Tour gespannt.

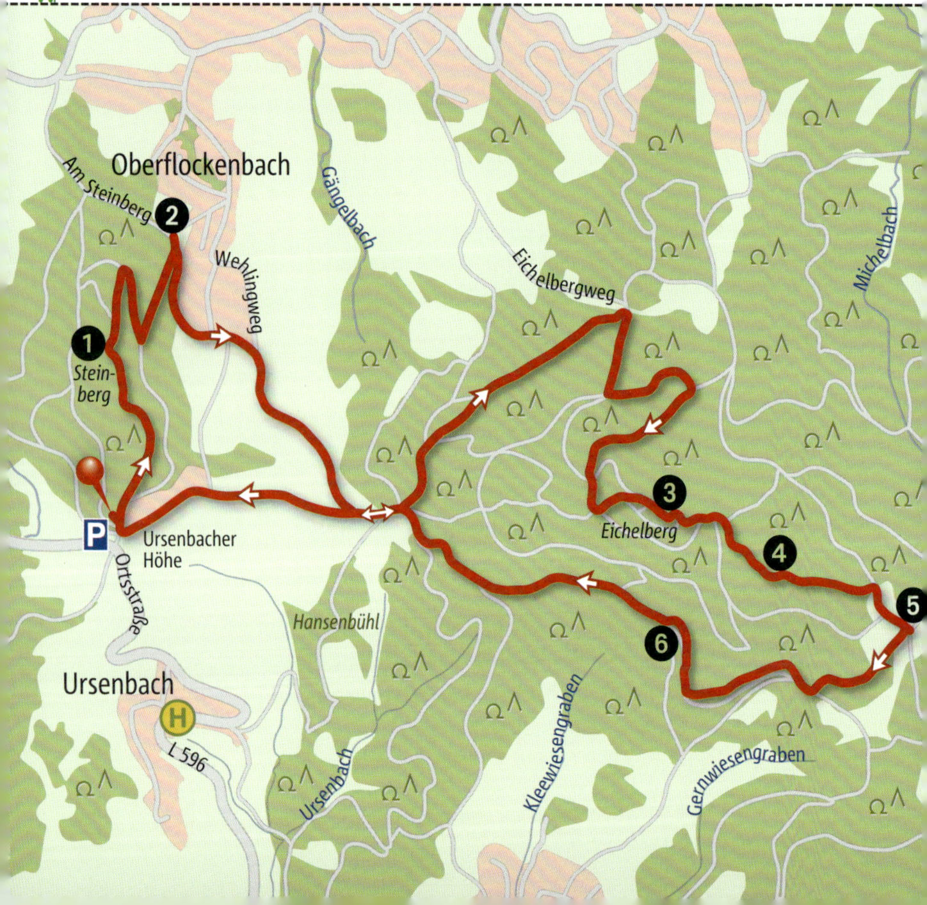

Entspannung ★★★★☆
Genuss ★★★★★
Romantik ★★★★☆

WIE & WANN:
Die Beschaffenheit des Wegs ist durchgehend sehr gut, auch der Aufstieg zum Eichelberg ist unproblematisch. Beste Wanderzeit von März bis November.

HIN & WEG:
Auto: Durch Ursenbach hindurch und hinauf zur Ursenbacher Höhe. Waldparkplatz Ursenbacher Höhe (etwas versteckt rechts der Straße), am Naturdenkmal Alte Eiche, 69469 Weinheim (GPS: 49.49886, 8.72254)
ÖPNV: Bus 628 von Schriesheim über Wilhelmsfeld bis Haltestelle Ursenbach Ort; zur Ursenbacher Höhe muss man vom Ortszentrum hochlaufen

ESSEN & ENTSPANNEN:
Gasthäuser gibt es entlang der Wanderstrecke keine, aber der **Eichelbergturm** ❸ wird an den meisten Sonn- und Feiertagen vom Odenwaldklub bewirtschaftet.

ENTDECKEN & ERLEBEN:
Steinberg ❶
Oberflockenbach ❷
Eichelberg mit Aussichtsturm ❸
Wildeleutestein ❹
Sitzbank bei der Hohe Straße ❺
Waldpavillon ❻

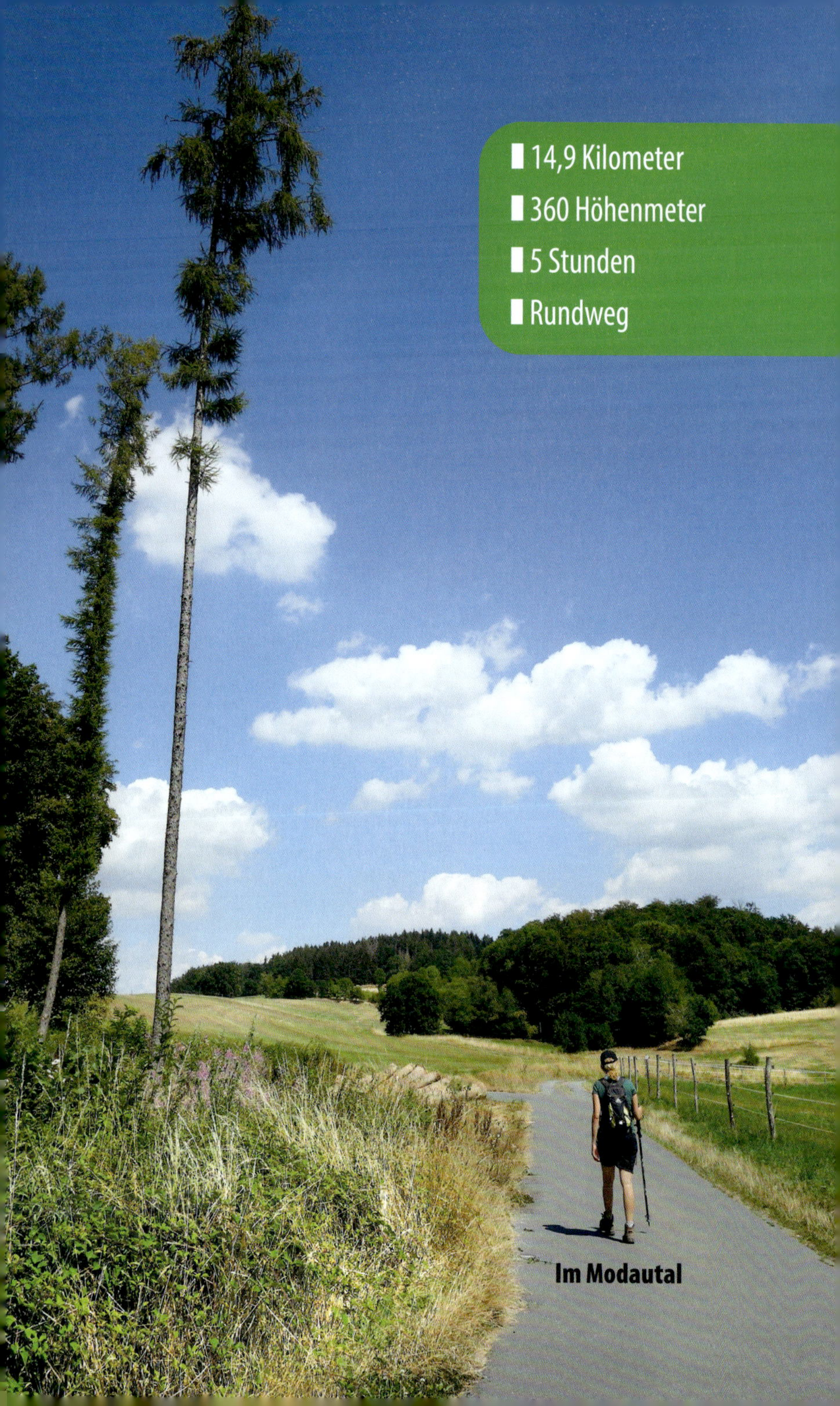

- 14,9 Kilometer
- 360 Höhenmeter
- 5 Stunden
- Rundweg

Im Modautal

Meditativ ländlich

Modautalweg mit Weitblick

Ein neuer Tag beginnt, heute geht es nach Brandau in eine sehr vielversprechende Wanderregion mit tollen Landblicken und einigen weiteren Highlights. Gut gelaunt steigen wir im Ortskern am **Rathausplatz von Brandau** aus unserem Auto. Gleich schon entdecken wir den Blickfang des Orts, das alte Fachwerk-Rathaus mit seiner außergewöhnlichen Turmuhr, die das rote Ziegeldach überragt. Sie hat nur einen Stundenzeiger. Das mechanische Wunderwerk stammt aus dem späten 17. Jahrhundert.

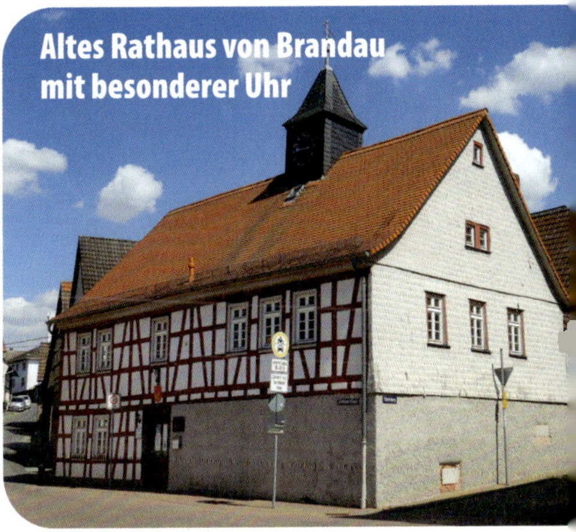
Altes Rathaus von Brandau mit besonderer Uhr

Fasziniert gehen wir rechts zur Odenwaldstraße, an der **Pizzeria La Vita ❶** vorbei und biegen der **grünen M2** folgend an der Straße **Im Eck** links ab. Gemütlich laufen wir durch das Wohngebiet hinauf in die Hechlergasse. Dort halten wir uns rechts und gehen beim zweiten Linksabzweig in den Bensheimer Weg. Bald schon lassen wir den Ort hinter uns und folgen dem Schotterweg hinauf zum Geisberg mit der **Kriegsgräbergedenkstätte ❷.** Die letzte Ruhestätte erinnert seit 1964 an Menschen, die in zwei Weltkriegen sinnlos ihr Leben verloren haben. Nachdenklich stimmt uns zudem, dass es so viele Jahrzehnte später auf unserer Weltenbühne immer noch überall lodert und brodelt, wo doch Frieden in jedem Einzelnen von uns beginnt.

*Die **Kriegsgräberstätte** auf dem Geisberg erinnert an 461 Opfer und steht sinnbildlich für Frieden, Freiheit und Versöhnung aller Generationen, heute und in Zukunft.*

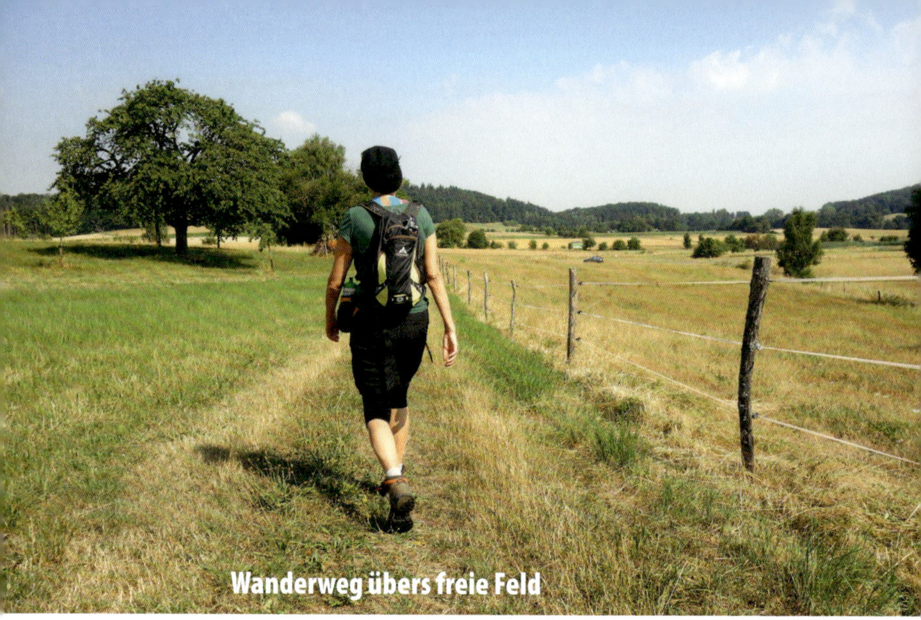

Wir lassen sämtliche Eindrücke und Gedanken dort an diesem Ruheort, kommen ins Hier und Jetzt zurück und biegen gleich nach dem Denkmal links in den Feldweg ab. Dabei achten wir besonders auf die Zick-Zack-Kursführung. Wir genießen den ländlichen Anblick, der uns vorbei an Weiden und Ackerland führt, und wandern talwärts, bis uns unten im Tal die Markierung links weist. Zunächst schreiten wir über freies Feld und dann beim Schotterweg nach rechts zum **Brandauer Kreuz,** das einen ehemaligen Grenzpunkt markiert. Direkt hinter einer Landstraße wandern wir in einem schönen Wiesentälchen dem Wald entgegen. Im Forst biegen wir vor dem Waldfriedhof links steil hinab zur schön gelegenen **Grillhütte Allertshofen** sowie zu einem **kleinen See.** Dort bietet sich eine wunderschöne Möglichkeit für eine kurze Erholungspause.

Ausgeruht geht es jetzt über die angrenzende Landstraße. Wir behalten kurz die Richtung nach Allertshofen bei, bis wir am Ortsschild links über den plätschernden Wurzelbach marschieren. Ein schmaler Pfad nimmt uns auf, bevor wir oben auf dem Feldweg weiter emporwandern. Es geht vorbei an grünen Wiesenflächen und Viehweiden. Ein Gefühl von Heimat beflügelt unsere Wanderseele und wir bestaunen auf

Für die Seele

Die Weitblicke und das liebliche Modautal berühren auf dieser Wanderung die Seele.

unserem Weg immer wieder die herrliche Naturkulisse um uns herum. Kurz nachdem wir den Waldrand erreicht haben, biegen wir halb rechts in den Panoramaweg ab, der uns zur **7-Turmblick-Hütte** ③ auf 371 Höhenmeter bringt. Umwerfend, welche Weite wir von hier aus erfahren dürfen. Wir erblicken im Tal sogar den Ort Hoxhohl, einfach faszinierend schön.

Jetzt führt uns der Weg bald wieder in den Wald, etwas Abkühlung tut gut, ganz besonders an warmen Tagen, bevor wir bei der Waldöffnung nach links abbiegen. Immer wieder können wir entlang des Wegs an Brombeerhecken naschen. So gelangen wir gemütlichen Schrittes auf sandig weichem Boden immer weiter talwärts und erreichen in Kürze den **Bach von der**

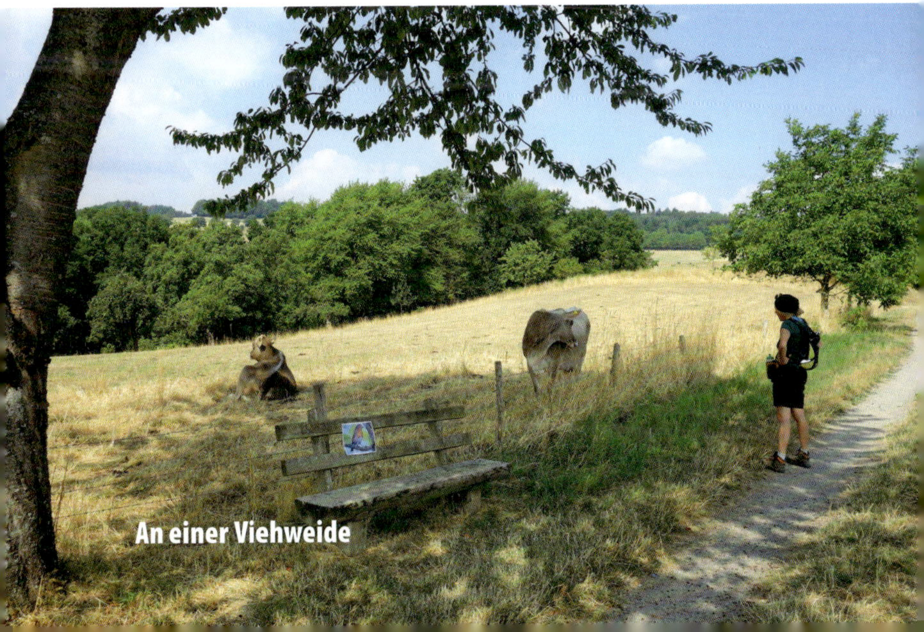

An einer Viehweide

Dimpelswiese. Ein breiter Weg führt links aus dem Tal und wir gehen beständig am Waldrand entlang. So reizvoll kann Wandern sein. Bald bestimmen wieder saftige Wiesenflächen das Landschaftsbild. Das wirkt nicht nur erholsam auf Körper und Geist, sondern auch entspannend auf angestrengte Nerven.

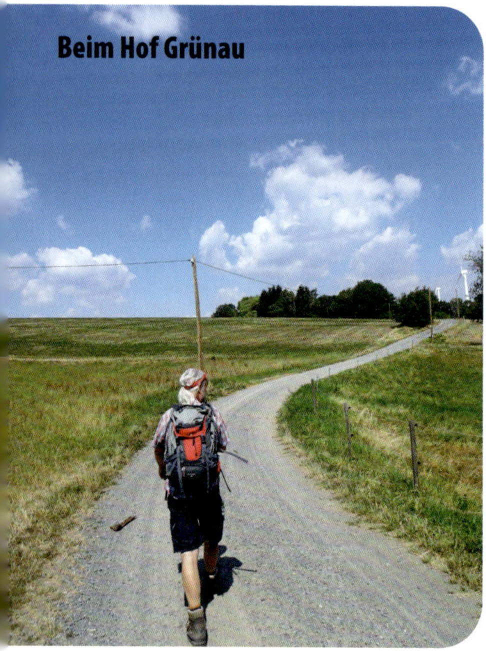

Beim Hof Grünau

Unser Weg führt an den Häusern des **Hof Grünau** ❹ vorbei, bis wir dann an der nächsten Abzweigung am Segetskopf rechts gehen und in der Folge einige Windräder passieren. Auf der Kuppe weitet sich der Blick erneut. Ackerbau und Viehzucht scheinen hier noch rege betrieben zu werden. Landidylle pur. Am **Herrnköpfchen** laufen wir rechts. Zwischen Wald und Feld halten wir uns zweimal links und achten im weiteren Verlauf auf den rechts abzweigenden Weg. Jetzt gehen wir den Mittelweg, der uns ins finstere Tal hinab zu einem Wildbach leitet. Wir gelangen auf einen romantischen Pfad, dem wir durch ein urwaldähnlichen Bachtal folgen. Herrlich, so eine urwüchsige, unberührte Natur. Mit etwas Fantasie könnte man sich beinahe einbilden, man wäre irgendwo im Dschungel unterwegs.

Sobald wir die Landstraße erreichen, gehen wir links versetzt hinüber in die Bachaue der Modau. Achtung, ab hier führt uns die Markierung mit dem grünen M weiter auf den **Modautalweg** ❺. Das sanfte Plätschern entlang des Gewässers versetzt uns in einen fast meditativen Zustand und klärt unsere Gedanken.

Entspannt wandern wir auf dem hübschen Pfad flussaufwärts. Eine kleine, steinige Passage erfordert etwas Aufmerksamkeit, aber mit entsprechend gutem Schuhwerk ist sie spielend zu bewältigen. Parallel zu

*Das Flüsschen **Modau** gab dem Modautal seinen klangvollen Namen, der an die bekannte 430 Kilometer lange Moldau in Tschechien erinnert. Die Odenwälder Modau wurde jedoch nicht von Bedřich Smetana vertont und ist nur rund 44 Kilometer lang.*

unserem Wanderweg verläuft ein Mundart-Wanderweg, der uns mit mehreren Schildern an unterschiedlich schönen Plätzen einlädt, die Natur mit allen Sinnen zu genießen und das Kulturgut der Mundart zu pflegen. Interaktiv kann man sich hier die Beiträge via QR-Code im Original-Dialekt anhören – echt witzig, zumal wir fast kein Wort verstehen.

Unser Traumpfad führt uns nun stets an der Modau entlang und bringt uns in den Ort **Hoxhohl** ⑥, auf den wir zuvor vom Panoramaweg bei der 7-Turmblick-Hütte aus herabgeblickt haben. Die Alte Darmstädter Straße nimmt uns auf, dann geht es links ab in die Straße Alt Hoxhohl, der wir folgen und am alten **Feuerwehrhaus** vorbeikommen. Kurz hinter dem Wurzelbach biegen wir rechts ab und gehen zum Wald hinauf. Hier folgen wir links dem Pfad zur Modau und zur Landstraße. Dahinter passieren wir eine imposante Felsformation und gehen in das idyllische Bachtal. In einer großen Schlaufe folgen wir dem Lauf des Wassers und genießen die angenehme Kühle, die hier herrscht. Beim querenden Fahrweg wandern wir rechts und biegen dann kurz vor der Landstraße links ab, zu einem faszinierenden Rastplatz auf dem **Mühlberg** ⑦ hinauf. Hier erwartet uns eine hölzerne **Panoramasitzbank**, die mit schönem Blick auf

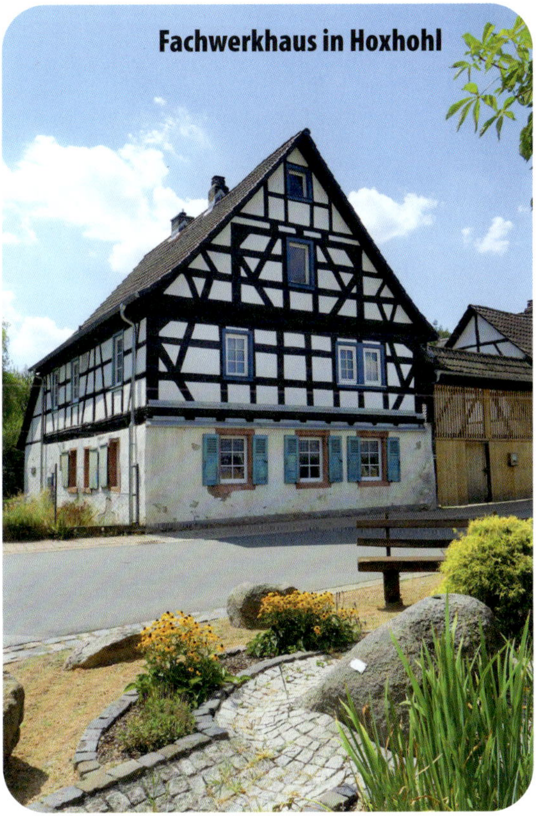

Fachwerkhaus in Hoxhohl

Auszeittour 5

Brandau besticht. Wir genießen die Ruhe und nutzen die Zeit, um unseren Gedanken freien Lauf zu lassen. So ein entspannter Wandertag, was kann es Schöneres geben?

Eins mit der Natur und total gelassen, machen wir uns auf zum Endspurt. Wir gehen rechts in Richtung Brandau, wo wir beim **Gasthaus am Mühlberg** ⑧ vorbeikommen. Hier könnte man zum Abschluss eine Rast einlegen, allerdings hat die Lokalität nur freitags bis sonntags geöffnet. Schade, heute ist leider geschlossen und so bleibt uns nichts anderes übrig, als weiterzulaufen. Die Odenwaldstraße bringt uns rechts zurück zum Rathausplatz, an dem wir unsere Tour begonnen haben.

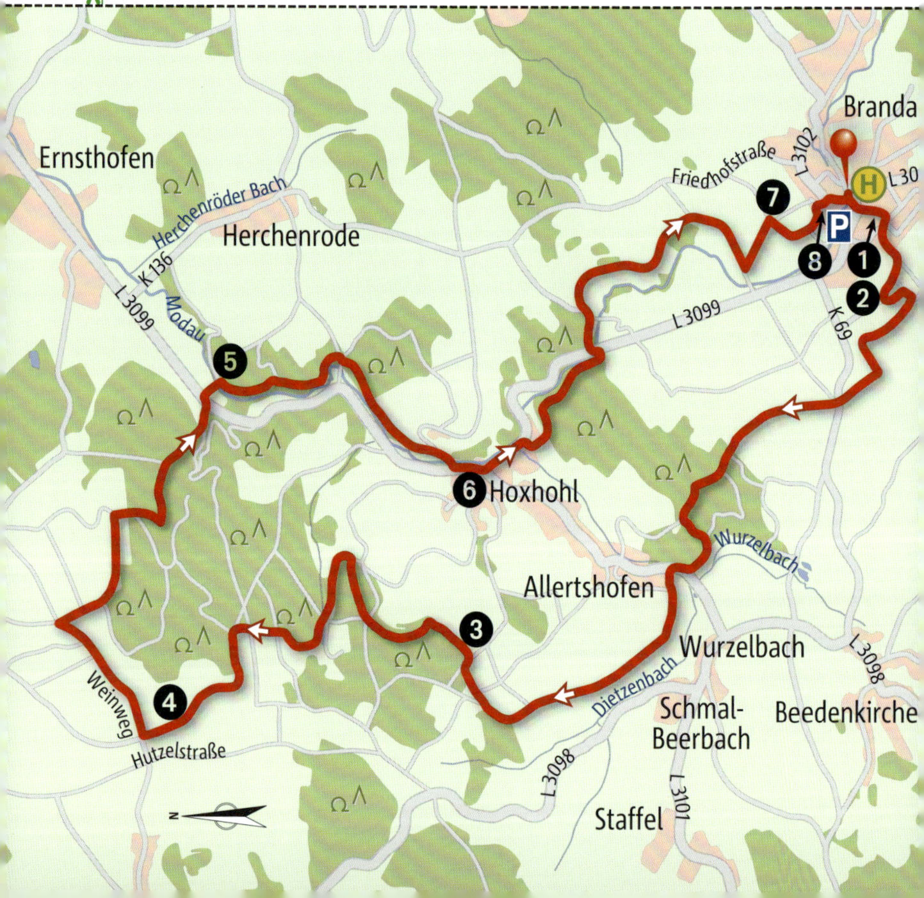

Entspannung ★★★★★
Genuss ★★★☆☆
Romantik ★★★☆☆

WIE & WANN:
Die Wege sind problemlos zu bewältigen. Viele Feldwege, aber auch Waldpfade. Beste Wanderzeit von März bis November.

HIN & WEG:
Auto: Anfahrt über A5, Ausfahrt Bensheim, Hochstädten, Balkhausen, hoch zur Kuralpe und von Beedenkirchen nach Brandau.
Parkplatz in Brandau am Rathaus, Odenwaldstraße 34, 64397 Modautal (GPS: 49.7355, 8.738583), nur an Wochenenden; werktags Parkplatz am Sportplatz (am Südrand des Orts), Römerberg, 64397 Modautal (GPS: 49.732333, 8.741333)
ÖPNV: Bus MO2 von Reichenbach bis Haltestelle Modautal-Brandau Rathaus

ESSEN & ENTSPANNEN:
Pizzeria La Vita ❶ Odenwaldstraße 32,
64397 Modautal-Brandau, Tel. (0 62 54) 30 84 79
Restaurant Café Haus am Mühlberg ❽ Am Mühlberg 4,
64397 Modautal-Brandau, Tel. (0 62 54) 73 91, www.haus-am-muehlberg.de

ENTDECKEN & ERLEBEN:
Kriegsgräbergedenkstätte ❷
7-Turmblick-Hütte ❸
Hof Grünau ❹
Modautalweg ❺
Hoxhohl ❻
Mühlberg ❼

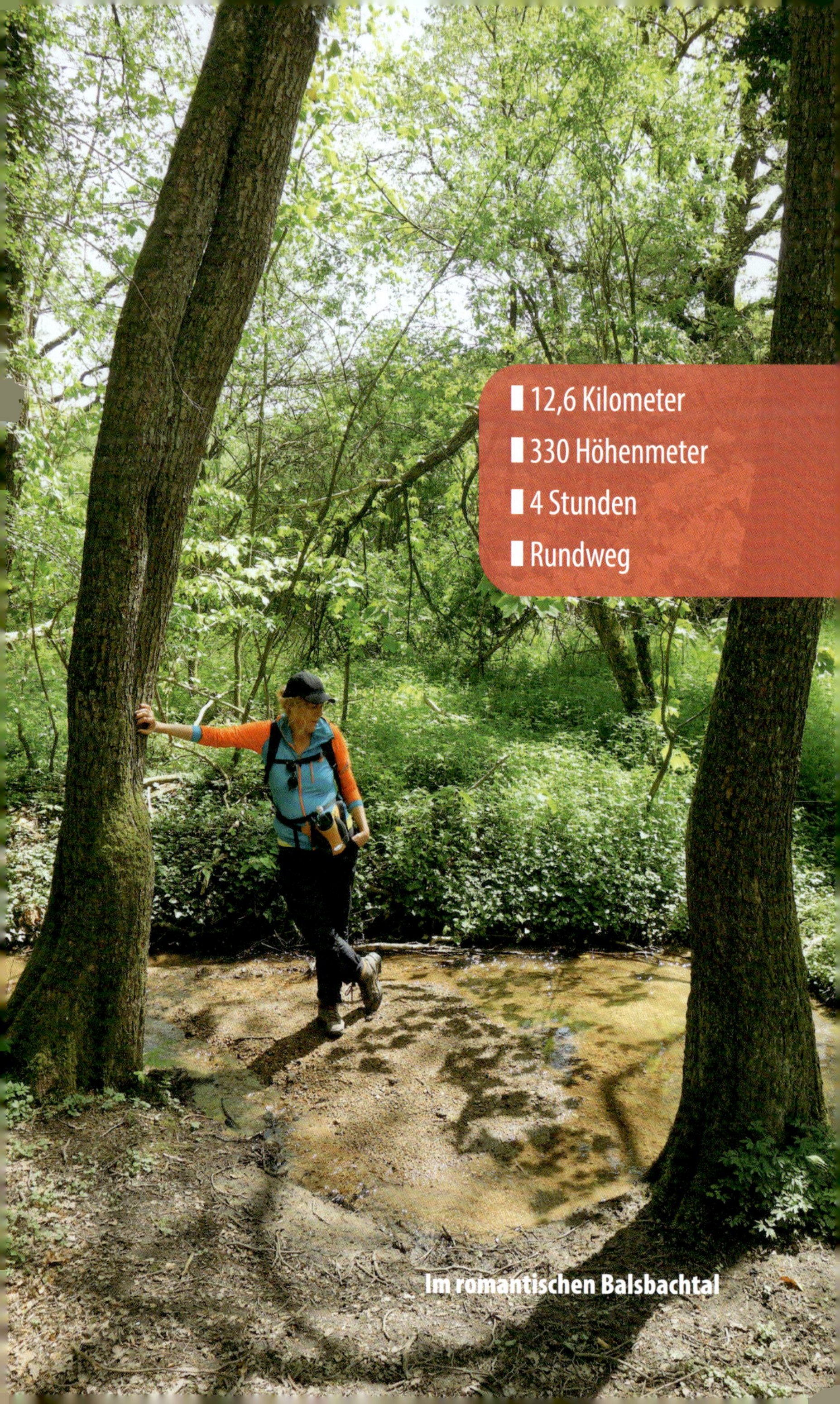

- 12,6 Kilometer
- 330 Höhenmeter
- 4 Stunden
- Rundweg

Im romantischen Balsbachtal

Auf den Brombachtaler Fernblickweg haben wir uns schon lange gefreut, denn er verspricht nicht nur einen perfekten Wandertag, sondern besticht vor allem mit herrlichen Land- und Fernblicken. Das Wetter ist geradezu ideal, ein perfekter Mix aus Wolken und Sonne. Wer Lust auf Wasser hat, sollte die Badetasche im Auto

Wiesen & ein See

Brombachtaler Fernblickweg

griffbereit halten, denn wir parken am **Freibad in Kirchbrombach.**

Dort geht es erst einmal durch den Ort, der **B7-Markierung** folgend. Der Ahlertweg führt links hinauf zur Höhenstraße, die wir kurzerhand kreuzen. Weiter auf dem Ahlertweg gehen wir gemütlich durch den beschaulichen Ort und folgen dann dem Grasweg, der rechts in Richtung Kirche abzweigt. Bereits jetzt umgibt uns eine faszinierend blühende Natur. Wer sich für Kirchen interessiert, sollte unbedingt einen Abstecher zur **evangelischen Kirche St. Alban** machen. Sie steht im Zentrum des ehemaligen Wehrkirchhofs und stammt aus der Mitte des 15. Jahrhunderts. Nicht nur ihr gesamtes Erscheinungsbild ist sehenswert – das Kircheninnere beherbergt ein Prunkstück, einen Flügelaltar mit prachtvollen Figuren und barocken Wandmalereien. Wir biegen links in den **Wiesenpfad** ab.

*Auf dem **Wiesenpfad** schmücken blühende Kirsch- und Apfelbäume im Frühjahr den Wegesrand.*

Immer wieder blicken wir auf die schöne Naturkulisse sowie das herrliche Umland, das uns zauberhaft in seinen Bann zieht. Ein Blätterdach bietet uns einen schattigen Wegabschnitt und wir können uns hier kurz von den wärmenden Sonnenstrahlen abkühlen. Im

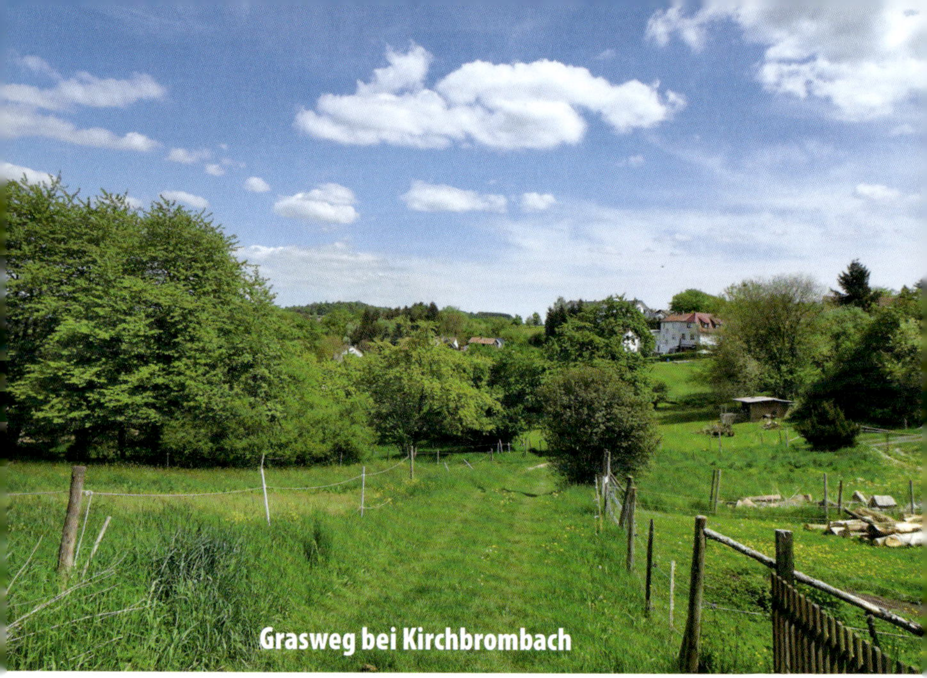

Grasweg bei Kirchbrombach

Balsbachtal entdecken wir einen romantisch gelegenen Bauernhof. Auf weichem Grund schreiten wir in das Tal hinab, begleitet von dem fantastischen Zirpen der Grillen, das in uns ein Gefühl von Frieden und Harmonie auslöst. Im angrenzenden Wald passieren wir einen urigen Picknickplatz mit Steintisch, aber für eine Rast ist es noch viel zu früh und so geht es gleich weiter. Nur wenige Meter später gelangen wir zum plätschernden **Balsbach 1.** Ach, was für ein schönes Plätzchen! Wir biegen zum Forstweg links ab und folgen dann den Markierungen rechts hinauf zum **Kirchberg.** Während des kräftezehrenden Anstiegs genießen wir die fühlbare Ruhe des Laub- und Nadelwalds. Begleitet von einigen Singvögeln kommen wir auch innerlich zur Ruhe und lassen den Alltagstrott gänzlich los. Toll, dass wir das Wandern für uns entdeckt haben, es bietet einen super Ausgleich zu unserem Job.

Wir verlassen den Wald und erfreuen uns an Wald und Wiesen, die mit ihren vielen Grüntönen unheimlich entspannend auf uns wirken. Auf der blühenden **Frühlingsblumenwiese** in diesem grandiosen Paradies für Insekten und Kleinstlebewesen herrscht reger Flugverkehr. Jetzt schreiten wir in die Senke hinab und blicken rechts zu den Häusern von Birkert. In wunderschöner Aussichtslage führt der asphaltierte Weg dem Wald entgegen. Oben geht es am Rand des Forstes entlang weiter bergwärts zur **Hochfläche,** bei der wir auf einer Sitzbank eine kurze Auszeit einlegen. Wahnsinn, was für ein

Für die Seele

Sagenhafte Aussichten im Überfluss! Entlang der Blumenwiesen-Naturkulisse entdecken wir einen typisch odenwälderischen Raum, ganz ohne Stress und Hektik.

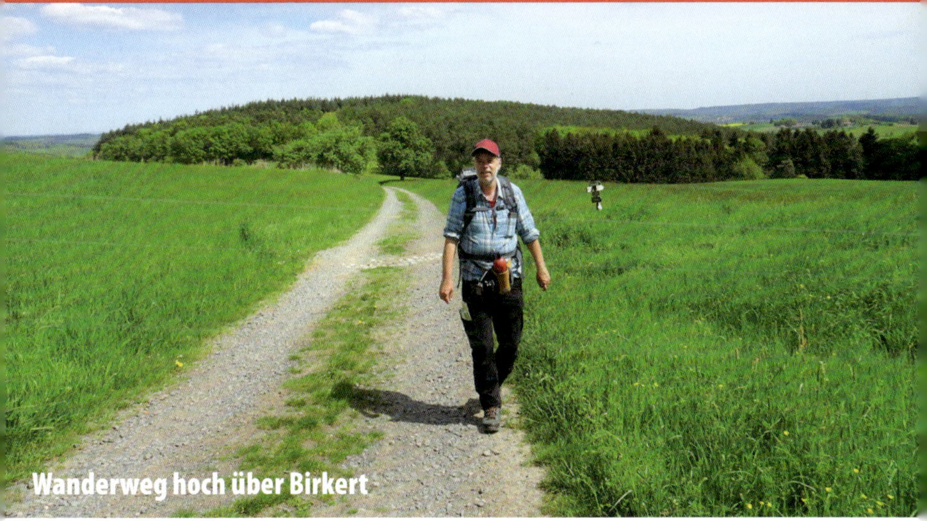

Wanderweg hoch über Birkert

weitläufiger Ausblick über den nördlichen Odenwald! Als wir uns endlich wieder aufmachen, leitet uns das Wiesenpfädchen in einer Links-rechts-Kombination zu einer **Schutzhütte 2.** Gleich nach einer Hecke gehen wir links und der Fernblick schweift bis hin zum Pfälzerwald. Wir erfreuen uns an dieser schönen Naturkulisse, während wir die Wanderung fortsetzen.

Hinter einem kleinen Wäldchen wenden wir uns rechts dem Teerweg zu, der bald in einen Feldweg mündet, an dem wir eine von Hand aufgeschichtete **Steinpyramide** passieren. Überall brummt und summt es munter in den Bäumen und Wiesen, als wenn hier eine besonders gute Energie vorhanden ist. An der Landstraße setzen wir vorsichtig auf den gegenüberliegenden Feldweg hinüber und gehen auf dem Wiesenweg der gleißenden Mittagssonne entgegen. Bunt gedeiht es auf der Frühlingswiese, wir erkennen Klee, Schafgarbe, Gänseblümchen, Schlüsselblumen, wildes Stiefmütterchen sowie sonnengelben Löwenzahn.

*Die **Hohe Straße** war früher ein bedeutender Handelsweg, dessen Nutzung bereits in vorrömischer Zeit nachgewiesen wurde. Auch ist der weitläufig bekannte Begriff des amerikanischen „Highway" namentlich auf die einstigen Hochstraßen zurückzuführen.*

Gemütlich gelangen wir so in das Höhendorf **Böllstein ❸.** Dort laufen wir in **Die Seewiesen** und an einem historischen Fachwerkhaus vorbei. Kurz verlassen wir den Ort und schwenken neben einer Pferdeweide rechts zum Dorfbrunnen hinab. Hier gönnen wir uns eine kleine Erfrischungspause. Unser Weg führt an einem Bauernhof vorbei und links hinauf zur **Anhöhe**

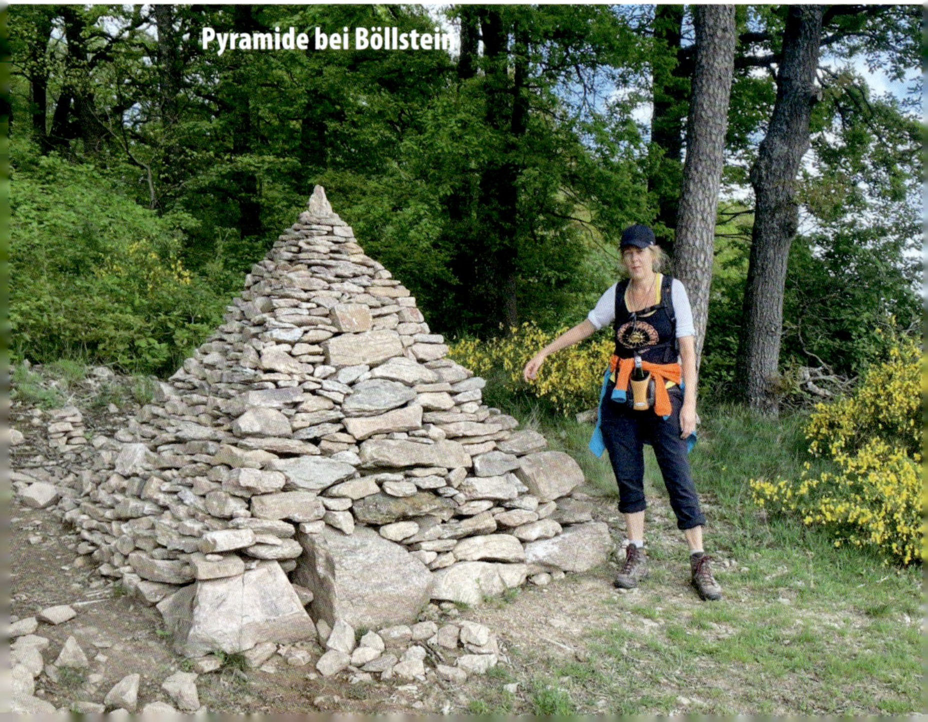

Pyramide bei Böllstein

Wallbrunn, von der wir abermals auf das Dorf blicken. Geradeaus wandern wir auf eine Straße zu und gelangen dahinter zur Ahlewiese. Die Hohe Straße führt uns halb links weiter.

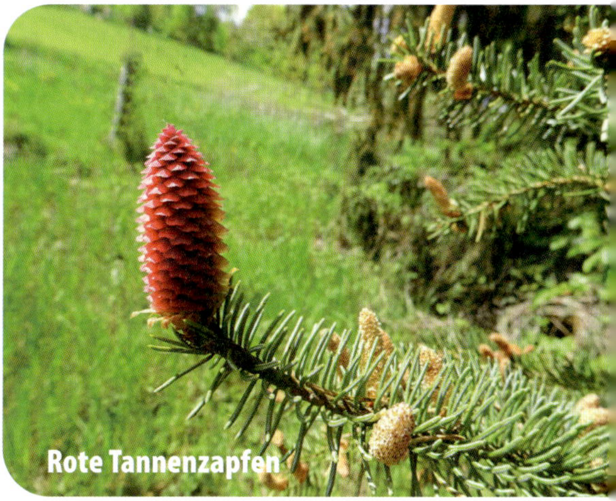
Rote Tannenzapfen

Pures Wanderglück im Herzen von Mutter Natur. Das satte Grün der Wiesen bietet einen superschönen Kontrast zu den sonnengelb blühenden Rapsfeldern. Unten im Tal ruht **Kirchbrombach,** die Holzbank kommt gerade richtig, um das schöne Panorama ausgiebig zu genießen. Der Frühling zeigt sich von seiner prachtvollsten Seite, überall explodiert die Natur förmlich und leuchtet in den schönsten Farben.

Vor der **Langenstein-Hütte** ❹ könnte man einen kleinen Abstecher zum Bauerncafé und der Vesperstub **Zum Kirschgarten** machen, die allerdings nur freitags ab 18 Uhr, samstags ab 14 Uhr und an Sonn- und Feiertagen ab 11 Uhr geöffnet ist. Wir folgen weiter der ausgewiesenen Route nach Hembach hinunter. Am Ortsschild geht es links bergab, bis wir am herrschaftlichen **Hof Adam** vorbei in das liebliche **Hembachtal** gelangen. Dort entdecken wir das **Flachsbrechloch** ❺. Interessant: Bis ins 19. Jahrhundert wurde im Odenwald noch Flachs angebaut und daraus in Spinnstuben Leinenstoff hergestellt, der dann zu Kleidung weiterverarbeitet wurde. Am historischen Brechloch wurde der Flachs über dem Feuer gedörrt, gebrochen und gereinigt. Heute kaum noch vorstellbar, mit welchem Aufwand man in früheren Zeiten arbeiten musste. Allerdings, so eine Qualitätsarbeit findet man im heutigen industriellen Zeitalter in der Kleiderbranche leider eher selten.

Weiter talwärts gehend bekommt man den Eindruck, genau hier würden Reinicke Fuchs und Gustav Gans sich Gute Nacht sagen. Jetzt kreuzt der Bach zweimal den Erlengrabenweg und der schöne, fast märchenhafte Weg bringt uns nach **Langenbrombach.** Die Obere Gasse führt uns durch ein schönes Wohngebiet, bis uns ein Feldweg hinauf zur Anhöhe leitet. Immer wieder lassen wir unsere Blicke weit schweifen und genießen dabei noch einmal die tolle Sicht auf das schöne Umland. Am Rand des **Golfplatzes Odenwald** entlang führt uns der Wanderweg kurzweilig zum Freibad zurück.

Schön war's und wieder einmal geht ein gelungener Wandertag zu Ende. Welch ein Glück, jetzt die Badesachen dabeizuhaben!

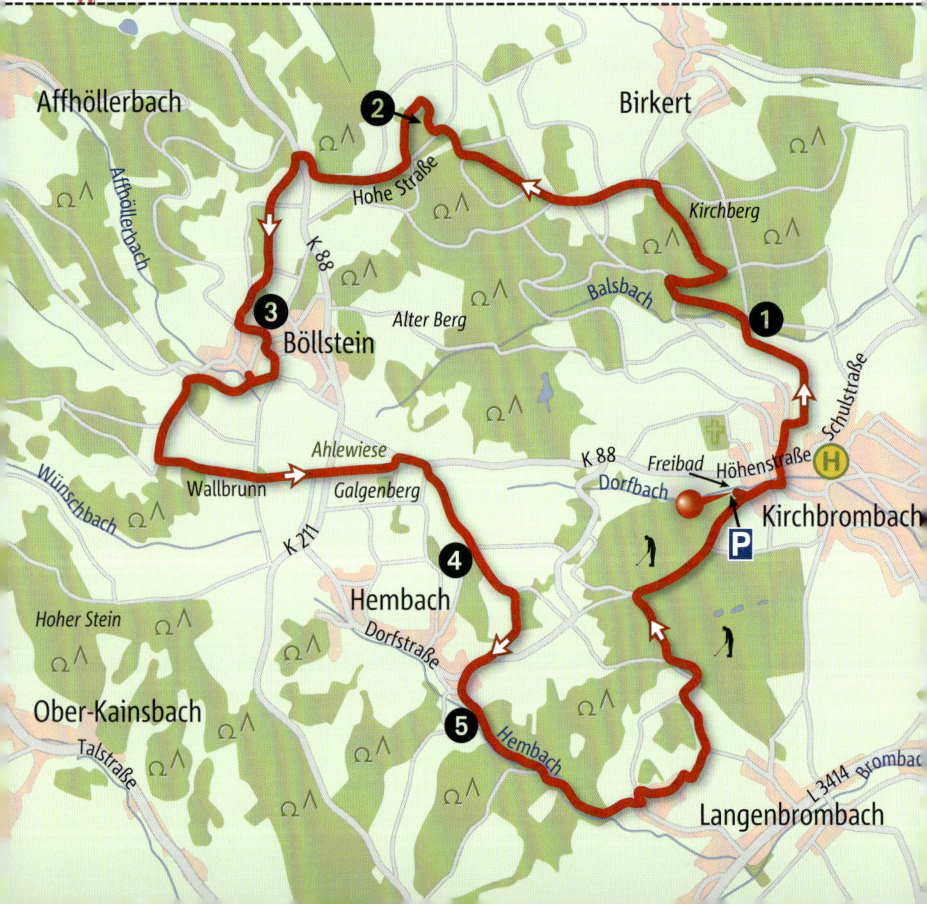

Alles auf einen Blick

WIE & WANN:
Die vielen Wiesenwege sind wie Balsam für unsere Füße.
Beste Wanderzeit von März bis November.

Entspannung ✱✱✱✱✱
Genuss ✱✱✱✱✱
Romantik ✱✱✱✱✱

HIN & WEG:
Auto: Anfahrt über A5 bis Eberstadt, B426 Grossbieberau, B38 Brensbach und über Böllstein nach Kirchbrombach.
Parkplatz am Freibad, Sachsenhäuser Straße, 64753 Brombachtal (GPS: 49.73402, 8.94546)
ÖPNV: Bus 34, 35, 36 von Bad König oder Erbach bis Haltestelle Kirchbrombach Mitte

ESSEN & ENTSPANNEN:
Bitte an Rucksackverpflegung denken.

ENTDECKEN & ERLEBEN:
Balsbach ❶
Schutzhütte ❷
Böllstein ❸
Langenstein-Hütte ❹
Flachsbrechloch ❺

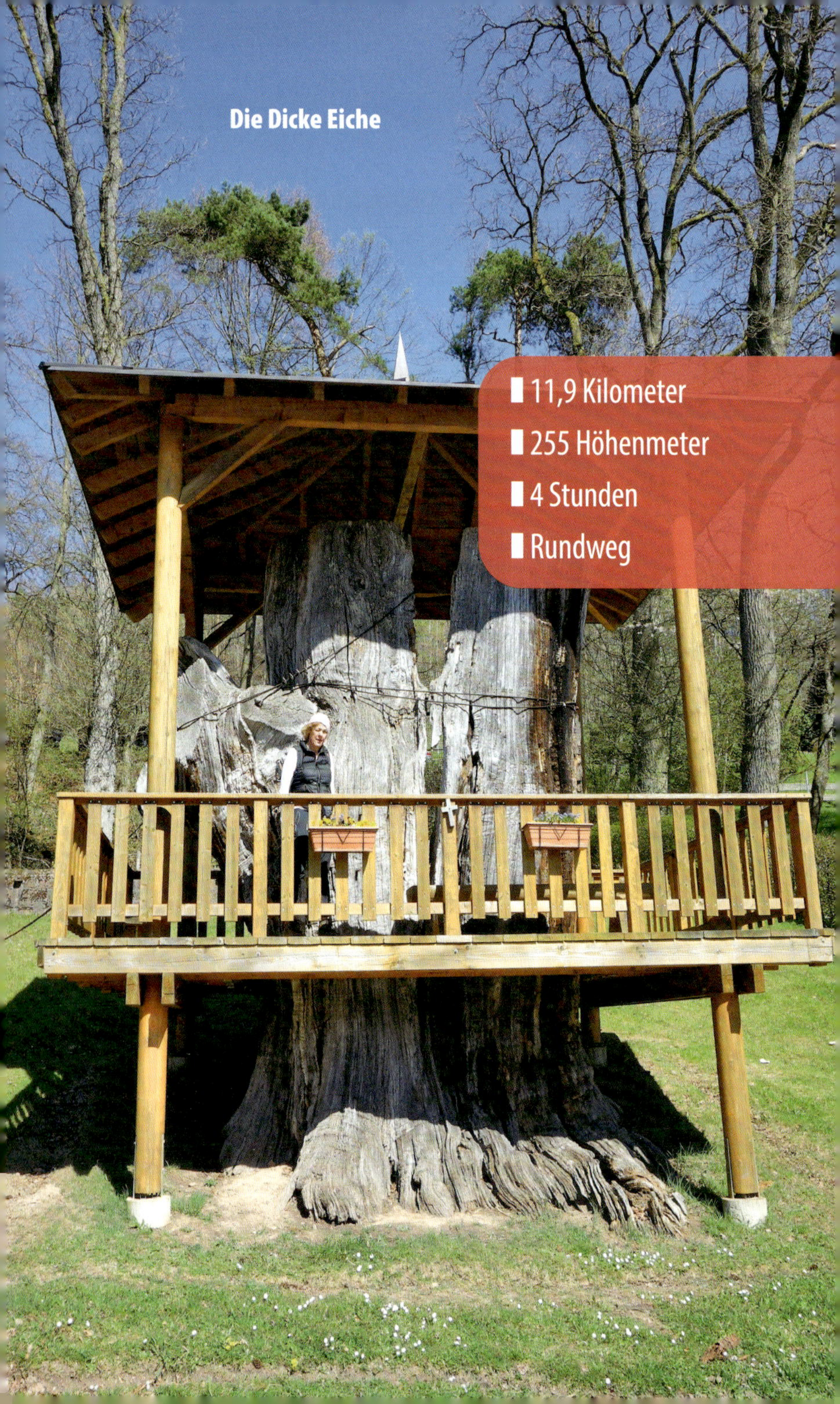
Die Dicke Eiche
11,9 Kilometer
255 Höhenmeter
4 Stunden
Rundweg

Prädestiniert für Ruhesuchende ist unsere heutige Wandertour, die uns rund um den lang gezogenen Ort Airlenbach führt. Bereits bei der Anfahrt nach Oberzent-Airlenbach sind wir von der schönen Gegend total beeindruckt. Wir haben Glück und ergattern gerade noch den allerletzten **Parkplatz neben der Dicken Eiche.**

Sagenhaft!

Dicke-Eiche-Weg

Geschützt unter einem Dach ragen die Reste der einst so eindrucksvollen Eiche auf. Mit 8,30 Metern Stammumfang zählt sie stolze 800 Jahre und ist das erste Naturdenkmal im Odenwald. Anfang der 1920er-Jahre stand die Eiche noch in voller Blüte, dann aber verlor sie an Substanz. Im Jahr 2012 wurde sie bis auf den Torso gekürzt.

*Die Dicke Eiche wird auch **Siegfriedeiche** genannt, denn der junge Siegfried, Held der Nibelungensage, soll einst den Samen für diesen Baum in die Erde gelegt haben.*

Wir folgen der **grünen B3-Markierung,** die uns durch das liebliche Tal bringt, und wandern vorbei an stattlichen Forsthäusern und sattem, grünem Weideland. Langsam verengt sich das Tal und wir biegen an der Stromleitung links ab. Das sanfte Plätschern des Talbachs wirkt beruhigend auf unser Nervenkostüm. Wir wandern links den sanften Anstieg empor und kommen gleich schon auf Betriebstemperatur. Unterhalb des Walds können wir uns immer wieder an dem schönen Ausblick über das herrliche Umland erfreuen. Umso höher wir steigen, desto besser und weiter wird der Blickwinkel. Nach einem Marienbildstock erreichen wir die **Airlenbacher Schutzhütte ❶.** Was für ein friedlicher Flecken Erde. Hier wäre der perfekte Rastplatz für ein ausgedehntes Vesper, doch leider haben

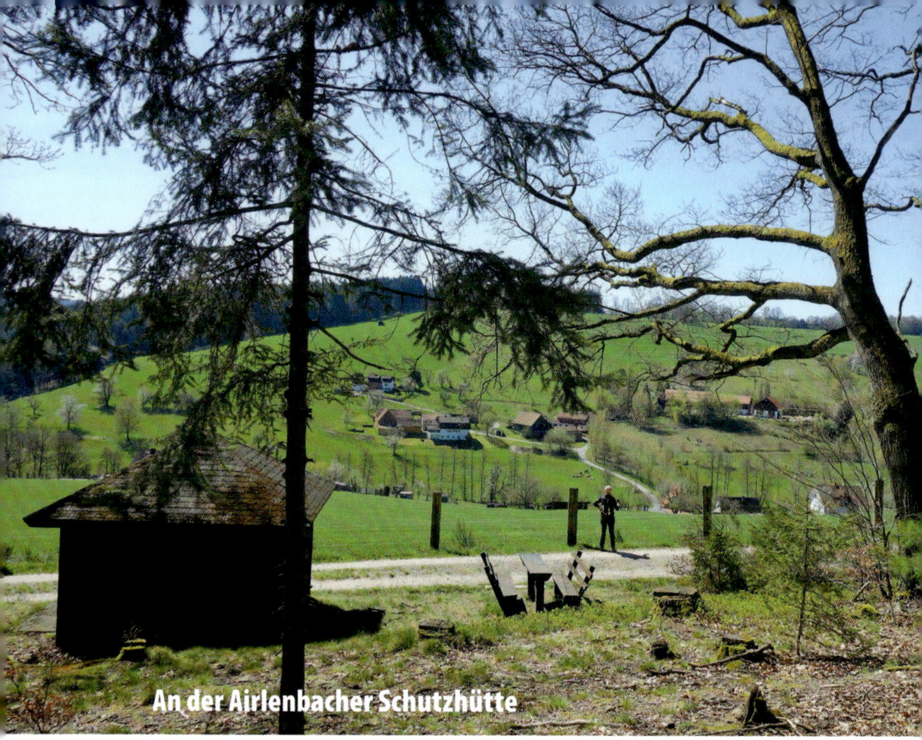
An der Airlenbacher Schutzhütte

wir noch gar keinen Hunger. Eine kleine Verschnaufpause tut es aber auch. Wir lassen unseren Gedanken freien Lauf, während wir mit schweifenden Blicken die liebliche Landschaft bestaunen.

Nach dieser kleinen inneren Einkehr wandern wir beflügelt weiter und erfreuen uns der sanften Hügel jenseits des Talgrunds. Bald gelangen wir in den Forst und bleiben auf dem breiten Weg, bis es kurz vor dem Ende des Walds rechts bergauf geht. Welch angenehme Stille, lediglich das Knacken einiger Äste und leiser Vogelgesang ist zu vernehmen, während wir unseren Weg beständig weitergehen und diese Ruhe förmlich genießen. Oben im Wald halten wir uns links, überall wachsen wild verteilt Heidelbeerbüsche.

__Heidelbeeren__ sind ein sehr guter Vitamin-C-Lieferant, wirken entzündungshemmend und stärken zudem das Immunsystem.

Wir folgen weiter unserer Markierung und schon bald erwartet uns ein prächtiger Höhenweg mit einer Top-Aussicht. Paradiesisch gelegene Bauernhöfe inmitten einer unberührten Natur. Gleich stellt sich in uns ein wohliges Gefühl von Heimkommen ein. Kräftiger Wiesenkräuterduft weckt Kindheitserinnerungen an

Urlaube auf dem Bauernhof. Das satte Grün der Wiesen wirkt äußerst entspannend und beruhigend auf das vegetative Nervensystem und unsere Augen. Im Vorbeigehen passieren wir einen **Bienenstandort** und dann eine **Himmelsliege,** die jetzt genau zum richtigen Zeitpunkt kommt. Kurzerhand legen wir eine Wohlfühl-

Für die Seele

Beim Wandern über die Hochebenen rund um Airlenbach lässt sich das Odenwaldpanorama genießen! Innere Einkehr und tolle Fotoperspektiven erfreuen die Seele.

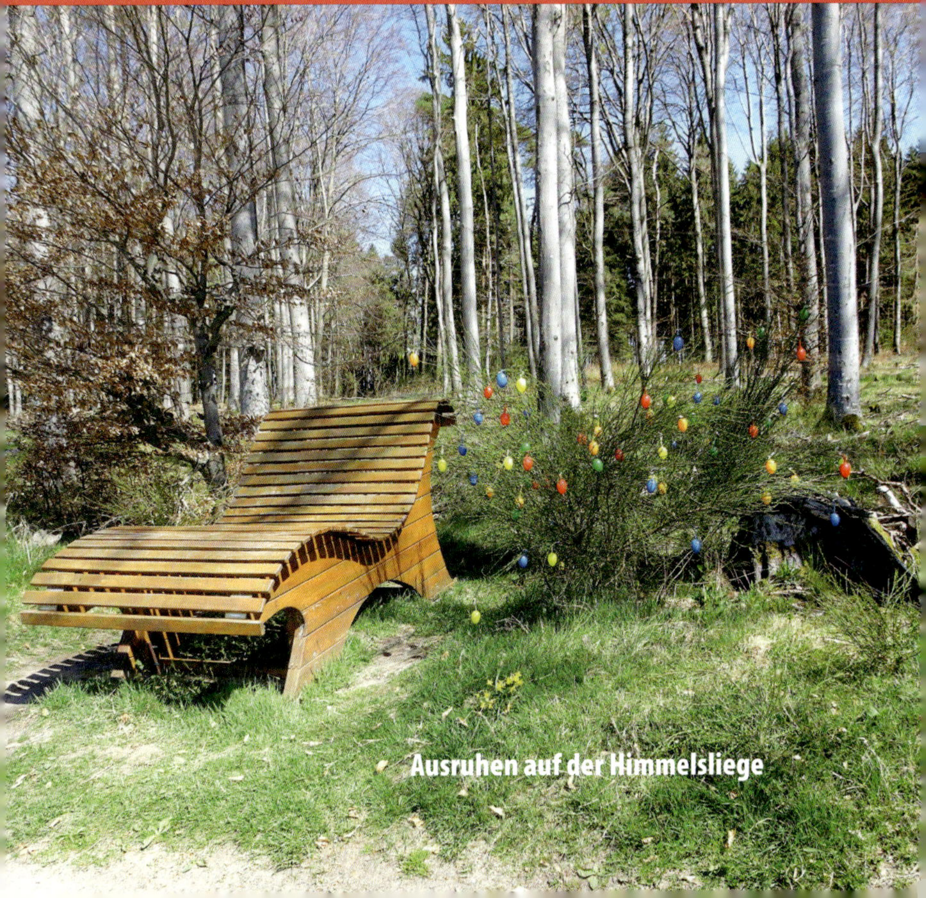

Ausruhen auf der Himmelsliege

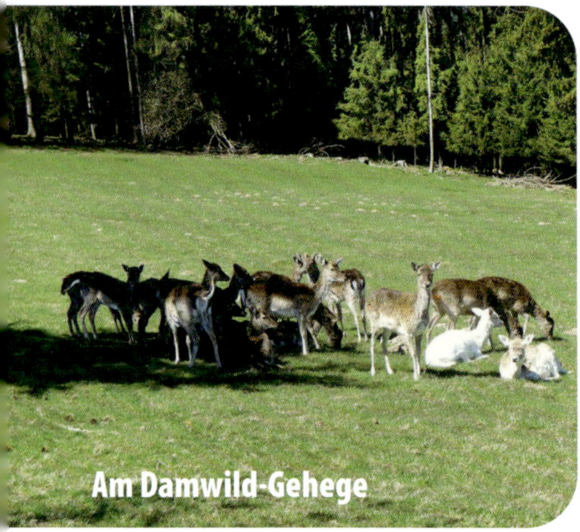
Am Damwild-Gehege

pause ein und tanken an dieser Kraftoase mitten im Herzen der Natur für ein paar Minuten Sonne. Beschwingt setzen wir unseren Weg fort, gehen nördlich des Dorfs rechts versetzt zum Feldweg und erreichen nach der kleinen Senke das **Damwild-Gehege ❷.** Ach, wie niedlich, lauter kleine Rehkitze und sogar zwei weiße Bambis sind darunter. Schnell zücken wir den Fotoapparat, um die scheuen Tiere zu knipsen – gar nicht so einfach.

Kurz vor der Straße folgen wir dem Waldpfad zum Parkplatz mit Schutzhütte auf der **Olfener Höhe ❸,** bei Regen eine gute Möglichkeit für eine Vesperpause. Gegenüber der Straße geht es weiter und oben am Acker biegen wir dann rechts ab. Bald schon nimmt uns der Wald wieder auf und wir folgen einem weiteren Rechtsabzweig. Oberhalb der Olfener Bergwiese in 443 Metern Höhe halten wir uns links. Wahnsinn, da taucht urplötzlich eine überdimensionierte **3-stämmige Buche ❹** vor uns auf. Wie ein Baum aus einer Märchenerzählung steht sie da. Knorrig und verzweigt, fast könnte man eine Figur in den Verästelungen des Wurzelwerks erkennen. Voller

Panoramablick über Airlenbach zum Kiesebuckel

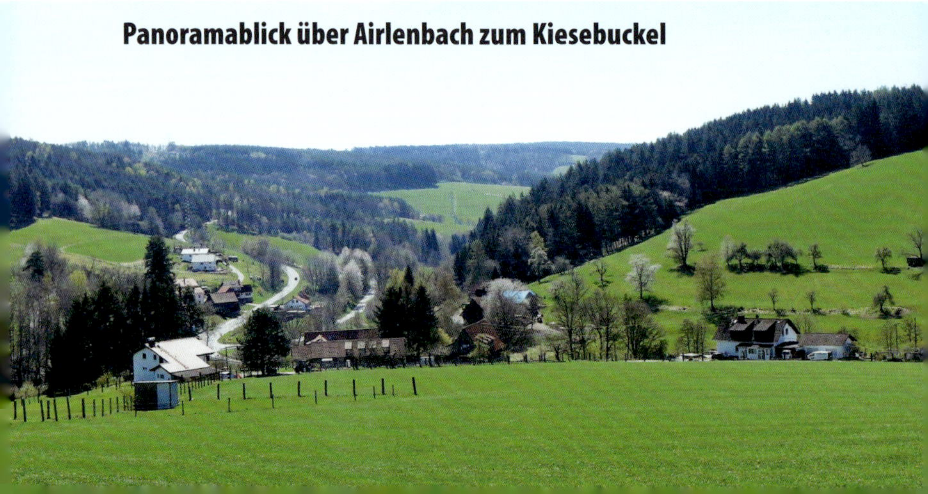

Begeisterung umarmen wir den Stamm dieses wunderschönen Baums des Lebens. Welche Wunder unsere Schöpfung doch hervorbringen kann!

Nachdem unsere erste Begeisterung gestillt ist, blicken wir von hier aus auf den Ort **Olfen.** Dort sollen übrigens in den Anfängen vorwiegend Hirten ansässig gewesen sein. An der Wolfsdelle führt uns die Route durch einen urromantischen Heidelbeerwald. Beim zweiten querenden Weg geht es links und bald darauf folgen wir einem breiten Weg rechts hinunter und hinaus aus dem Schatten spendenden Wald zur **Freifläche Viehtrieb.** Dort erwartet uns jetzt ein himmlischer Wegabschnitt. Aus dem Tal grüßt das verstreute Örtchen Airlenbach zu uns herauf. Der panoramareiche Weg lässt keine Wanderwünsche offen – strahlend blauer Himmel, sattgrüne Wiesen, herrliche Landschaft. Total erfüllt laufen wir am Weidezaun einer Pferdekoppel vorbei und gehen an deren Ende rechts bergan. Oben bringt uns der Weg linker Hand

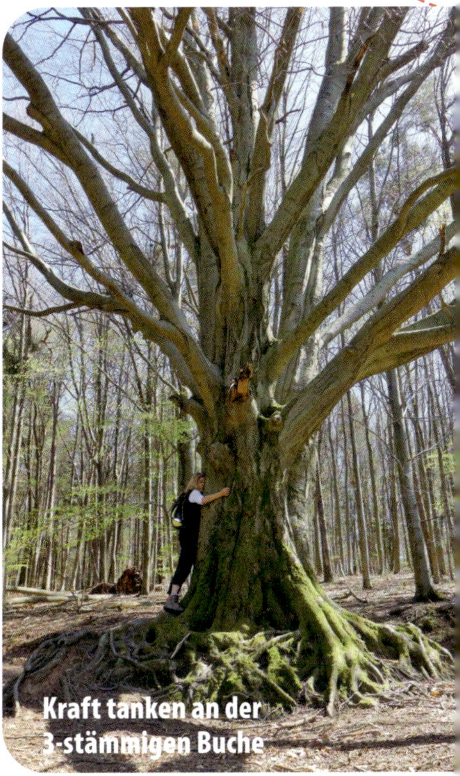

Kraft tanken an der 3-stämmigen Buche

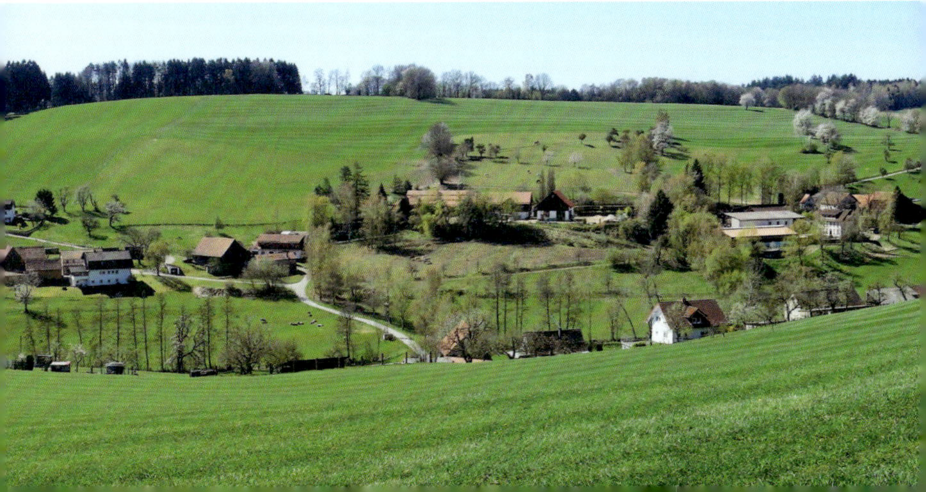

hinüber auf den 431 Meter hohen **Kiesebuckel 5**. Als wir an der **Aussichtsbank** unseren Rucksack aufschnüren, staunen wir nicht schlecht, denn vor lauter Landidyll haben wir unsere mitgebrachte Brotzeit bis jetzt völlig vergessen. Das holen wir an diesem herrlichen Ort sofort nach – mit bestem Ausblick schmeckt es gleich doppelt gut.

Zum Abschluss geht es noch mal durch den Wald, dann führt die Tour nach links steil bergab und wir lassen uns ein letztes Mal vom Abschiedskonzert der Waldvögel begleiten. Ein erfüllter Wandertag neigt sich dem Ende zu. Gemächlich und ohne Hektik bringt uns der Weg über die Straße zum Parkplatz mit der **Dicken Eiche** zurück.

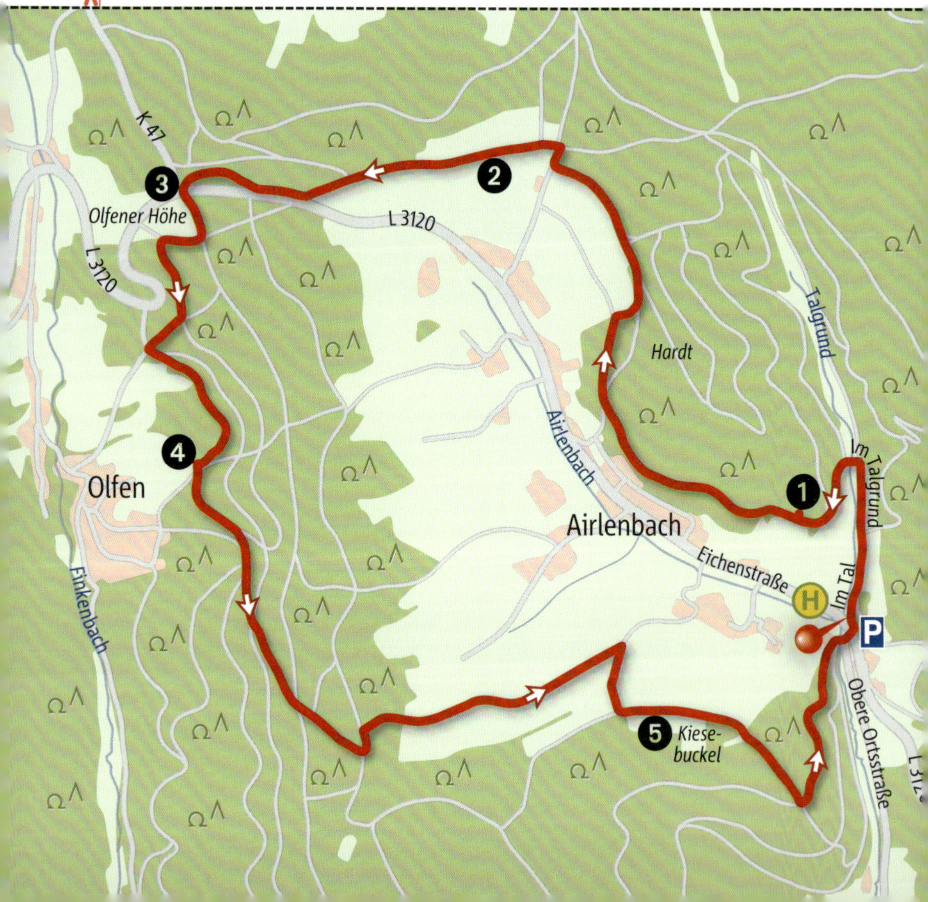

Alles auf einen Blick

WIE & WANN:
Teilweise weiche Waldpfade, aber auch Feldwege.
Beste Wanderzeit von April bis November.

Entspannung ✱✱✱✱✱
Genuss ✱✱✱✱✱
Romantik ✱✱✱✱✱

HIN & WEG:
Auto: Anfahrt über die A5, Weinheim, B38, Saukopftunnel, Mörlenbach Wald-Michelbach, Affolterbach, Olfener Höhe nach Airlenbach.
Parkplatz Dicke Eiche, K32, 64743 Oberzent (GPS: 49.583083, 8.940917)
ÖPNV: Bus 54, 55 von Beerfelden, Hirschhorn oder Affolterbach bis Haltestelle Airlenbach Eiche

ESSEN & ENTSPANNEN:
Bitte an Rucksackverpflegung denken.

ENTDECKEN & ERLEBEN:
Airlenbacher Schutzhütte ❶
Damwild-Gehege ❷
Olfener Höhe ❸
3-stämmige Buche ❹
Kiesebuckel ❺

Genusswandern unterhalb des Vatzenbergs

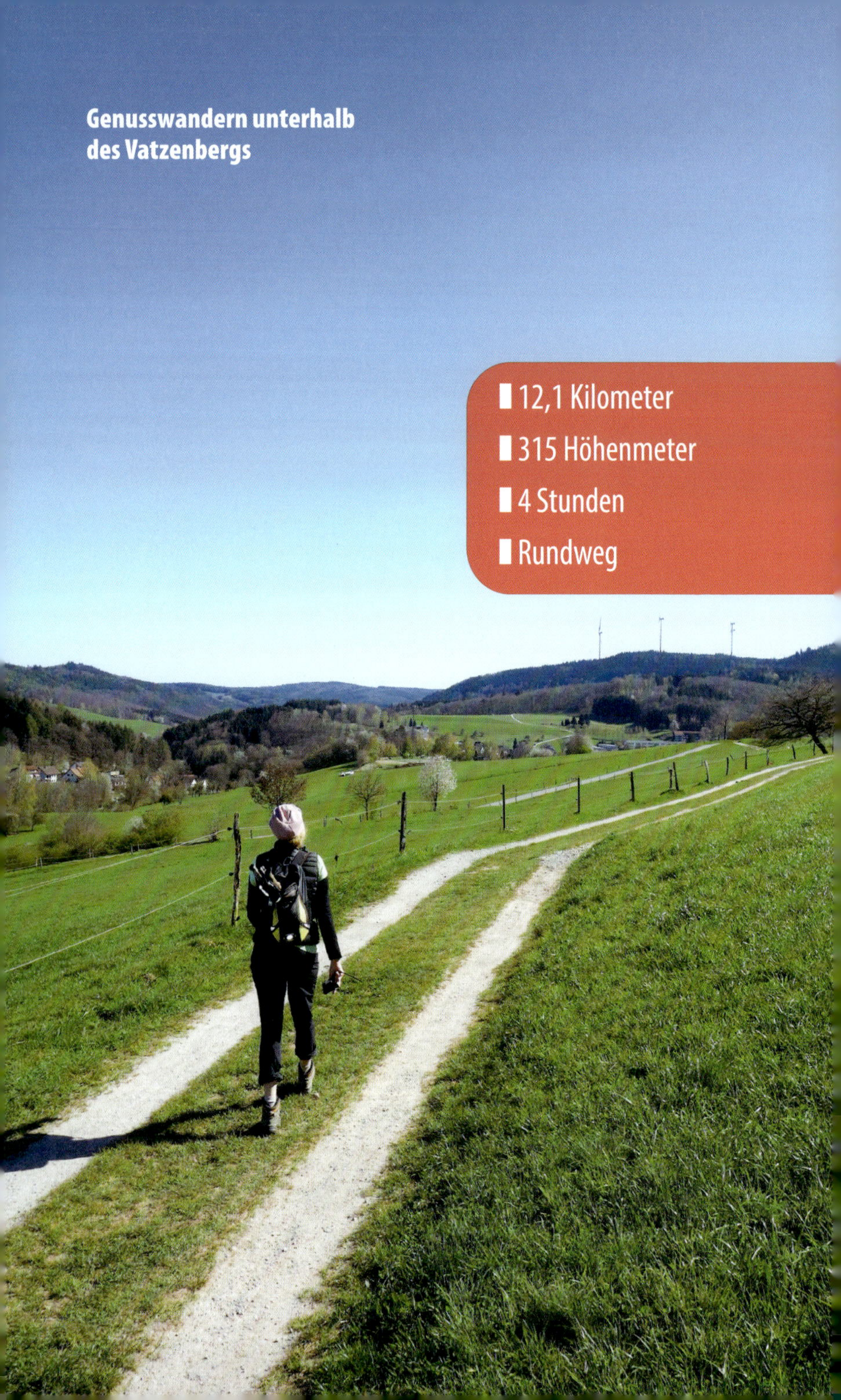

- 12,1 Kilometer
- 315 Höhenmeter
- 4 Stunden
- Rundweg

Voller Vorfreude auf den heutigen Panoramahöhenweg schnüren wir uns in Wald-Michelbach (347 Meter Höhe) am **Parkplatz P1** zwischen den Kirchen die Stiefel. Beim kunstvollen Bücherbrunnen entdecken wir die **grüne W5-Markierung,** die uns heute durchgehend als Orientierung dienen wird. An der Fußgängerampel

Zur Himmelsleiter

Höhenweg Tromm

überqueren wir die Ludwigstraße, die hier quasi die Hauptstraße ist, und wandern zu den schnuckeligen Fachwerkhäusern in der Straße **In der Gass.**

Eine angenehme Atmosphäre umgibt uns, während wir durch die wasserreiche Gass schlendern. Das italienische Lokal **Zur Kreuzgass ❶** sieht gemütlich und einladend aus, vielleicht kehren wir da heute nach der Wanderung ein. Bei der Schwalbengasse geht es rechts, an ihrem Ende überqueren wir die Ludwigstraße und setzen die Tour auf der **Rudi-Wünzer-Straße** in Richtung Gadern fort. Gegenüber den Sportanlagen biegen wir in der Straße **Am Kohlhof** links ab, gehen in Richtung Wald bergauf und biegen kurz darauf wieder links ab. Von hier aus blicken wir zu den Kirchtürmen von Wald-Michelbach zurück. Der breite Pfad führt bergwärts und süßlich harziger Nadelholzduft dringt in unsere Nasen. Der

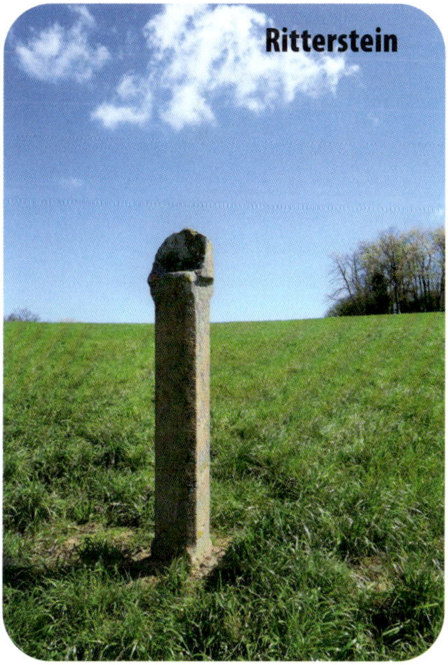
Ritterstein

*Einer Sage nach haben sich hier am **Ritterstein** im 17. Jahrhundert zwei Ritter während einer Hungersnot bis zum bitteren Ende um ein kleines Mäuschen gestritten, unfassbar!*

Geruch weckt Kindheitserinnerungen von Wandertouren mit Oma und Opa. Zielsicher leitet die Ausschilderung geradewegs zum **Storrbuckel** hinauf. Dort treffen wir auf einen Forstweg und gehen rechts weiter, bis sich uns eine schöne Aussicht bietet. Wir halten uns aber beständig rechts in Richtung Waldweg. Begleitet vom lustig klingenden Waldvogelgesang wandern wir weiter, bis sich uns am Schimmelberg erneut ein grandioses Panoramafenster öffnet. Herrlich, wie schön sich die Landschaft von hier aus zeigt.

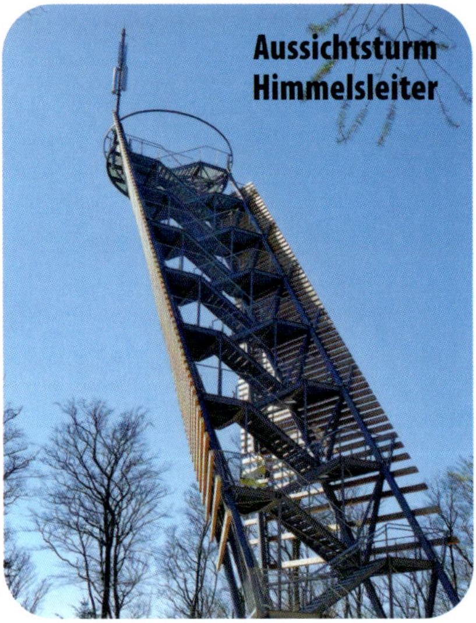

Beim Pavillon am **Ritterstein** ❷ begeistert uns das Motto, das da lautet: „Mach mal 'ne Pause!" Gesagt – getan. Wir machen eine kleine Rast.

Dann gehen wir weiter, kommen beim Waldeck an und halten uns links. Der Höhenweg macht hier seinem Namen alle Ehre. Nachdem wir eine kleine Senke durchwandert haben, passieren wir im Anstieg die **Hans-Holzing-Eiche** und treffen auf einen weiteren **Pavillon** ❸. Verschiedene Sitzmöglichkeiten stehen für eine aussichtsreiche Rast zur Auswahl. Stolz ragt der neue Trommturm, die sogenannte Himmelsleiter – noch in weiter Entfernung –, vor uns auf. Welch verrückte Architektur. Wir sind schon mächtig gespannt darauf, dieses Bauwerk aus der Nähe zu begutachten. Am Waldrand angekommen, führt uns die Wandertour links weiter. Immer wieder begegnen uns **Kunstwerke,** die am Wegesrand platziert sind, so zum Beispiel ein Rahmen mit Öffnung zum Durchblicken und eine Skulptur aus Metallschrott. Die schöne Landschaft im Blick steigen wir gemächlich bergan. Im weiteren Verlauf passieren wir zwei Nadelholzplantagen und ein Birkenwäldchen. Nun führt ein kleiner Trampelpfad als Stichweg links zum futuristischen **Aussichtsturm Himmelsleiter** ❹ auf

*Der erste Turm auf dem **Salzlackenbuckel** hieß Ireneturm, nach Prinzessin Irene von Preußen. Er wurde 1890 erbaut und war 27 Meter hoch. Der zweite Turm ragt seit 1911 noch 5 Meter höher gen Himmel, ist aber aus Sicherheitsgründen seit 2013 gesperrt.*

den **Salzlackenbuckel,** der zu den höchsten und schönsten Anhöhen des vorderen Odenwalds zählt. Auf der Plattform des 33 Meter hohen und 56 Grad schrägen Kunstobjekts, das 2021/2022 erbaut wurde, bietet sich ohne Frage eine wahrlich atemberaubende Aussicht über den UNESCO-Geopark Bergstraße-Odenwald!

Für die Seele

Auf der Himmelsleiter – dem Himmel ein Stückchen näher. Dieser Höhenweg in Tromm besticht durch herrliche Stille und ganz viele schöne Ausblicke.

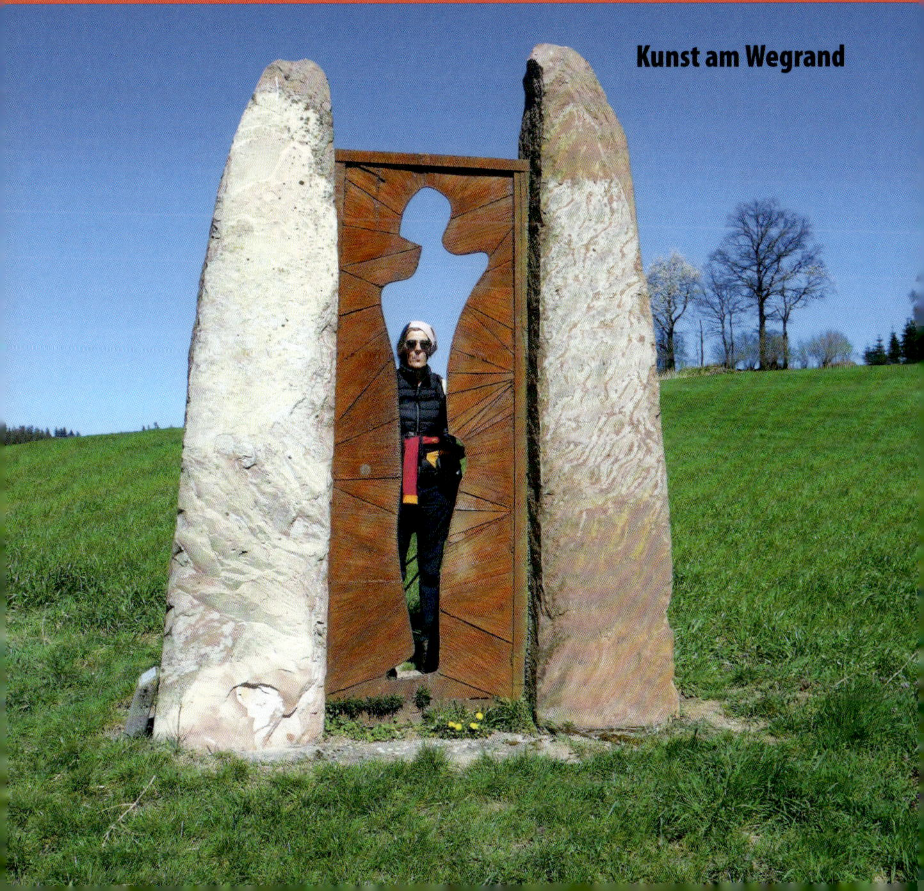

Kunst am Wegrand

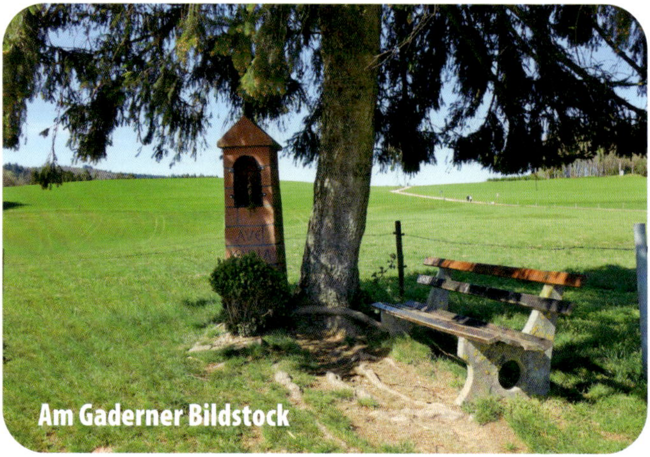
Am Gaderner Bildstock

Nach dieser eindrucksvollen Aussicht geht es den Stichweg zurück zu unserer Wegmarkierung, die uns über einen Forstweg leitet. Nachdem wir den topografischen Höchstpunkt überschritten haben, führt unser Weg langsam bergab. Leichten Fußes schreiten wir hinab und treten schon bald aus dem Wald. Der Höhenort **Tromm** ❺ taucht eindrucksvoll vor uns auf. Eine Einkehr ist hier im Gasthaus **Zur Schönen Aussicht** ❻ möglich, das sich seit 1840 in Familienbesitz befindet. Wir streifen die Begegnungsstätte Trommer Hof sowie einen schön angelegten Spielplatz, an dem wir rechts

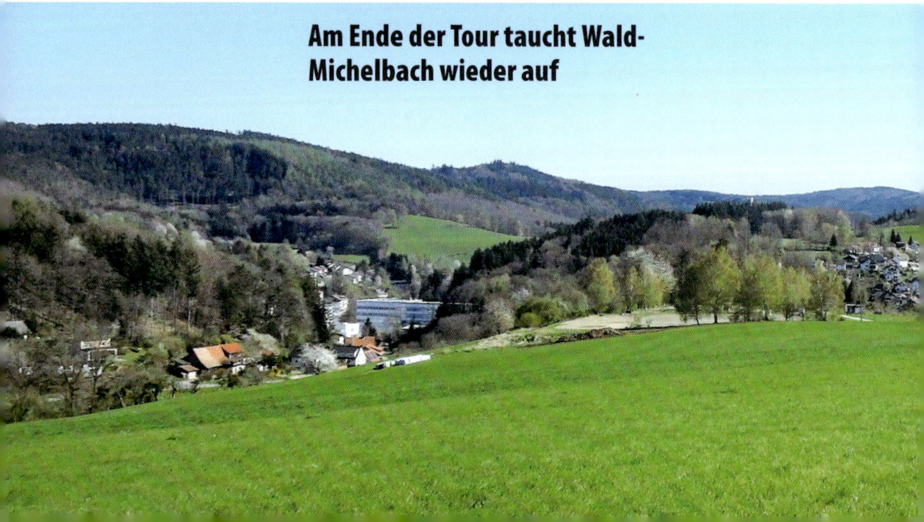
Am Ende der Tour taucht Wald-Michelbach wieder auf

abbiegen. Gemächlich geht es bergab vorbei an einer Skulpturenwiese durch die **Tromm-Siedlung.**

Weiter laufen wir beständig geradeaus, am **Odenwald-Institut** und an einem Campingplatz vorbei. Einige Minuten später geht es in den Schatten spendenden Wald hinein. Hier tauchen wir ein in eine Oase der Ruhe – tiefe Stille umgibt uns. Wir sind völlig in unserer Mitte angekommen, was für ein unbeschreibliches Gefühl von innerem Frieden stellt sich an diesem Ort bereits nach kurzer Zeit ein. Sobald wir im Einklang mit uns aus dem Wald heraustreten, breitet sich weites Hochland vor uns aus. Rings um uns Natur pur, hier muss der Herrgott wirklich einen guten Tag gehabt haben. Eine weitere Pavillon-Schutzhütte steht links am Weg. Während wir bei azurblauem Himmel gemütlich über die Hochfläche wandern, können wir uns an der Landschaft kaum sattsehen; zeitgleich stellt sich Urlaubsfeeling ein, Herz was willst du mehr?

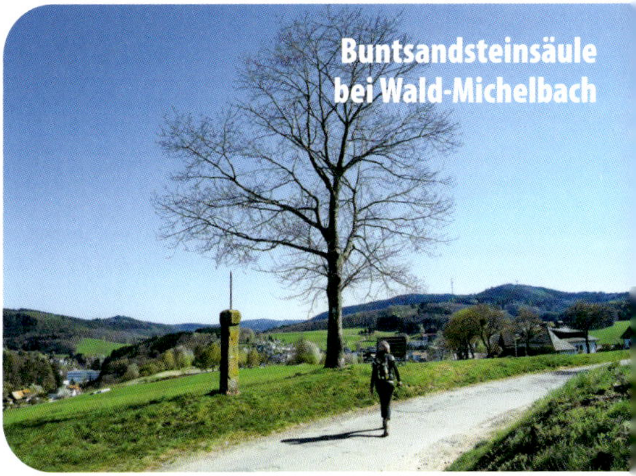
Buntsandsteinsäule bei Wald-Michelbach

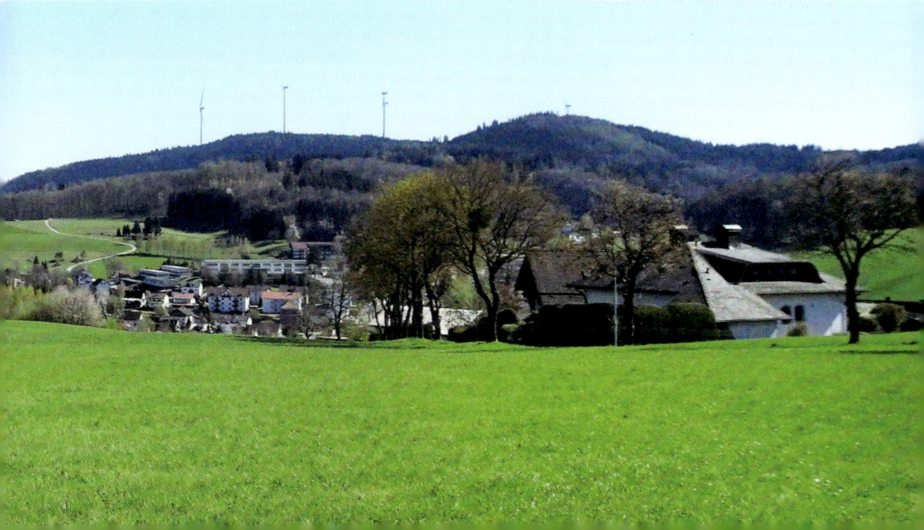

Panoramatour 8

Für alle, die noch nicht genug erlebt haben, bietet sich als weiteres Highlight eine berauschende Fahrt mit der ***Sommerrodelbahn*** *in Wald-Michelbach auf der Kreidacher Höhe an.*

Auf den Höhenrücken drehen sich die Windräder und wir genießen erneut den schönen Ausblick über das Umland. Vorbei am **Gaderner Bildstock** ❼ erleben wir Genusswandern in seiner reinsten Form. Links im Tal schlummert der Ort **Hartenrod.** Die Wanderung führt über den Heiligenacker zum **Vatzenberg,** wo wir vor der Stromleitung links abbiegen. Hoch über Wald-Michelbach entdecken wir neben einer Himmelsliege eine **Buntsandsteinsäule** ❽**.** Angeblich soll sie Hilfesuchenden als Gebetsstätte dienen. In Richtung Ortsrand gehen wir weiter, dann nimmt uns die Kirchbergstraße auf und führt uns zurück zu unserem Startpunkt. Jetzt noch ein Einkehrschwung zum Italiener, ach, so schön kann das Leben sein.

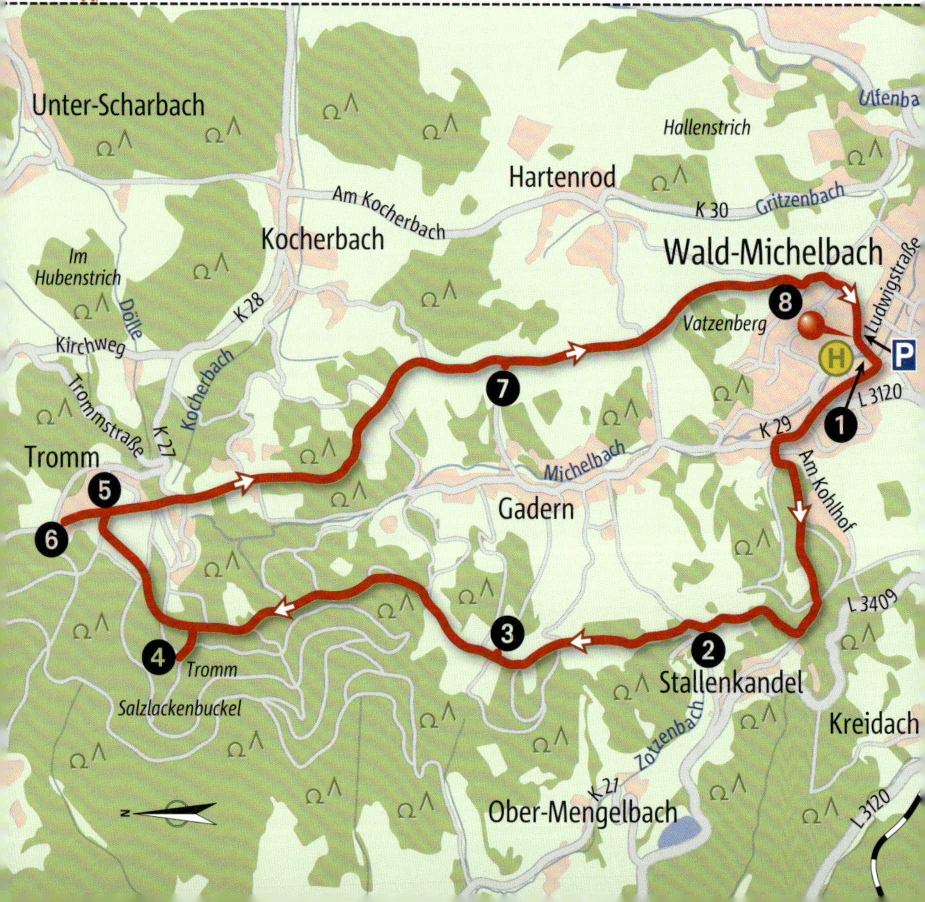

Alles auf einen Blick

WIE & WANN:
Die Wegbeschaffenheit ist durchweg sehr gut, Wald- und Feldwege.
Beste Wanderzeit von April bis November.

Entspannung ✱✱✱✱✱
Genuss ✱✱✱✱✱
Romantik ✱✱✱✱✱

HIN & WEG:
Auto: Anfahrt über die A5, Weinheim, durch den Saukopftunnel, B38 bis Mörlenbach und über die Kreidacher Höhe nach Wald-Michelbach.
Parkplatz P1 zwischen den Kirchen, 69483 Wald-Michelbach (GPS: 49.572500, 8.825167)
ÖPNV: Bus 680, 681, 683, 685, 697 von Weinheim, Hirschhorn oder Heppenheim bis Haltestelle Wald-Michelbach ZOB

ESSEN & ENTSPANNEN:
Ristorante Zur Kreuzgass ❶ In der Kreuzgass 5, 69483 Wald-Michelbach, Tel. (0 62 07) 18 90, www.zur-kreuzgass.de
Gasthaus Zur Schönen Aussicht ❻ Auf der Tromm 2, 64689 Grasellenbach-Tromm, Tel. (0 62 07) 33 10, www.schoene-aussicht-tromm.de

ENTDECKEN & ERLEBEN:
Ritterstein ❷
Pavillon ❸
Aussichtsturm Himmelsleiter ❹
Tromm ❺
Gaderner Bildstock ❼
Buntsandsteinsäule ❽

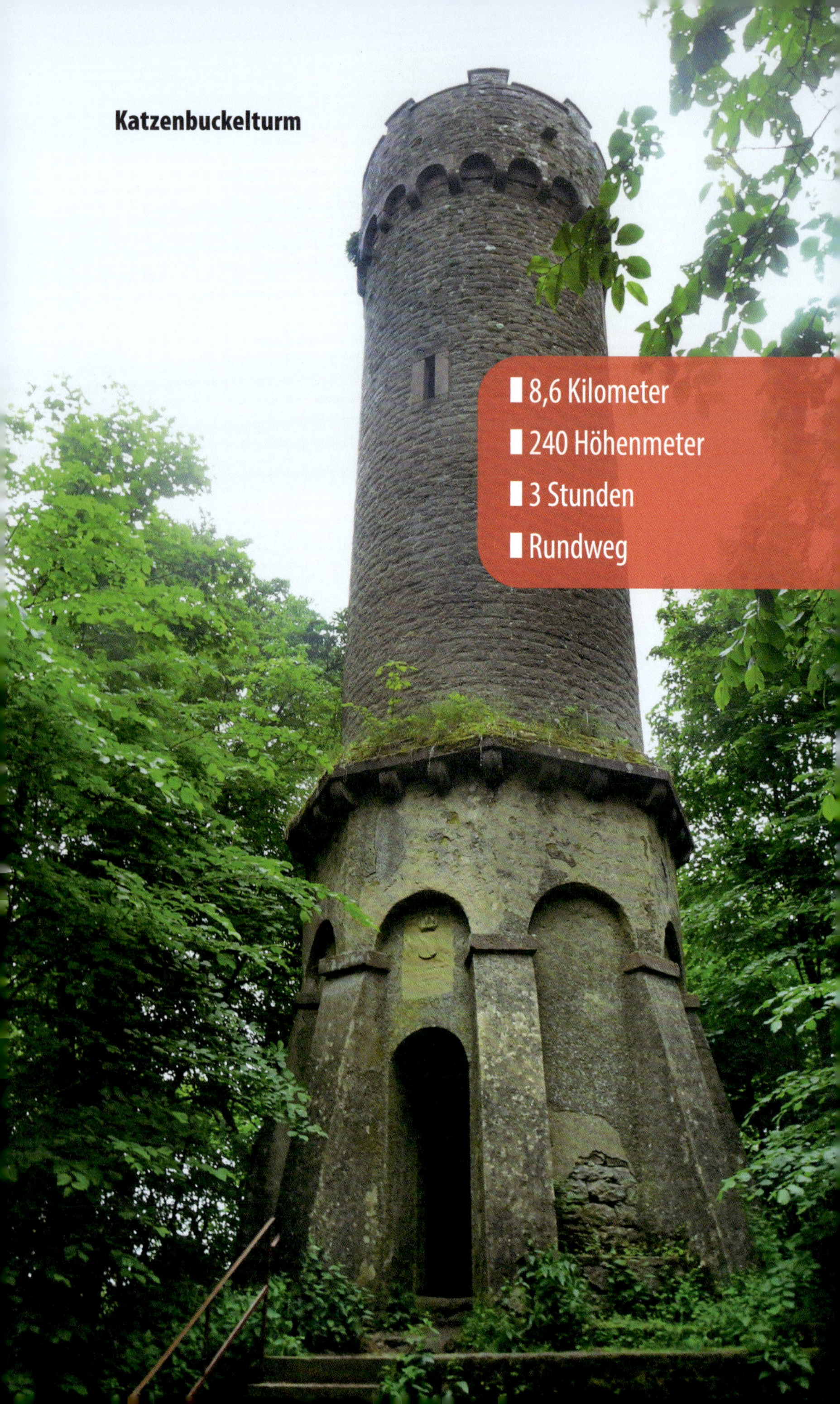
Katzenbuckelturm
8,6 Kilometer
240 Höhenmeter
3 Stunden
Rundweg

Entgegen sämtlicher Wetterprognosen haben wir heute ausnahmsweise kein Bilderbuchwetter, aber beim Wandern gibt es nur schlechte Kleidung, so viel sei gesagt. Von ein paar Wolken und leichtem Nieselregen lassen wir uns die Tour zum „Dach des Odenwalds" wahrlich nicht vermiesen.

Höhenrausch

Auf den Katzenbuckel

Zwischen Waldkatzenbach und Stümpfelbrunn starten wir unsere Rundwanderung vom **Parkplatz Brummerskreuz** hinter der Hecke beim Kreisverkehr. Am Strommast gehen wir rechts zum Feldweg und blicken aussichtsreich auf die umliegenden Orte. Achtung, bitte heute bei dieser Wanderung unbedingt ein besonderes Augenmerk auf die verschiedenen Markierungen legen. Das **gelbe X** des **HW34 „Auf den Spuren der Römer"** weist uns den Weg nach links über die Wiese zum nahen Forst. Auf weichem Waldboden wandern wir bergab, während uns eine tiefe Stille umgibt. Auf einer Sitzbank können wir uns bei einem kurzen Waldbad entspannen und atmen die frische Luft tief in unsere Lungen ein, das tut gut. Am **Wegetreff Schweineweide** gehen wir geradeaus weiter und folgen ganz kurz nur dem **gelben V im Kreis,** das uns weiter abwärts bringt. So, nun aufgepasst, wir gehen nicht rechts, sondern laufen ohne Markierung an einem Zaun mit Tannenbäumen gera-

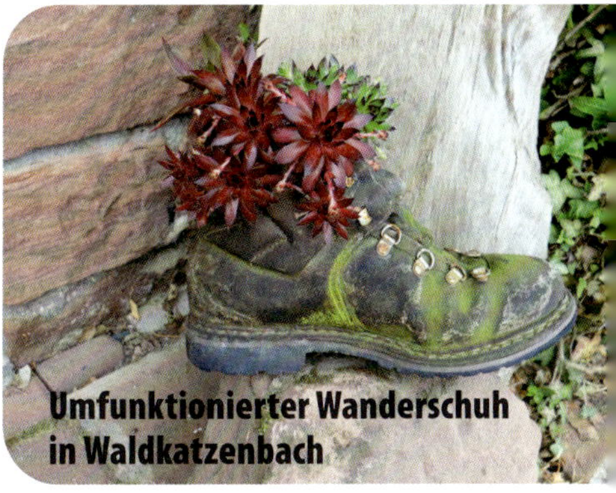

Umfunktionierter Wanderschuh in Waldkatzenbach

Von 1839 bis 1845 lebte der badische Adelige Karl Friedrich Christian Freiherr von Drais im Waldbrunner Ortsteil Waldkatzenbach. Seine Erfindung des Ur-Fahrrads, auch **Draisine** oder Veloziped genannt, veränderte die Fortbewegung bis heute.

dewegs zu einem Querweg hinunter. Jetzt biegen wir links in die Straße Zum Katzenstein ein und wandern geradewegs in den Ort **Waldkatzenbach.**

Abermals führt uns die Straßenführung links ab zur Freiherr-von-Drais-Straße, der wir folgen, bis der Adlerweg nach rechts abzweigt. Ein leichter Anstieg leitet uns wieder aus dem Ort heraus und schon bald sehen wir den markanten **Katzenbuckel** vor uns aufragen. Unser Weg schlängelt sich vorbei an Frühlingswiesen und Obstbäumen, während wir rechts ins **Höllbachtal** blicken, das bei der heutigen Wetterlage allerdings etwas in einem Wolkenmeer versinkt.

Bis jetzt haben wir Glück, es tröpfelt nur ganz leicht und die Wiesenkräuter duften dadurch noch intensiver als sonst. Wer so ein Glück hat wie wir heute, erspäht im Feld sogar ein Rehkitz. Trotz leichtem Nieselregen wandern wir völlig entspannt und genießen die schöne Landschaft, bis wir im Wald links ins Landschaftsschutzgebiet zum **grün-weiß markierten Katzensteig** abbiegen. Vor einer Linkskurve verlassen wir den Ebnetweg und biegen halb links zum ansteigenden Bergweg ab. So gelangen wir hinauf zur **Freya-Hütte** ❶. Dort entspringt die gleichnamige Freya-Quelle. Ein romantischer Weg führt uns oberhalb der Hütte durch den Forst, bis wir rechts oben zum Katzenpfad abgehen. Der Wald öffnet sich und wir können am Schild **Fernblick** ❷ die sagenhafte Aussicht genießen. Der Blick reicht vom Nordschwarzwald bis hinüber zum Pfälzerwald, schade, dass wir heute eine etwas getrübte Sicht haben.

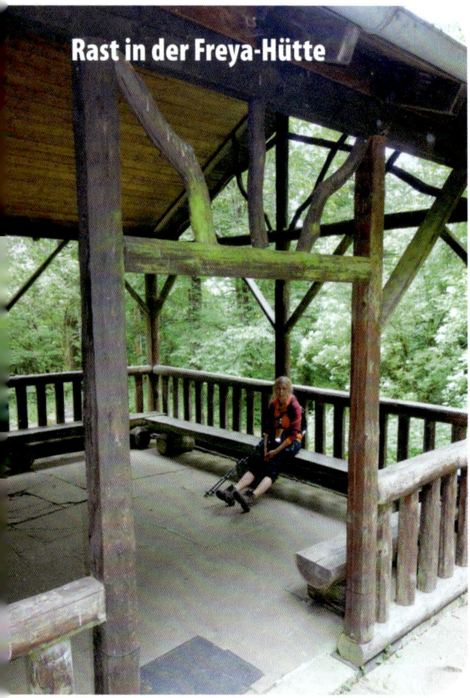
Rast in der Freya-Hütte

Der Panoramaabschnitt lässt keine Wanderwünsche offen, selbst bei nicht so optimalen Wetterbedingun-

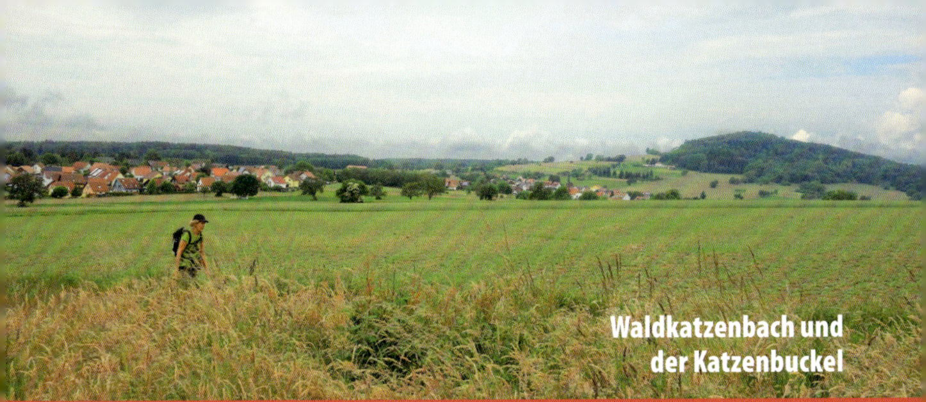

Für die Seele

Auf dem „Dach des Odenwalds", dem Katzenbuckel, steht zusätzlich noch ein Aussichtsturm. Auf dessen Plattform fühlt man sich frei wie ein Vogel.

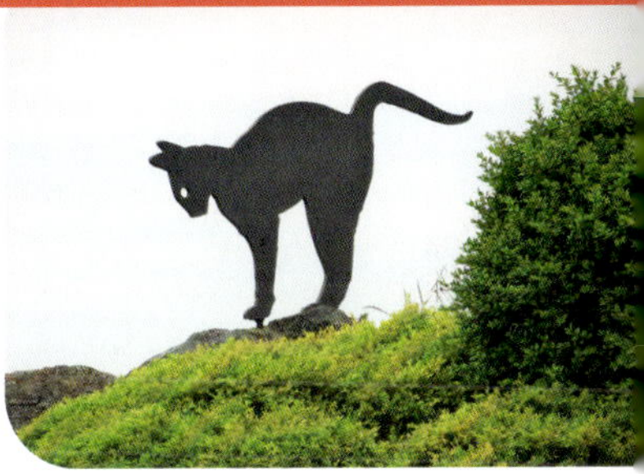

gen. Weiter geht es bis zum querenden Weg, der uns links hinauf zum Gipfelanstieg und zum **Katzenbuckelturm** ③ bringt. Sage und schreibe 89 Stufen einer Wendeltreppe führen im Turm zur Aussichtsplattform hinauf. Hier vom „Dach des Odenwalds" reicht der Blick zur Trommer Höhe, zum Feldberg im Taunus sowie zu vielen weiteren Gipfeln. Der Katzenbuckel, der höchste Berg im Odenwald, ist ein erloschener Vulkan mit circa 1000 Metern Durchmesser.

Nach ausgiebigem Aufenthalt auf dem Turm gehen wir den Aufstiegsweg wieder zurück, bis sich der Wald öffnet; dort wandern wir weiter bergab, mit schönem Blick über die Wiesen und das bergige Umland. In der Turmschenke **Villa Katzenbuckel** ④ können wir an sonnigen Tagen im schönen Biergarten einkehren. Eingerahmt von Wiesen und Bäumen wandern wir die Baumallee hinab in Richtung **Waldkatzenbach** und folgen dort im Wohngebiet der Katzenbuckelstraße, die jetzt mit **dem gelben X** markiert ist. So kommen wir an der evangelischen Kirche vorbei. Nach dem Gotteshaus wandern wir rechts die Freiherr-von-Drais-Straße

!

*Alternativ zum Panoramaweg gibt es den **Weg der Kristalle**, einen geologischen Vulkan-Lehrpfad – ein spannender Ausflug für einen anderen Wandertag. Im angrenzenden Feriendorf Waldbrunn in Waldkatzenbach gibt es Übernachtungsmöglichkeiten.*

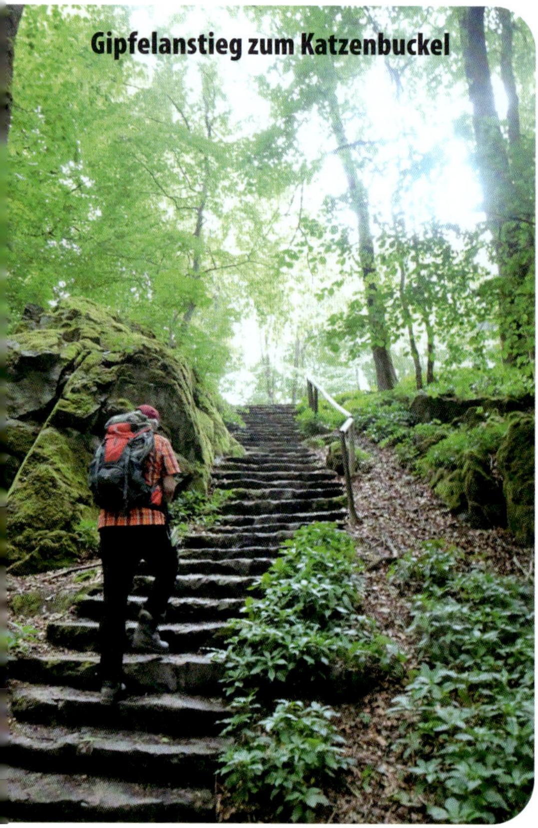

Gipfelanstieg zum Katzenbuckel

hoch, die jetzt wieder **mit dem gelben V** den Weg weist, und gelangen kurz vor dem Ortsschild linker Hand ins hiesige **Feriendorf 5.** Am Dorfrand führt der Fußweg hinab durch ein idyllisches Wäldchen, bis wir dann links zum Arboretum abbiegen, einer parkähnlichen Anlage mit seltenen Bäumen. Es ist eine Oase der Ruhe und Stille, nicht nur ein Paradies für Menschen, sondern auch für Vögel und Kleinstlebewesen.

Gemütlich und entspannt wandern wir die gepflegte Anlage entlang, lassen sie auf uns wirken und gelangen alsbald zur **Katzenbuckel-Therme 6.** Im Außenbereich ist ein **Geobiologischer Lehrgarten 7** mit einer Pyramide angelegt, auf dem man Wasseradern erspüren kann. Der Geobiologe Dr. Ernst Hartmann versuchte, Krank-

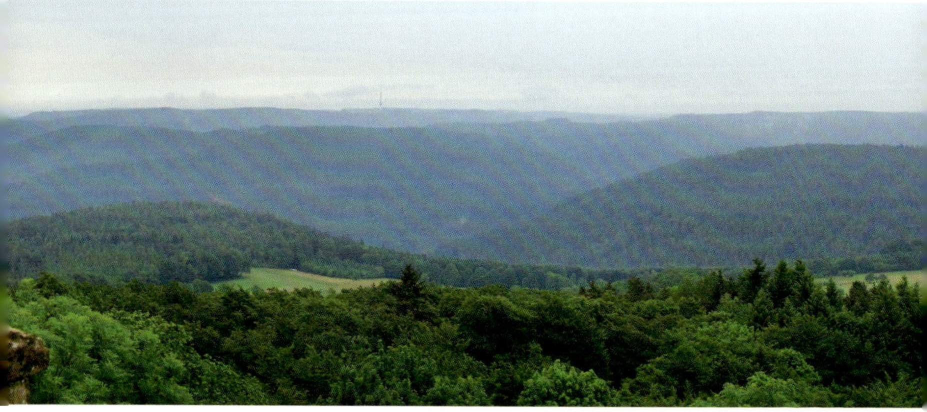

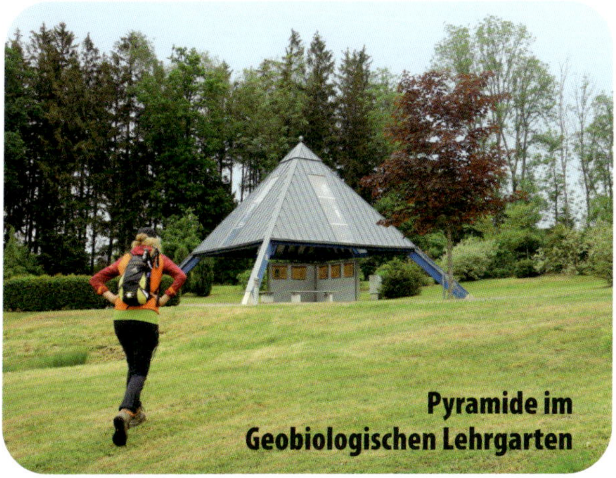
Pyramide im Geobiologischen Lehrgarten

heiten auf Erdstrahlen zurückzuführen, und schuf das sogenannte Hartmann-Gitter, das in der Parawissenschaft Radiästhesie eine wichtige Rolle spielt, sehr spannend. Nach dem kurzen Ausflug in die Welt der alternativen Heilkunde wandern wir vor dem Kreisverkehr links oben in den Wald. Wir gehen den Pfad entlang, bis wir an dessen Ende rechts den unterirdisch fließenden und abgedeckten **Sobertsbrunnen** passieren. Der Feldweg bringt uns hinauf zur Straße, die wir überqueren. Dann wandern wir parallel der Straße leicht bergan zur **Hohfeld-Hütte 8.**

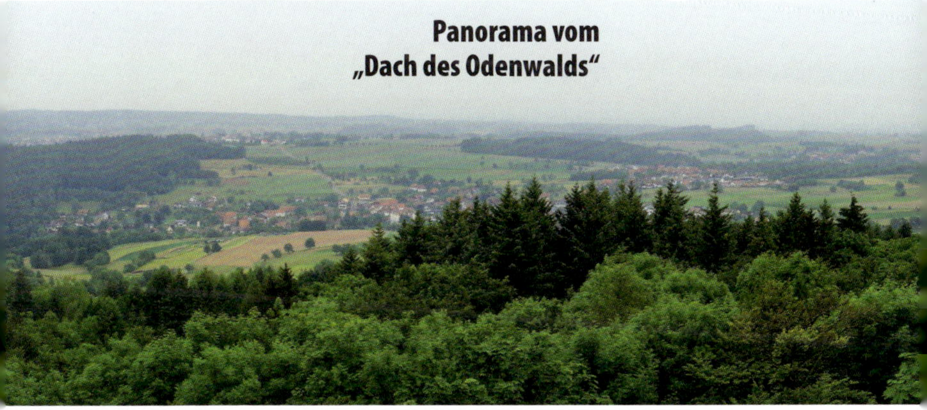
Panorama vom „Dach des Odenwalds“

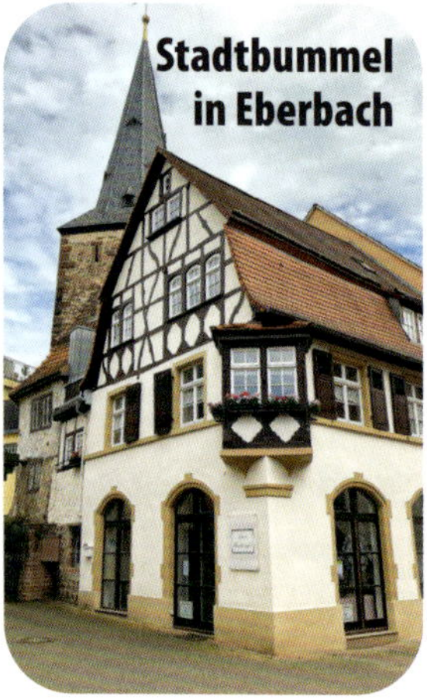

Weit schweift unser Blick von hier aus nochmals über den lieblichen kleinen Ort Waldkatzenbach und den Katzenbuckel, der das Dorf wachend überragt. Nun sind es nur noch wenige Meter, denn hinter dem Brummerskreuz und dem hübsch angelegten Kreisverkehr ist unser Parkplatz erreicht. Ach, wie schön, zum Abschluss unserer Tour öffnet sich jetzt ein prachtvolles Sonnenfenster. Wir entscheiden uns spontan, mit dem Auto nach **Eberbach** zu fahren. Hier flanieren wir durch die schöne Altstadt und am Neckarstrand entlang. Zum krönenden Abschluss gönnen wir uns ein leckeres Eis.

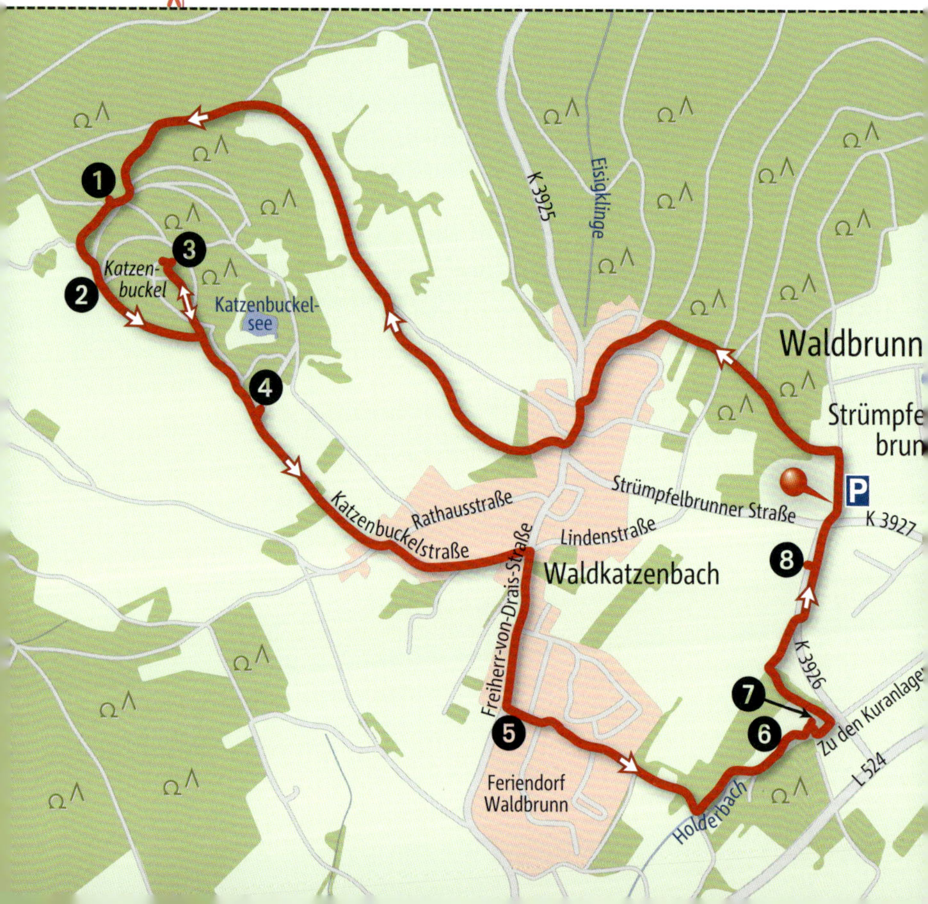

Alles auf einen Blick

WIE & WANN:
Die Wegbeschaffenheit auf Forstwegen und Pfaden ist durchweg sehr gut.
Beste Wanderzeit von Ende April bis Anfang November.

Entspannung ★★★★☆
Genuss ★★★★★
Romantik ★★★★☆

HIN & WEG:
Auto: Anfahrt über die B37 bis Eberbach, von dort die kurvenreiche Waldstraße hinauf zur Gemeinde Waldbrunn.
Wanderparkplatz am Kreisverkehr beim Brummerskreuz (Katzenbuckelkreisel), zwischen den beiden Ortsteilen Waldkatzenbach und Strümpfelbrunn, 69429 Waldbrunn (GPS: 49.464917, 9.069)
ÖPNV: Bus 821, 837, 840 von Eberbach, Weisbach oder Mosbach bis Haltestelle Strümpfelbrunn Friedhof

ESSEN & ENTSPANNEN:
Gasthaus Turmschenke in der **Villa Katzenbuckel** ❹ Katzenbuckelstraße 28, 69429 Waldbrunn-Waldkatzenbach, Tel. (0 62 74) 3 83, www.villa-katzenbuckel.de

ENTDECKEN & ERLEBEN:
Freya-Hütte ❶
Fernblick ❷
Katzenbuckelturm ❸
Villa Katzenbuckel ❹ siehe ESSEN & ENTSPANNEN
Feriendorf ❺
Katzenbuckel-Therme ❻ Zu den Kuranlagen 18, 69429 Waldbrunn, Tel. (0 62 74) 65 65, www.katzenbuckel-therme.de
Geobiologischer Lehrgarten ❼
Hohfeld-Hütte ❽

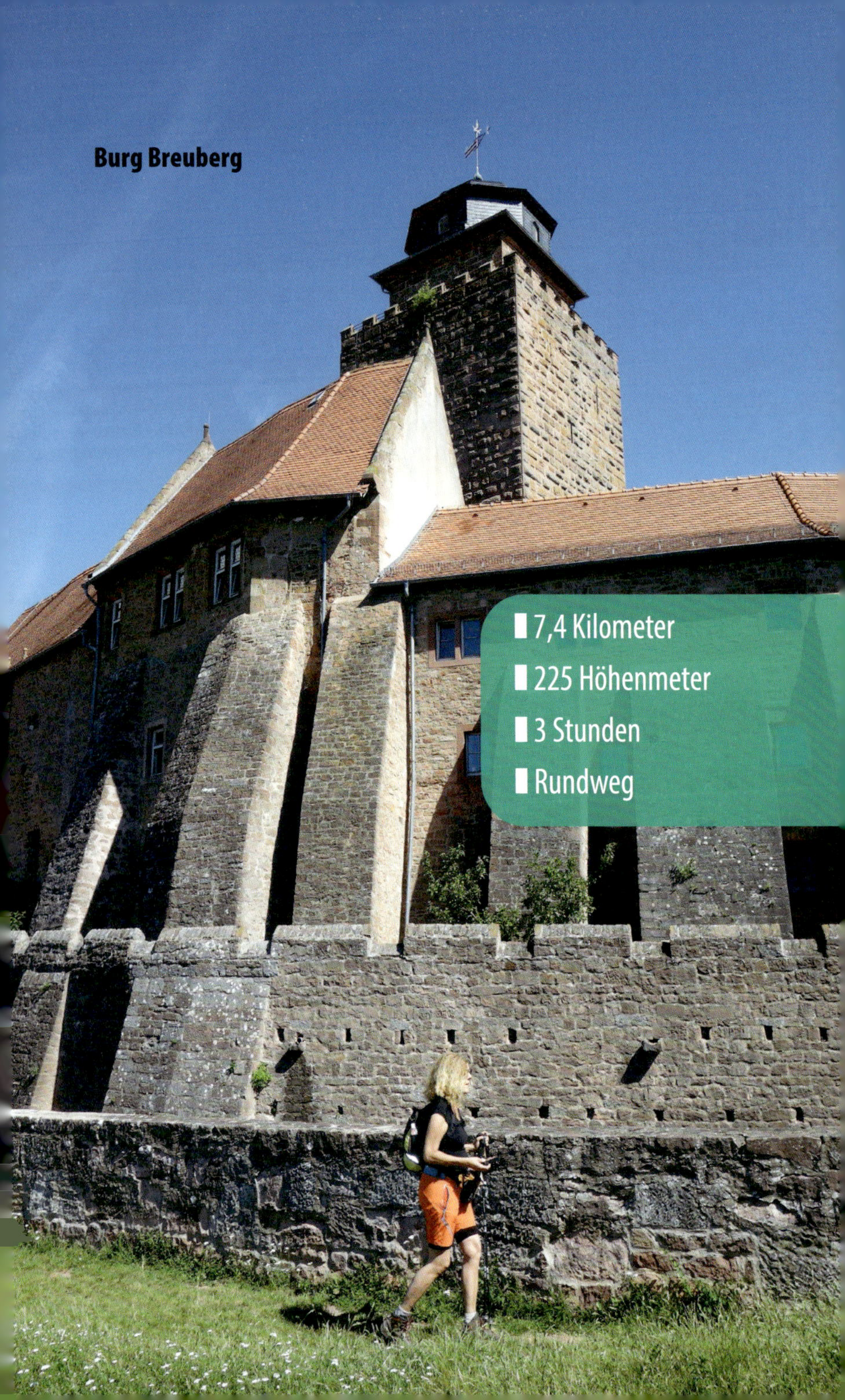
Burg Breuberg
7,4 Kilometer
225 Höhenmeter
3 Stunden
Rundweg

Startpunkt unserer heutigen Wanderexkursion zur Burg Breuberg ist der **Wanderparkplatz Gustavsruhe.** Er liegt genau an einem Kreuzungsschnittpunkt unseres Wegs und wir haben die Qual der Wahl, da unsere heutige Markierung, die **S3,** in vier unterschiedliche Richtungen zeigt. Wir entscheiden uns als Erstes für die Erkundung der Burganlage und gehen links, weg von der Straße zu dem schmalen Waldpfad.

Der sogenannte Eselsweg war einst ein historischer Transportweg für den Warenbedarf der Burgherren, heute leitet er uns hinauf. Schon gleich beim Aussichtsfenster genießen wir einen phänomenalen Landblick, während wir oberhalb an dem hübsch gelegenen **Wolferhof** vorbeilaufen. Herrlich, wie angenehm es hier im

Euphorie-Faktor

Burg-Breuberg-Weg

schattigen Wald ist. Ach, wie nett, jetzt passieren wir eine hölzerne Gruppe von Fliegenpilzfiguren, während wir uns im Anstieg an den Brombeerhecken den Weg versüßen können. Bald schon erreichen wir den Ausstieg der Rutschbahn, die in unmittelbarer Nähe der Burganlage steht Allerdings ist sie nur für Kinder gedacht. Auf Sandsteinstufen steigen wir daneben empor zur Bushaltestelle. Prächtig und mächtig erhebt sich die stattliche Burganlage vor uns, ein gepflasterter Weg führt uns hinauf zur **Burg Breuberg ❶.** Da kommen wir auch schon mal ins Schwitzen.

Im Vorhof können wir auf einer Kanone sitzen und Baron Münchhausen spielen. Auch wird uns hier erst klar, wie groß dieses alte Gemäuer überhaupt ist. Die

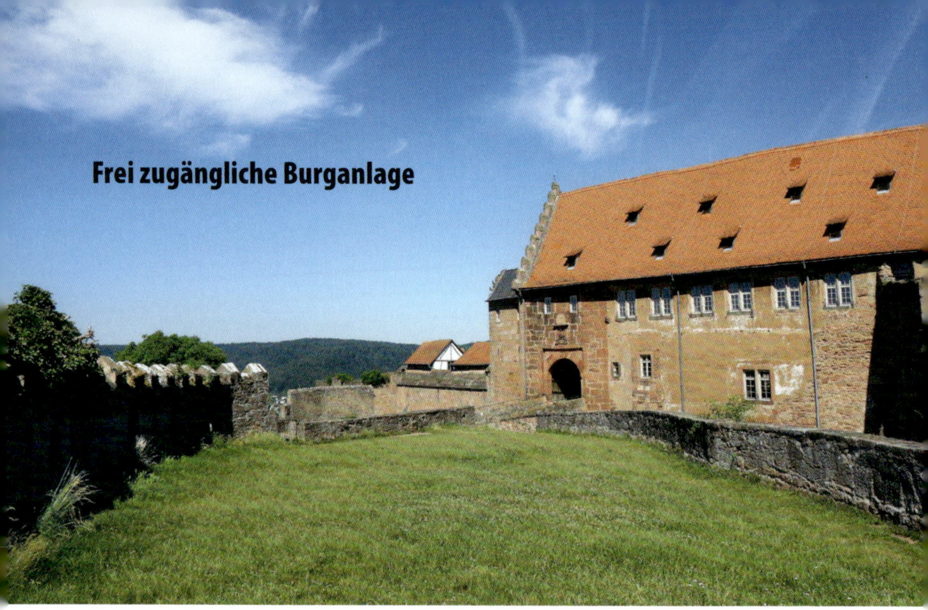

Burg stammt wohl aus der Zeit um 1200 und zählt zu den besterhaltenen Anlagen in Südhessen. Heute dient sie unter anderem als Jugendherberge oder ist Kulisse für zahlreiche Festivitäten, auch für Hochzeiten. Zudem kann man bei einer Führung tief in die Geschichte der Burg eintauchen. Voller Euphorie erkunden wir die großartige Anlage und fühlen uns als Zeitzeugen zurückversetzt in die Stauferdynastie. Hier residierten einst die Herren von Breuberg, die diese mächtige Hochburg erbauen ließen. In der **Burgschenke** können wir im Biergarten einkehren. Den Turm kann man gegen eine kleine Gebühr erklimmen, um von ganz oben eine noch eindrucksvollere Aussicht über das Gelände und die umliegende Landschaft zu bekommen. Voller Begeisterung entscheiden wir spontan, die Burg noch auf einem schmalen Sandpfad außer- und unterhalb der Anlage zu umrunden.

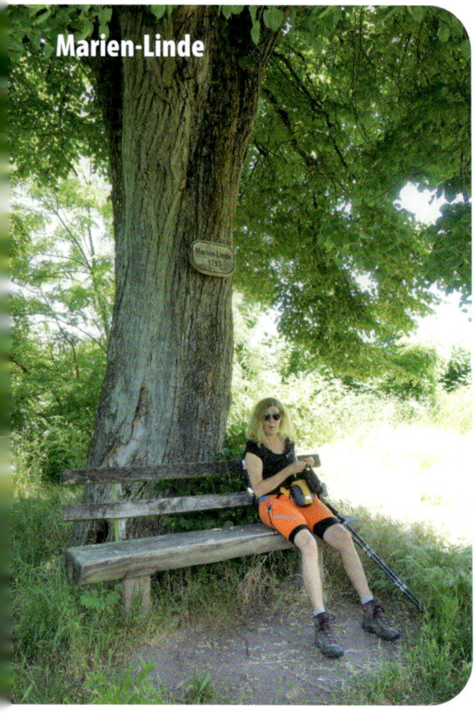

Wahnsinn, von allen Seiten zeigt sie sich in unterschiedlichen Facetten. Total entzückt können wir mit unserer Kamera gar nicht genug Bilder einfangen. Ebenfalls bietet der Rundweg erstklassige Blicke auf das schöne Umland. Auf der Sitzbank an der **Marien-Linde 2** – der Baum steht hier seit 1793 – ruhen wir uns kurz aus und genießen ein letztes Mal den beeindruckenden, nahen Blick auf die historischen Mauern. Was uns diese Linde wohl alles zu erzählen hätte und wer wohl schon bei ihr verweilte?

Genug Historie, jetzt geht es hinunter zum Fahrweg und wieder zu unserer Markierung, die uns gegenüber einer Staffel (Treppe) links hinabführt. Wir kommen an einem Tierhotel vorbei und freuen uns auf

!

*Im gemütlichen **Biergarten** der Burg Breuberg lässt es sich wunderbar verweilen und das mächtige Bauwerk aus dem 12. Jahrhundert entdecken. Eine Museumsführung ist allerdings nur mit Voranmeldung bei der Stadtverwaltung Breuberg möglich.*

Für die Seele

Burgleben, Weitblick und Waldeinsamkeit lassen uns im Breuberger Land in eine fast zeitlose Zeit eintauchen.

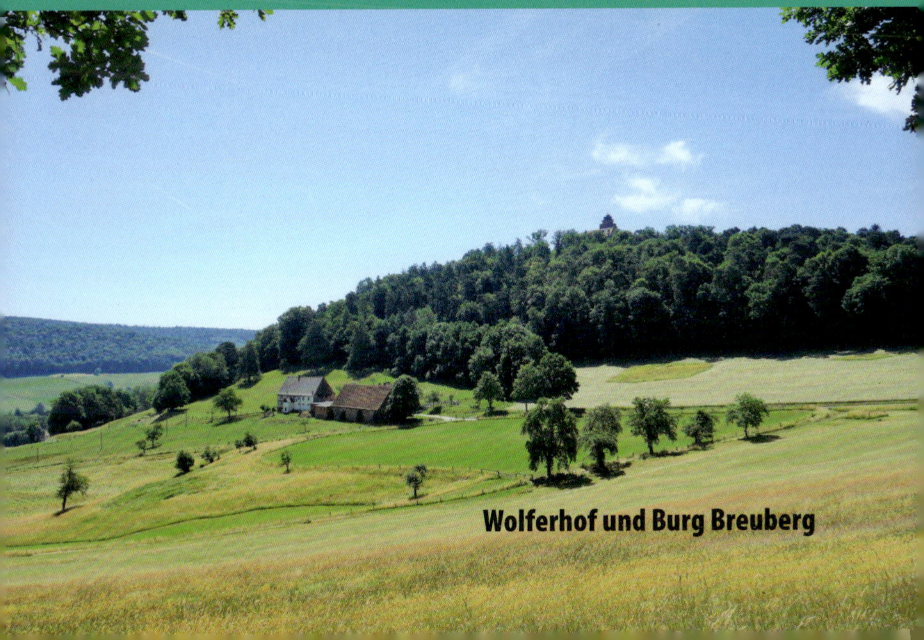

Wolferhof und Burg Breuberg

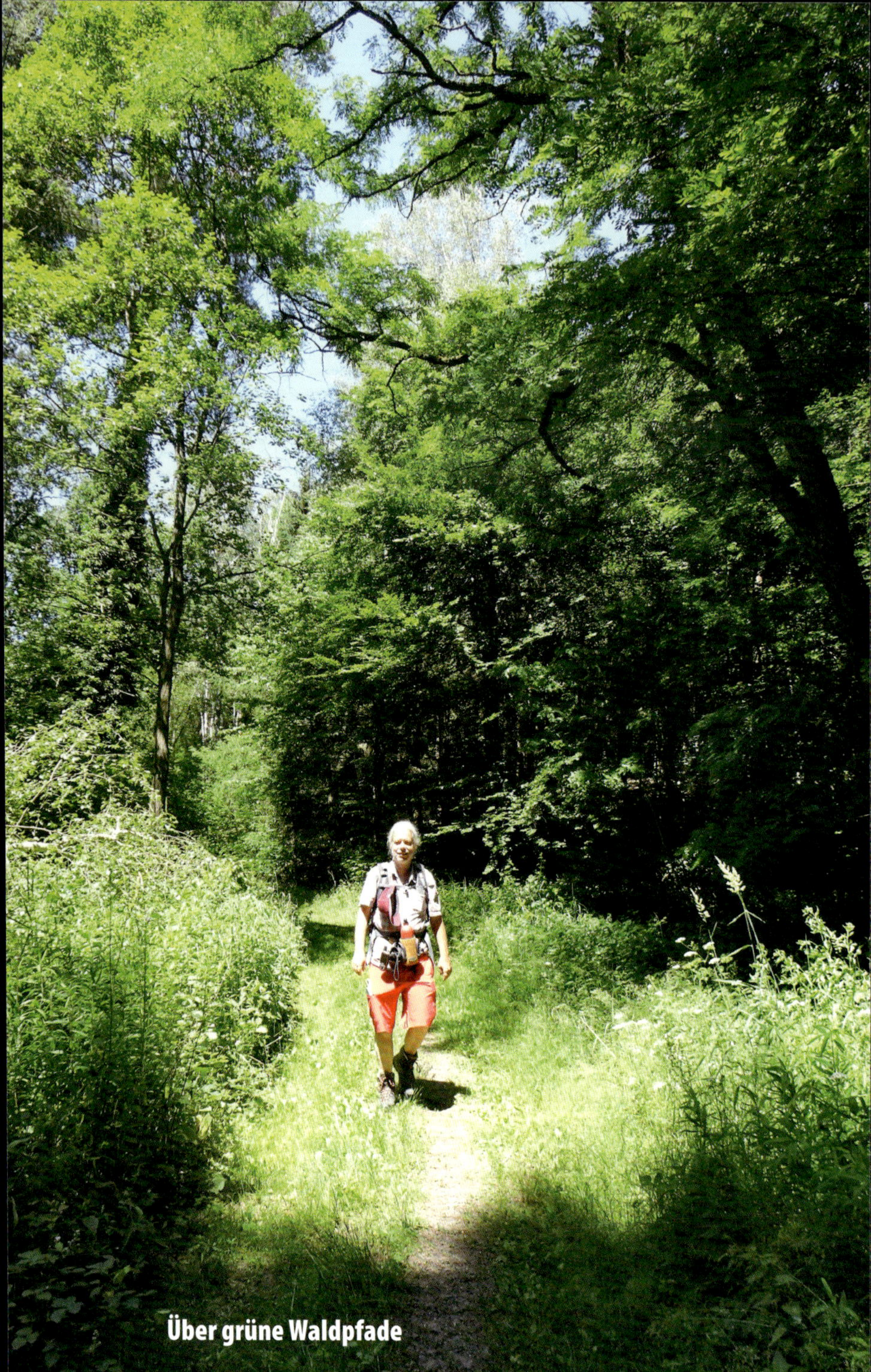

Über grüne Waldpfade

eine angenehme Temperatur im beschatteten Wald. Der Abstieg bringt uns auf direktem Weg in gut 10 Minuten wieder zum **Parkplatz Gustavsruhe,** den wir jetzt rechts liegen lassen. Wir schreiten geradewegs zum gegenüberliegenden landwirtschaftlichen Weg, der neben einer Wiese in Richtung Wald führt. Immer wieder erhaschen wir einen schönen Blick auf den Wolferhof. Die Burg zeigt von hier aus ein ganz anderes Gesicht und grüßt stolz von oben zu uns herüber. Der Panoramaweg führt uns nun in den Wald und wir müssen achtgeben, damit wir den Linksabzweig nicht versäumen. Hier lässt sich pure Waldromantik erleben, der einsame Pfad führt mitten durch unberührte Natur, spendet innere Ausgeglichenheit und steigert die Wohlfühlenergie.

Vor lauter innerem Einklang bemerken wir kaum, dass der Weg immer weiter ansteigt. Oben angekommen, können wir noch einmal zur Burg hinüberblicken, bevor wir dann rechts zum **Waldwiesenpfad** abbiegen. Die sehr angenehme Waldstille, nur durch das leichte Raunen der Blätter im Wind und das Zwitschern einiger Singvögel unterbrochen, lässt uns entspannt vorankommen, während wir gemächlich den schönen Pfad entlangwandern. An dem kreuzenden Querweg gehen wir zum Hohlweg hinunter und treffen dann rechts auf einen breiteren Weg. Der leichte Anstieg bringt uns zu einer **Picknickbank am Scheuerberg.** Hier packen wir spontan unser Vesper aus, bevor wir uns wieder auf die Socken machen. Nicht nur Wildkräuter wachsen am Wegesrand, heute tischt uns die Naturküche zudem leckere Walderdbeeren auf. Auf der **Lichtung ❸** bei der Frankfurter Straße setzen wir uns auf die Parkbank und genießen ein kurzes Waldbad.

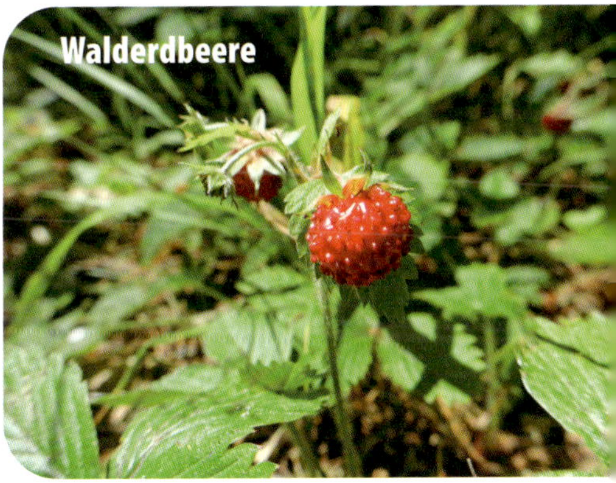
Walderdbeere

Verwöhntour 10

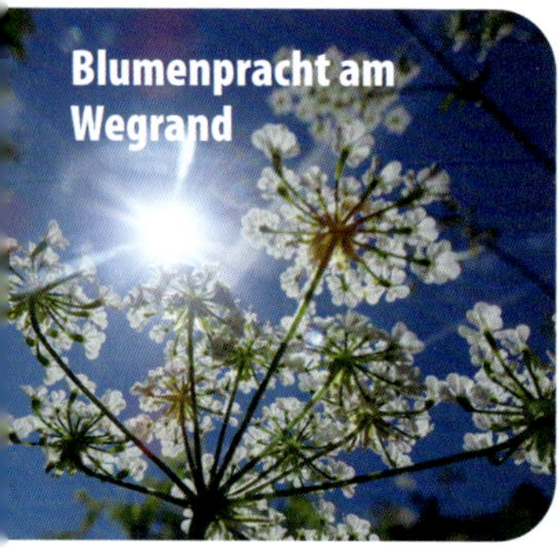

Blumenpracht am Wegrand

Gechillt wandern wir dann im spitzen Winkel nach links. Auf dem Waldwiesenweg überschreiten wir die Kuppe des Scheuerbergs. Wahnsinn, vor uns taucht ein Meer aus meterhohem Farn auf, unglaublich. Jetzt kreuzt ein Weg und wir laufen scharf links, immer der Markierung nach. An den beiden folgenden Gabelungen halten wir uns jeweils rechts und durchwandern eine Oase aus verschiedenen Grüntönen. Wenn wir am **Geo-Naturpark-Zeltplatz** ④ vorbeikommen, sind wir auch schon fast wieder an unserem Ausgangspunkt. Neben der Burgstraße weist die Ausschilderung zum Pfad hinauf – schwupp ist unsere Tour auch schon zu Ende und wir verstauen unsere Rucksäcke im Auto.

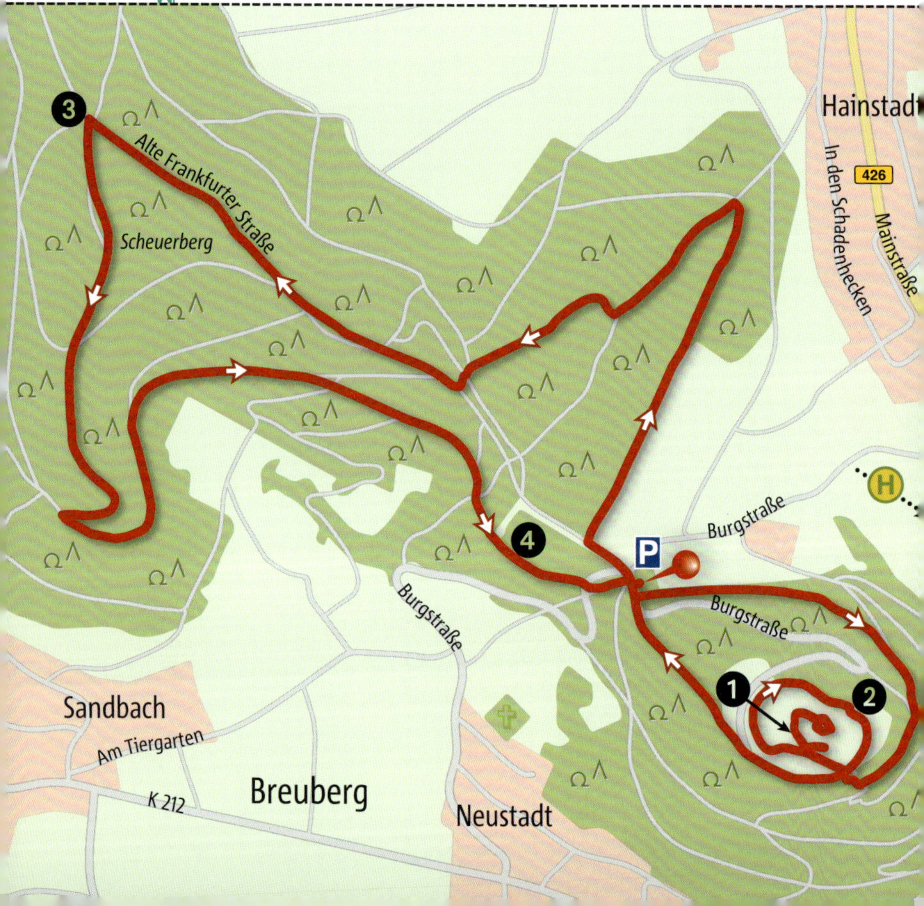

WIE & WANN:
Die Wege im Wald sind leicht zu begehen, auch Burg Breuberg lässt sich leicht umrunden. Beste Wanderzeit von März bis Dezember.

HIN & WEG:
Auto: B426 nach Breuberg und in Richtung Burg Breuberg den Burgweg hinauf. Wanderparkplatz Gustavsruhe, Burgstraße, 64747 Breuberg (GPS: 49.82270, 9.03533)
ÖPNV: Bus 20, 21, 23 von Höchst bis Haltestelle Breuberg Rosenbach

ESSEN & ENTSPANNEN:
Burgschenke der **Burg Breuberg** ❶ Burgstraße, 64747 Breuberg, www.breuberg.de

Entspannung ✱✱✱✱✱
Genuss ✱✱✱✱✱
Romantik ✱✱✱✱✱

ENTDECKEN & ERLEBEN:
Burg Breuberg ❶ siehe ESSEN & ENTSPANNEN
Marien-Linde ❷
Lichtung ❸
Geo-Naturpark-Zeltplatz ❹

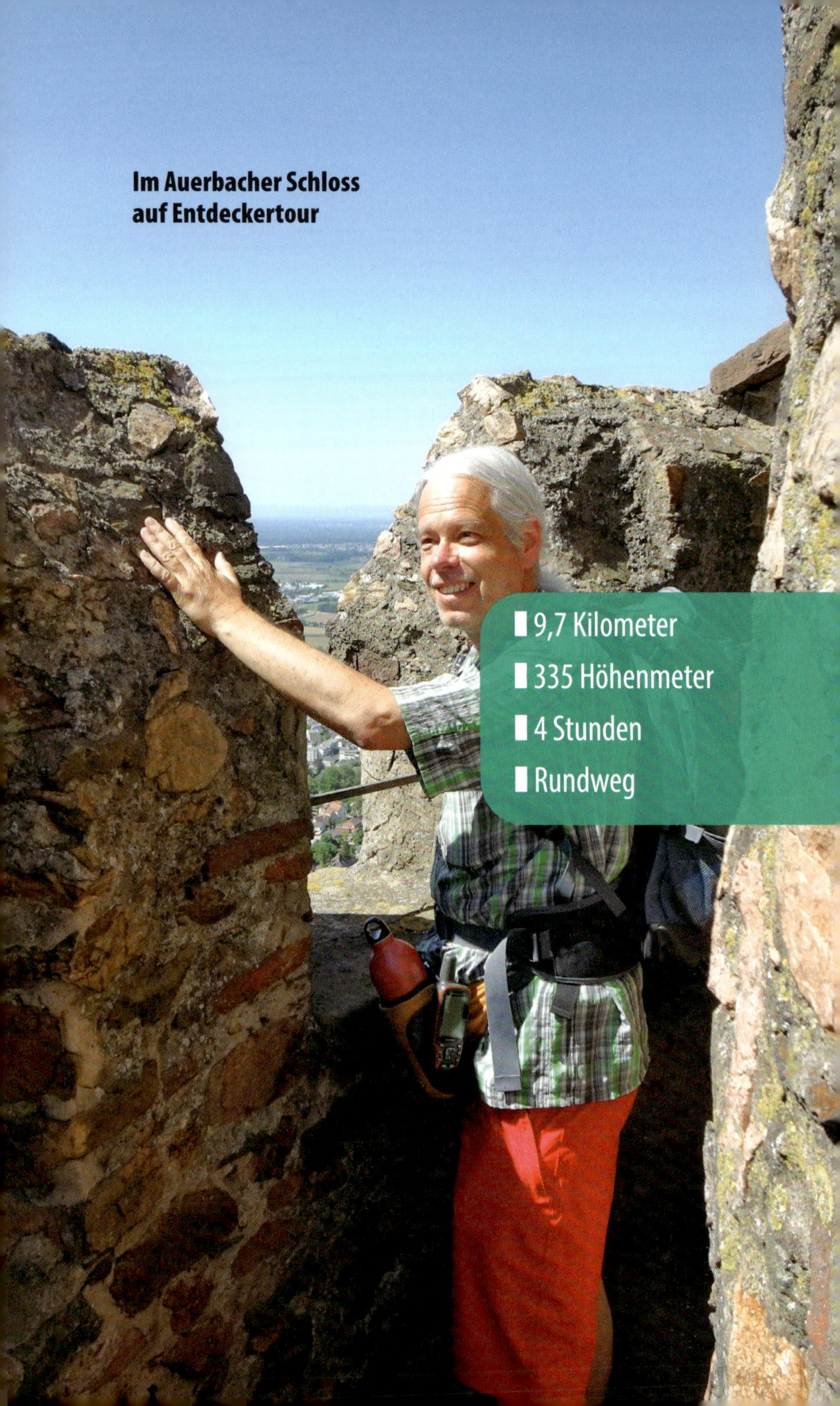

Im Auerbacher Schloss
auf Entdeckertour

- 9,7 Kilometer
- 335 Höhenmeter
- 4 Stunden
- Rundweg

Die Sonne strahlt hell am azurblauen Himmel, das Wetter ist uns wieder mal hold. Was kann einem unbeschwerten Wandertag jetzt noch im Weg stehen? Vor allem, wenn wir so eine Top-Tour vor uns haben.

Wir starten in dem heimeligen Städtchen Auerbach am Parkplatz in der **Bachgasse** und wandern neben der Bachkandel durch die Gasse. Oben auf dem Berg steht stolz Schloss Auerbach, unser erstes Etappenziel. Zwischen dem Feuerwehrhaus und der Kirche gehen wir über den Zebrastreifen in die Weidgasse und entdecken die **grüne A1-Markierung,** die uns für heute die Richtung weist. Wir gehen auf dem gepflasterten Weg bergan und biegen vor Hausnummer 15 rechts ab. Etwas weiter oben kommen wir in die Jahnstraße und gehen an

Zeitreise

Auerbacher Schlossweg

mehreren prachtvollen Häusern vorbei, die uns in eine andere Zeitepoche zurückversetzen. Weiter spazieren wir rechts in die Martinstraße, vorbei an einem **Kriegerdenkmal,** und folgen dann halb links dem Fußweg steil hoch. Nun lassen wir die stattliche Wohngegend hinter uns und wandern in den Wald hinein. Der steile Weg ist schweißtreibend, wir kommen an einer **Steinhütte** vorbei und der Bergpfad windet sich munter immer weiter bergauf. Einzigartige Naturromantik umgibt uns hier, während wir dauerhaft an Höhe gewinnen. Ein Blick hinunter in die Rheinebene bestätigt, dass wir schon gut vorangekommen sind.

Vorbei an herumliegenden, mit Efeu bewachsenen Baumstämmen, etlichen Kräutern und Pflanzen, die

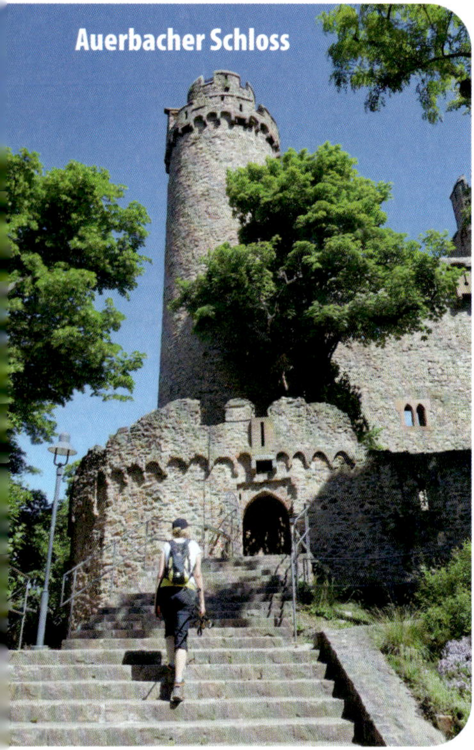

hier in wilder Ordnung gedeihen, sowie Hunderten von Walderdbeeren führt uns der weitere Anstieg durch den zauberhaften urwüchsigen Forst. Kurz vor einer **Holzhütte** wenden wir und gehen rechts. Der Pfad schlängelt sich nun zu einem Sendemast hinauf, bei dem wir links abbiegen. Das Schloss kommt erneut in Sichtweite. Fasziniert stellen wir fest, wie hoch wir auf diesem Weg bereits gelangt sind. Wir erreichen einen **Aussichtsbalkon** und werden mit einem atemberaubenden Weitblick über den sonnenverwöhnten Odenwald belohnt. Wälder und Hügel, so weit das Auge reicht. Übrigens ist Auerbach eine der wärmsten Regionen des Landes und wird auch als Riviera Deutschlands bezeichnet.

Jetzt führen ausgetretene Stufen aufwärts, die dann in einen Waldpfad münden, der uns weiter voran in Richtung Ruine bringt. Essensduft dringt in unsere Nasen, da könnte man doch glatt Hunger bekommen. Beim Teerweg biegen wir ab und wandern dem **Schloss Auerbach** ❶ entgegen. Wir brauchen nur noch über die Brücke zu gehen, schon stehen wir am Eingang. In der **Burgschenke** gibt es regionale Leckereien, Pfefferbeißer und Handkäse; sie bietet zum Beispiel eine Einkehr mit Rittermahl für Gruppen ab 20 Personen an, dies allerdings nur mit Reservierung.

*Die Ruine von **Schloss Auerbach** ist mittwochs bis sonntags von 11 bis 17 Uhr geöffnet.*

Das alte Gemäuer weckt ein Lebensgefühl längst vergangener Tage, als hier noch Hof gehalten wurde. Vermutlich begann man mit der Erbauung des Schlosses im Jahr 1222. Graf Diether IV. von Katzenelnbogen wollte eine Hochburg errichten, die man nicht leicht vereinnahmen konnte. Zusätzlich sollte das Schloss als

Erweiterung der Besitztümer des Grafen südlich des Mains fungieren. So entstand im 13. Jahrhundert eine der bedeutendsten Festungsanlagen in der Obergrafschaft der Katzenelnbogener. Im Jahr 1479 fielen die Grafschaft sowie das Schloss Auerbach aufgrund der Erbfolge an die Landgrafschaft Hessen.

Voller Entdeckergeist wollen wir nun die imposante Schlossruine mit ihren geheimnisvollen Ecken und Winkeln erkunden und uns auf die Spuren längst vergangener Zeiten begeben, als hier noch die Herrschaften und der Hochadel das Sagen hatten. Wie magisch ziehen uns die beiden Palas (Türme) in ihren Bann – und schwupp, geht es auch schon die Steinstufen hinauf. Hierfür werden wir mit einem phänomenalen

Schloss Auerbach *gewährleistete die Entrichtung des Wegezolls und war eine sichere Einnahmequelle an der Nord-Süd-Verbindung entlang der Bergstraße.*

Für die Seele

In dieser Odenwälder Kulturlandschaft geht einem das Herz auf. Das malerische Auerbach ist ein Geheimtipp und lädt zu einer Reise in die Vergangenheit ein.

Blick zum anderen Turm

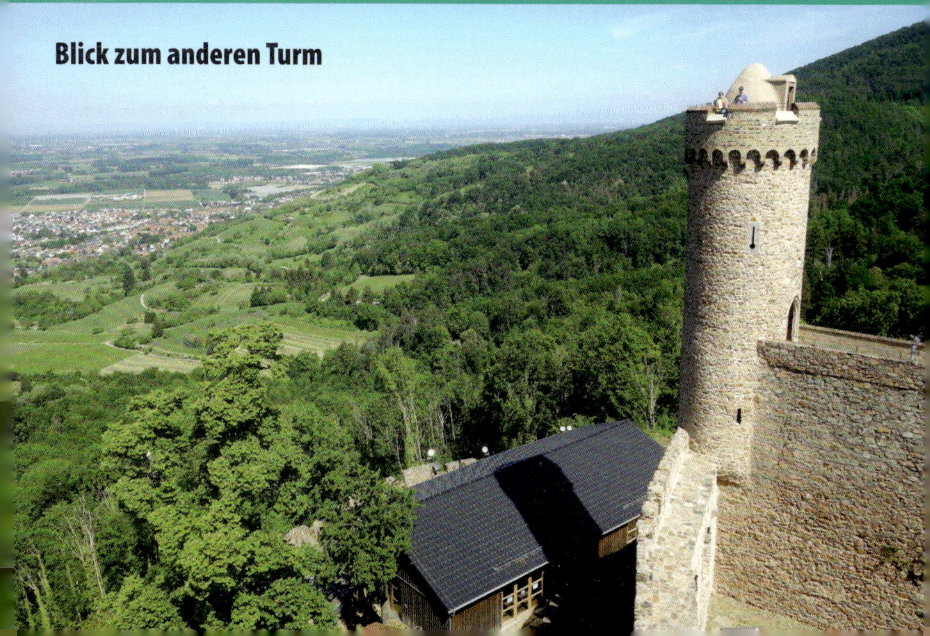

Blick über die **Bergstraße** und die weitläufige **Rheinebene** belohnt. Wir genießen einige Minuten lang den Blick, der uns über die ganze Anlage hinwegblicken lässt, bevor wir uns wieder aufmachen, um unsere Wandertour fortzusetzen.

Immer noch tief beeindruckt, verlassen wir die Burganlage und folgen hinter der Brücke dem **Teerweg** sowie unserer Markierung, die uns bei der Kreuzung rechts abbiegen lässt. Dort wenden wir uns gleich dem talwärts führenden Wanderweg zu. Tiefe Stille umhüllt uns hier, die wir nach dem bunten Treiben in der Ruine förmlich in uns aufsaugen. Im kontinuierlichen Abstieg zweigen wir links ab. Der Weg schlängelt sich weiter schluchtenartig hinab ins Tal nach **Hochstädten.** Bei der Bushaltestelle überqueren wir die Mühltalstraße und schreiten in Richtung Ortsende. Kurz vor dem Ortsausgangsschild biegen wir links ab zum **Goethebrunnen ❷.** Einst schrieb man der inzwischen versiegten Quelle eine gewisse Heilwirkung zu. Die Leute kamen in Scharen aus den umliegenden Dörfern sowie Groß-

*Der **Goethebrunnen** gehört zum Fürstenlager und wurde 1784 errichtet. Die große Zeit des Heilwassers hielt leider nur 50 Jahre an, dann versiegte die Quelle. Man spekuliert, dass dies mit dem Marmorabbau unter Tage zusammenhing.*

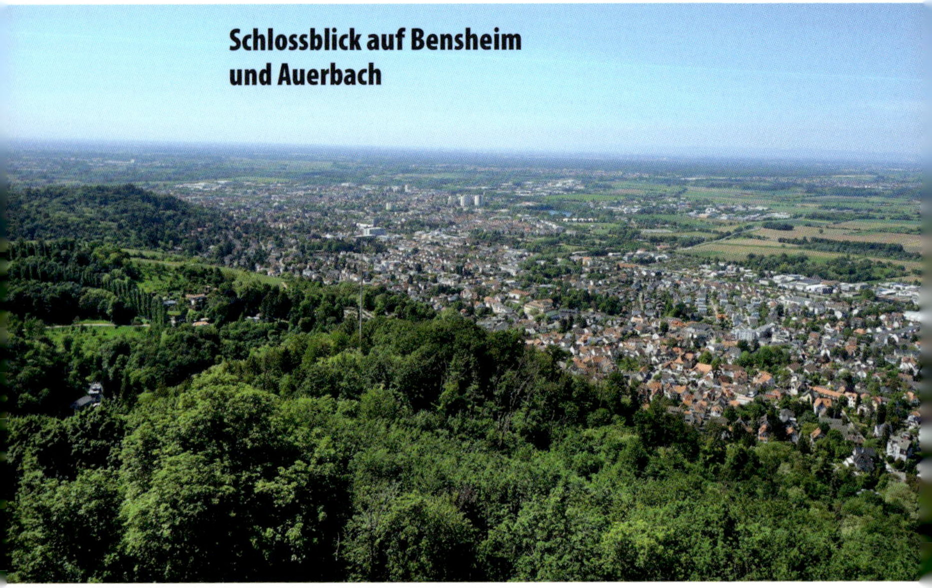

Schlossblick auf Bensheim und Auerbach

städten, um Krüge und Fässer mit dem besonderen Wasser aus der Heilquelle abzufüllen. Der Hofmedicus und Badearzt J. H. Lichtenberg schrieb dem Wasser 1769 diverse heilende Wirkungen zu.

Gleich hinter dem Ziegelbach können wir links im gemütlichen **Dorfcafé 3** einkehren. Dort gegenüber befindet sich auch der Stolleneingang zum ehemaligen **Marmoritwerk,** das 1975 geschlossen wurde und heute ein Fledermaus-winterquartier ist. Den Marmor nutzten bereits die Römer, allerdings wurde er erst seit dem 18. Jahrhundert unter Tage abgebaut. Nach einer kurzen Genusspause machen wir uns mit neuem Elan auf und wandern im Schatten spendenden Wald hinter einer Schranke bergaufwärts. Überall raschelt und knackt es, fast scheint es, als würden uns die Tiere des Walds heimlich beobachten. Der Forst öffnet sich und wir gehen links hinauf zur **Eremitage 4,** einem Rückzugsort für Einsiedler, die dort einst ein Leben in Einsamkeit und Ruhe wählten.

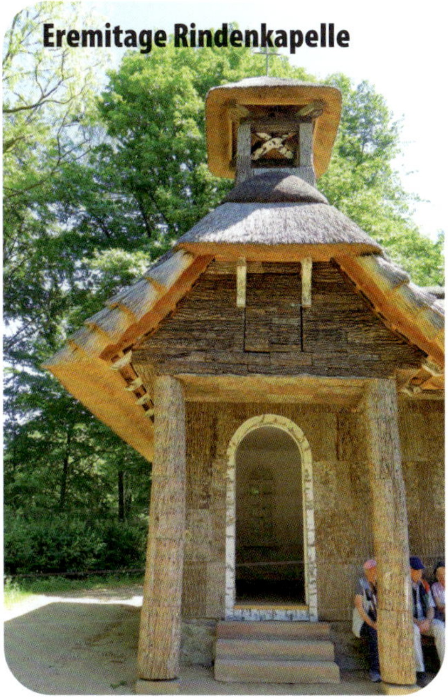
Eremitage Rindenkapelle

Die mit Rindenholz verkleidete Kapelle ist besonders schön, sie wurde im Jahre 1787 erbaut. Wir folgen unserer Markierung und gelangen neben einer Wiesenlichtung zum prachtvollen Panoramaweg bei der **Hermann-Schäfer-Eiche.** Ein Blick wie aus dem Bilderbuch erwartet uns hier. Rechts oben thront das Auerbacher Schloss und links blicken wir in ein weitläufiges Wiesen- und Weideparadies, das jetzt im Frühling in voller Blütenpracht erstrahlt. Wir können uns kaum sattsehen und wandern mit schönem Ausblick weiter, bis wir rechts an der prächtigen **Villa Waldhaus 5** und dem Marienplatz vorbeikommen. Von hier aus führt

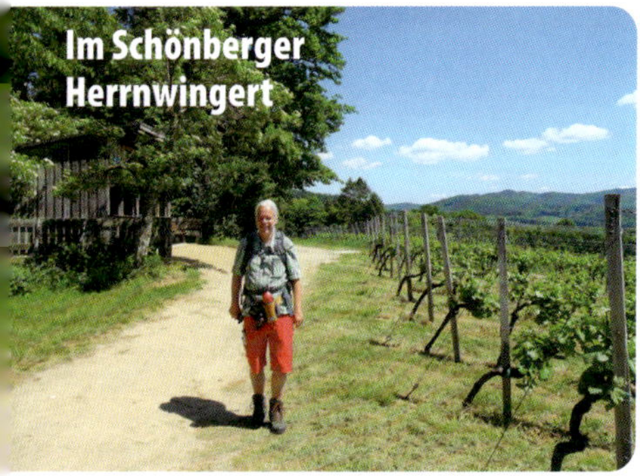

Im Schönberger Herrnwingert

der Weg alsbald links zur **Ludwigslinde,** von der aus wir oberhalb des **Schönberger Herrnwingert** in wunderschöner Aussichtslage unseren Weg fortsetzen. Das Weinbaugebiet sowie das milde Klima dieser Region bringen ausgezeichnete Weine hervor.

Langsam führt unsere Route rechts hinab zum achtsäuligen **Freundschaftstempel 6.** Von hier aus haben wir einen fantastischen Blick hinab zum **Fürstenlager,** das uns wie magisch in seinen Bann zieht. Wir durchstreifen den stattlichen Park, ein wahres Naturjuwel. Verschiedene Baumarten, darunter ein über 44 Meter hoher Riesenmammut mit einem Durchmesser von fast 6 Metern sowie Ginkgos, Sicheltannen und Zypressen, erspähen wir, um nur einige zu nennen. Auch zahlreiche exotische Pflanzenarten sind hier zu finden. Die weitläufige Parkanlage ist wahrlich ein paradiesisches Idyll, kein Wunder, dass sich die Landgra-

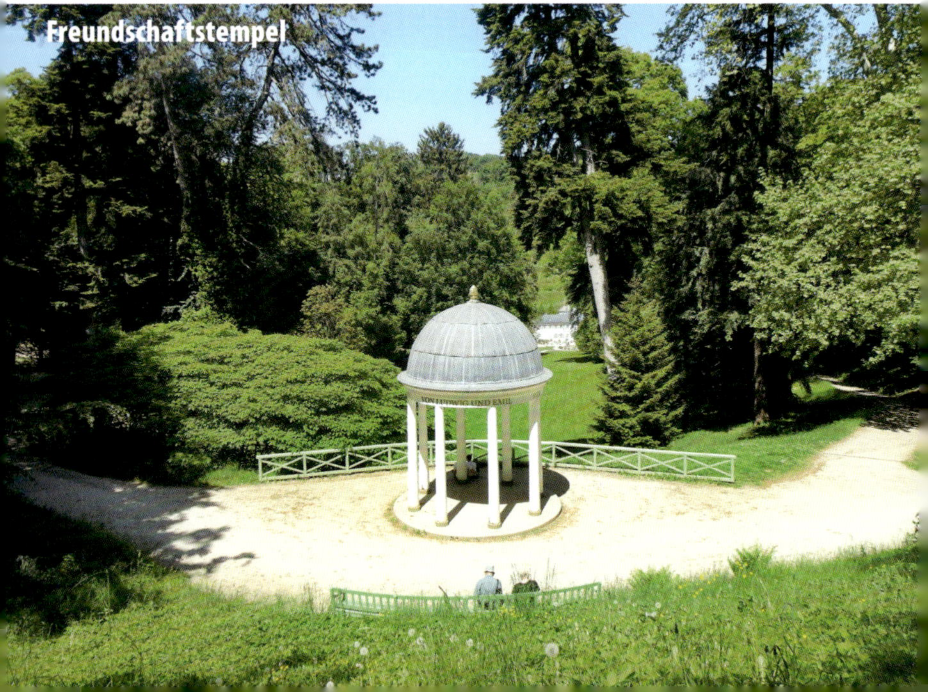

Freundschaftstempel

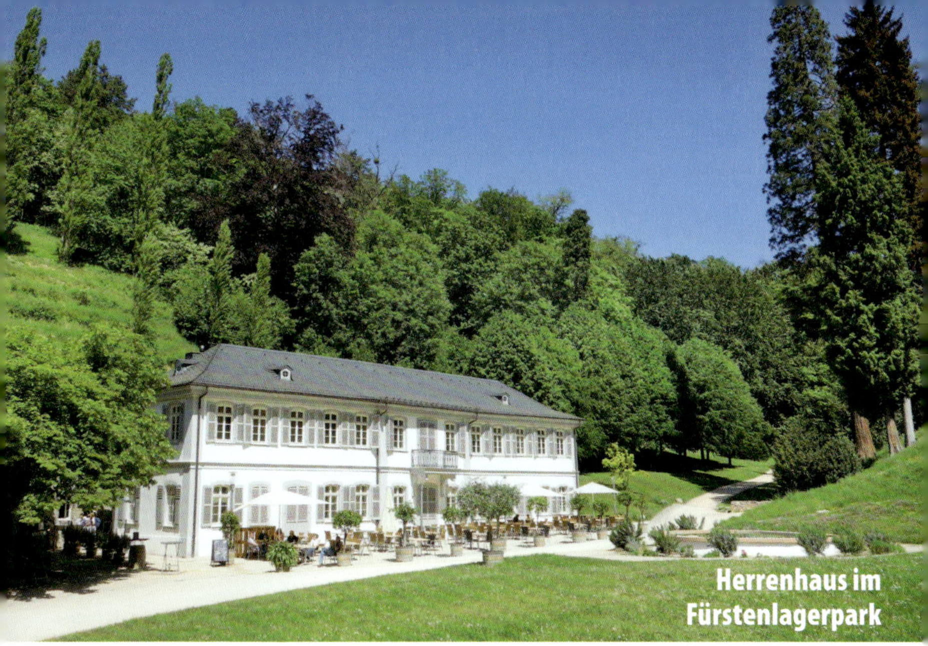

Herrenhaus im Fürstenlagerpark

fen und Großherzöge von Hessen in diesen wundervollen und stillen Flecken zurückzogen. Zuvor war die Anlage vor allem wegen des Gesundbrunnens in aller Munde. Erst als es Erbprinz Ludwig nebst seiner Gattin 1793 zur Kur hierher verschlug und selbiger 1795 zum regierenden Landgrafen wurde, reifte der Plan, dieses Gelände als Sommerresidenz zu erwerben und entsprechend zu erweitern.

Am Herrenhaus des Staatsparks angelangt, gönnen wir uns am **Fürstenlager-Kiosk** 7 eine kleine Erfrischung und genießen leckere „Hessische Tabbas". Dabei lassen wir nochmals die besondere Atmosphäre des fürstlichen Orts auf uns wirken. Anschließend flanieren wir hinab durch angelegte Alleen, gehen an den höfischen Gebäuden des Fürstenlagers vorbei und versuchen, uns in die Zeit zurückzuversetzen, als hier noch die Adeligen mit ihrem Hofstaat residierten.

Am Fuß der Anlage passieren wir einen Ententeich, etwas weiter

!

*Den **Freundschaftstempel** und das **Fürstenlager** muss man einfach gesehen haben. Allerdings ist das Anwesen an sonnigen Wochenenden häufig gut besucht.*

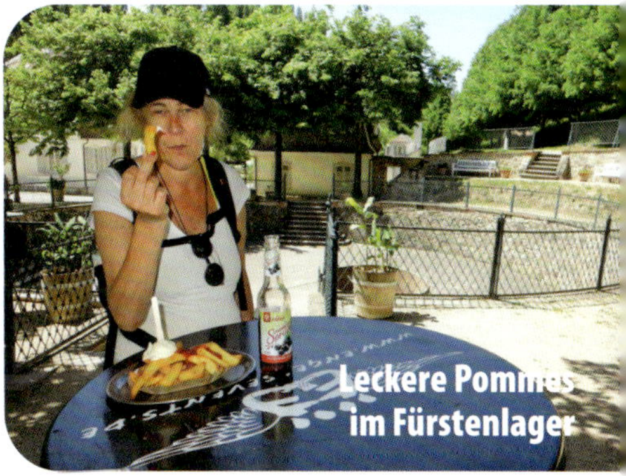

Leckere Pommes im Fürstenlager

Verwöhntour 11

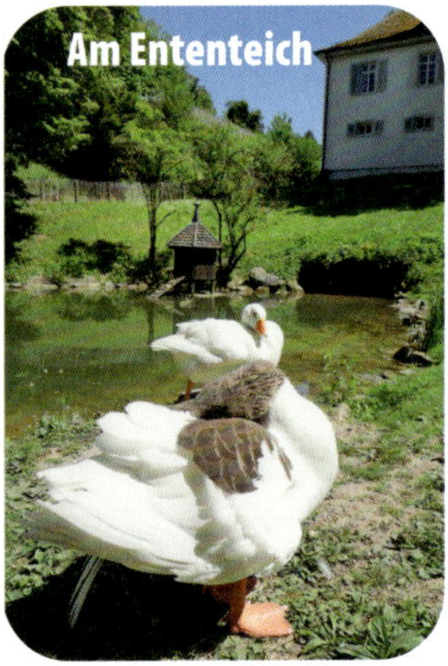

unterhalb entdecken wir einen Schwanenteich mit Holzbrücke. Nicht nur für Brautpaare ist er eine herrliche Kulisse, auch wir drücken immer wieder den Auslöser unserer Kamera. Voller spannender Eindrücke wandern wir nun gemütlich zurück nach Auerbach und können uns im **Weinhandel Frihmess 8** mit köstlichem Rebsaft versorgen. Das **Café Luise 9** oder die **Alte Dorfmühle 10** bieten sich für einen perfekten Wanderausklang an. Da wir heute schon bestens gegessen haben, kehren wir für ein leckeres Eis in der **Eisboutique Da Carlo 11** ein, bei so viel Auswahl fällt die Entscheidung wahrlich schwer. So reizvoll kann das Wandern sein, nie weiß man vorher genau, was einen alles erwartet.

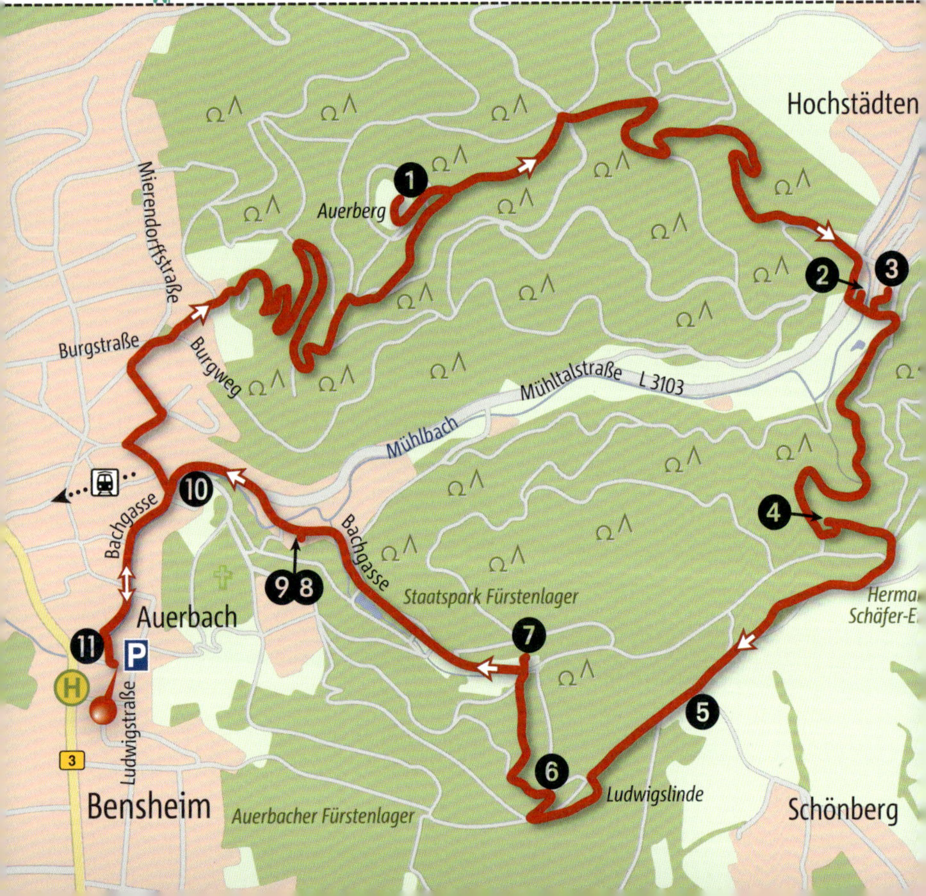

Alles auf einen Blick

WIE & WANN:
Der Anstieg zum Auerbacher Schloss ist etwas steil, aber anfangs sind die Wanderbeine noch frisch. Der Weg ist durchweg sehr gut begehbar. Beste Wanderzeit von Februar bis November (schneefrei).

HIN & WEG:
Auto: A5 Ausfahrt Bensheim, B47 nach Bensheim und B3 nach Auerbach. Kleiner Parkplatz in der Bachgasse 5–7, 64625 Bensheim (GPS: 49.700083, 8.62325)
ÖPNV: Bus 671, RB67, RB68 von Schwetzingen Wiesloch-Walldorf oder Frankfurt bis Haltestelle Auerbach BehhilfeBergstr/Kron oder Bensheim Bahnhof

ESSEN & ENTSPANNEN:
Burgschenke von **Schloss Auerbach** ❶ Außerhalb 2, 64625 Bensheim, Tel. (0 62 51) 7 29 23, www.schloss-auerbach.de

Entspannung ✱✱✱✱✱
Genuss ✱✱✱✱✱
Romantik ✱✱✱✱✱

Dorfcafé ❸ Josef-Sartorius-Straße 1, 64625 Bensheim-Hochstädten, Tel. (0 62 51) 9 44 92 65, www.dorfcafe.info
Fürstenlager-Kiosk ❼ Bachgasse, 64625 Bensheim
Café Luise ❾ Bachgasse 99, 64625 Bensheim-Auerbach, Tel. (0 62 51) 9 76 32 58, www.cafe-luise.eu
Alte Dorfmühle ❿ Bachgasse 71, 64625 Bensheim-Auerbach, Tel. (0 62 51) 7 80 84 57, www.altedorfmuehleauerbach.de
Eisboutique Da Carlo ⓫ Bachgasse 5A, 64625 Bensheim-Auerbach, Tel. (0 62 51) 9 85 16 80, www.eisboutiquedacarlo.com

ENTDECKEN & ERLEBEN:
Schloss Auerbach ❶ siehe ESSEN & ENTSPANNEN **Goethebrunnen** ❷
Eremitage ❹ **Villa Waldhaus** ❺ **Freundschaftstempel** ❻
Weinhandel Frihmess ❽ Bachgasse 101, 64625 Bensheim-Auerbach, Tel. (01 52) 32 76 65 85, www.weinhandel-frihmess.de

In Weiten-Gesäß

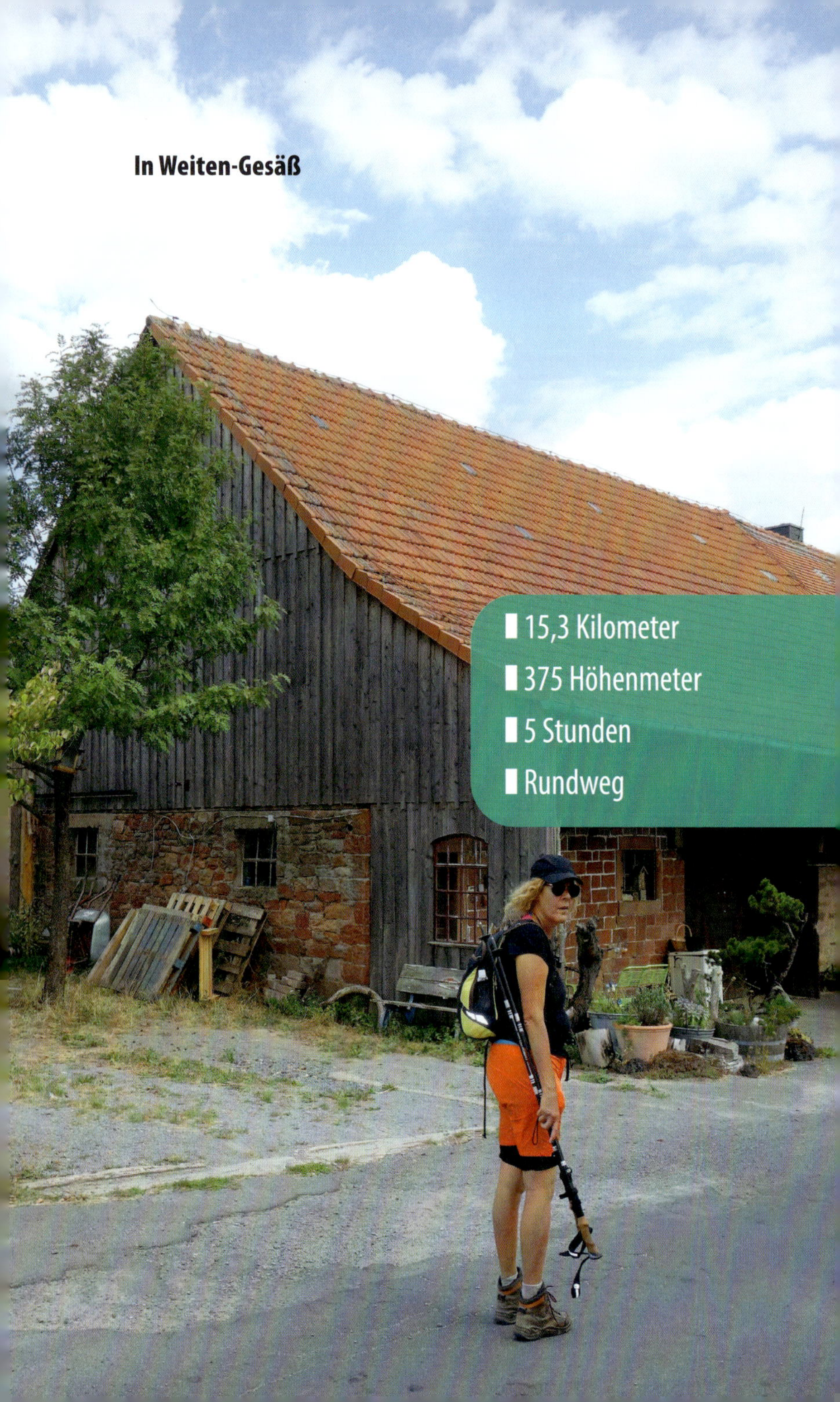

- 15,3 Kilometer
- 375 Höhenmeter
- 5 Stunden
- Rundweg

Ein wunderbarer Wandertag beginnt, wir sind positiv gestimmt, denn die heutige Wanderung verspricht nicht nur schöne Landblicke – auch das Wetter ist optimal, um diesen herrlichen Landstrich zu erkunden.

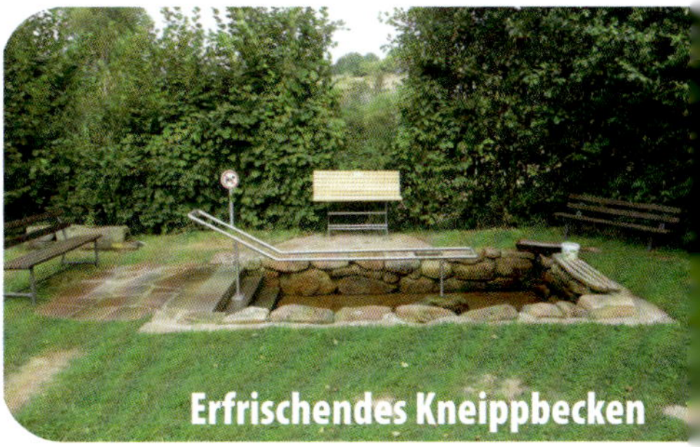

Erfrischendes Kneippbecken

Wir starten unsere Tour in Weiten-Gesäß vom **Parkplatz an der Sport- und Vereinshalle.** Von dort folgen wir der Straße An den Hauswiesen zur Dorfstraße, die uns in die Ortsmitte bringt. Jetzt kommen wir am evangelischen Gemeindehaus und Kindergarten vorbei. Hier ist auch der offizielle Beginn der Tour, die mit der **Markierung WG4** ausgeschildert ist,

Einst gräflich

Hüttenwanderweg Weiten-Gesäß

aber die beiden kleinen Parkplätze waren heute bereits belegt. Nach einem Brunnen wenden wir uns rechts. Über Treppen gelangen wir hinunter zu einem **Spielplatz mit Kneippbecken** und einem kleinen **Barfußpfad.** Wenn wir jetzt schon einige Kilometer gewandert wären, würden wir hier glatt eine Pause einlegen und uns im Kneippbecken erfrischen.

Ein Wiesenweg führt uns zu einem Landweg, dem wir nach rechts folgen. Neben einer Viehweide steigen wir hinauf und schauen auf das schöne Bergdorf zurück. Wenn wir dem landwirtschaftlichen Weg weiter folgen, gelangen wir rasch in den Wald, bei dem sich am **Sandbuckel** eine Aussicht auftut. Wir genießen die friedliche Stille und nehmen mit allen Sinnen die Ein-

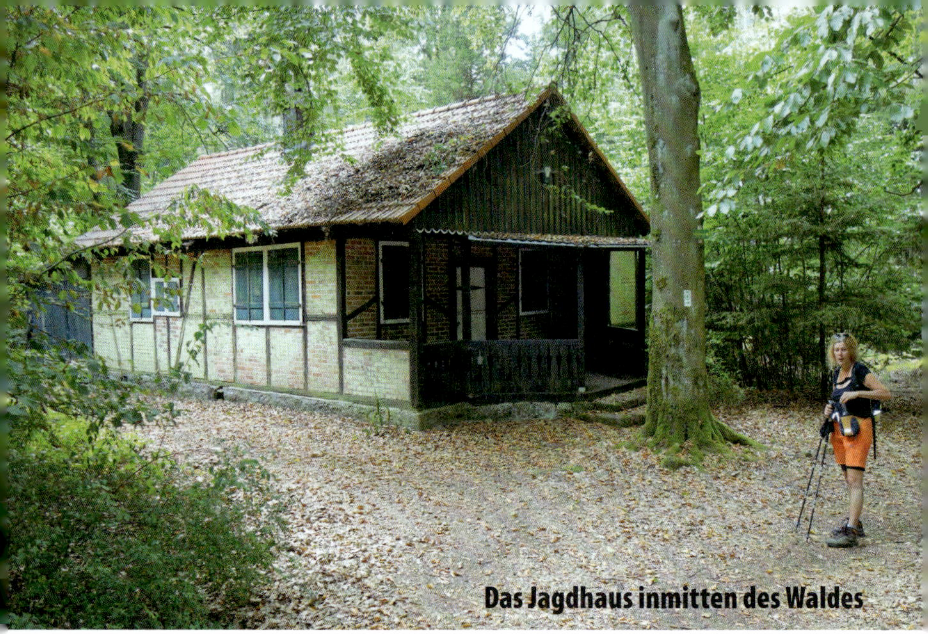

Das Jagdhaus inmitten des Waldes

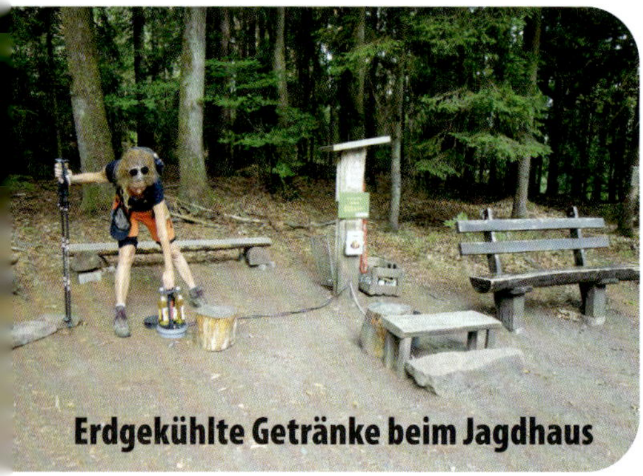

Erdgekühlte Getränke beim Jagdhaus

drücke wahr, die uns die Natur hier bietet. Im gemütlichen Tempo setzen wir unsere Wanderung fort. Bald schon kommen wir zur **Ablonehütte ❶.** Der Wald öffnet sich erneut und gibt auf der Weiten-Gesäßer Höhe eine faszinierende Aussicht frei. Jetzt halten wir uns scharf links und biegen in den Pfad ein, der zur **Köhlerplatte** abzweigt. Der weiche Waldboden ist überaus angenehm. Am Querweg gehen wir rechts und biegen halb links auf einen Wurzelpfad ab. Die Route führt nun bergan und der folgende Abschnitt bietet die Möglichkeit, barfuß zu gehen. Was für ein intensives Naturerlebnis, mit jedem Schritt sind wir vollkommen mit dem Wald verbunden. Beim Anziehen der Schuhe stellen wir fest, dass es an den Fußsohlen mächtig kribbelt, eine wahre Wohltat, eigentlich sollte man das viel öfter machen.

Umgeben von duftenden Nadelbäumen sowie Heidelbeerbüschen wenden wir uns nach einer Kuppe links und erreichen bald ein **Jagdhaus ❷.** Schräg gegenüber entdecken wir eine **Erfrischungsstation** mit erdgekühlten Getränken, tolle Idee. In die Erde wurden hierzu spezielle Vorrichtungen für Getränke versenkt, da muss man erst mal draufkommen. Nach einer kurzen Erfrischungspause wandern wir vor dem Jagdhaus zu einem schmalen Pfad, auf dem wir entspannt durch den Wald pilgern. Gleich schon kommen unsere Gedanken zur Ruhe und wir profitieren von der positiven Waldenergie, die man auch vom Waldbaden kennt und die mittlerweile wissenschaftlich erwiesen ist.

Einige Minuten später erreichen wir die Hütte am **Spindlersbrunnen ③**. Oberhalb der Hütte führt ein Forstweg weiter und bei einer Sitzbank biegen wir scharf links in einen breiten Weg ab. Nach rund

Für die Seele

Auf dem Weg zum Jagdschloss Eulbach kommen wir an paradiesischen Weiden sowie Wald- und Forsthütten vorbei. Seelengenuss: die Aussicht vom Zuckerbuckel.

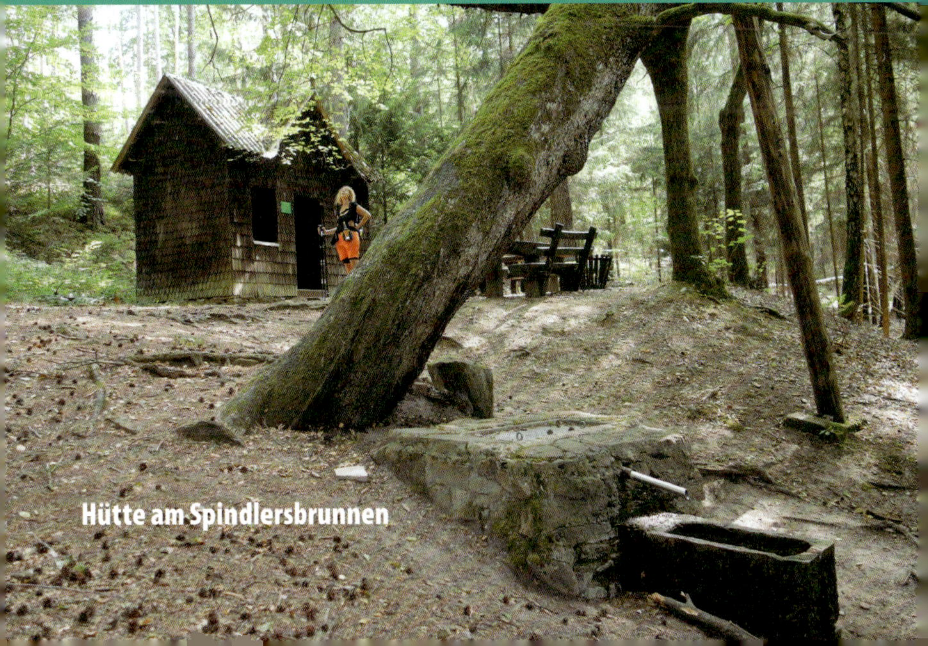

Hütte am Spindlersbrunnen

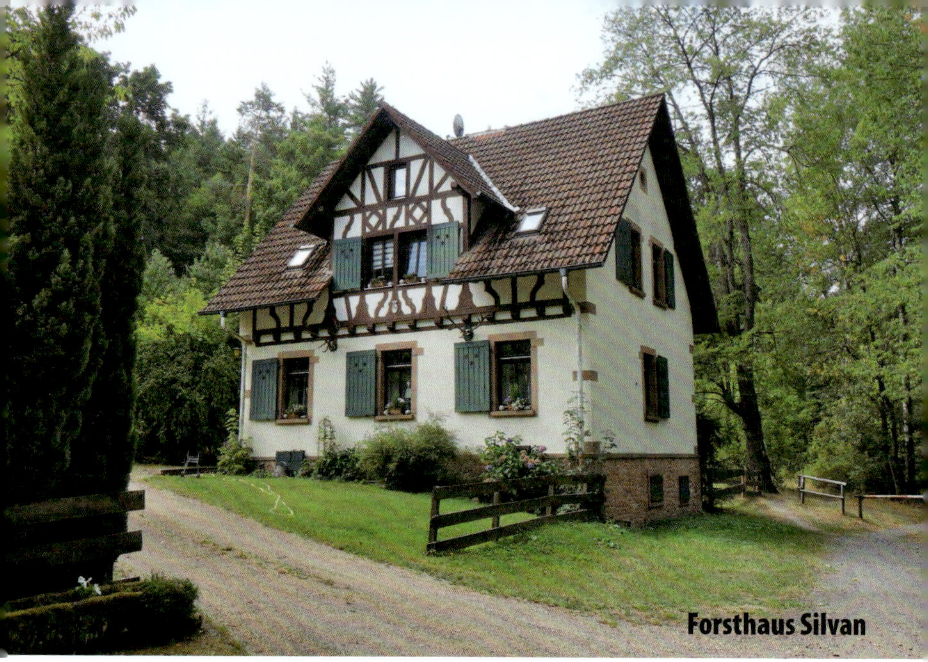

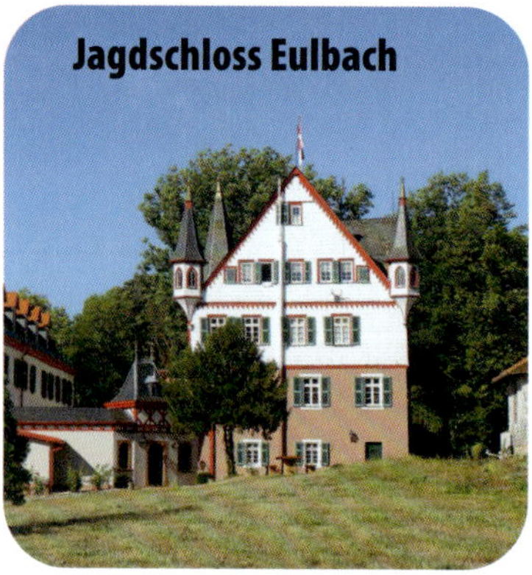

100 Metern schreiten wir an der Kreuzung rechts zum Waldpfad hinauf und laufen auf einer bewaldeten Erhebung. Dann schwenken wir in gleichbleibender Richtung wieder in einen Forstweg ein. Nun geht es über den Kornberg und an der Weggabelung halten wir uns links. Kurze Zeit darauf geht es auch schon wieder rechts und bald kommen wir gemütlich am **Forsthaus Silvan** ❹ an. Malerisch liegt es hier, eingebettet inmitten einer Waldschneise. Neben einem Gehege, das durch einen Zaun abgegrenzt ist, führt unser Wanderweg weiter und wir gelangen zur alten **Graf-Arthur-Fichte.** Hier folgen wir links der Pfadspur, die uns zur B47 bringt. Vor uns taucht das **Jagdschloss Eulbach** ❺ auf. Übrigens könnte man im angrenzenden **Forsthaus** auch einkehren, aber dazu fühlen wir uns mit unserem Wanderoutfit nicht wirklich passend gekleidet.

Wir folgen also dem Weg, der uns durch ein hölzernes Tor in das großzügige Parkareal führt. Leicht an Höhe verlierend, geht es nun für uns beständig gerade-

*Das **Jagdschloss Eulbach** wurde im Jahr 1771 von Franz I. Graf zu Erbach-Erbach erbaut und dient heute unter anderem als Residenz der Erbacher Grafen.*

aus zum 449 Meter hohen **Katzenbuckel.** Fasziniert stellen wir die Größe dieses Forstparks fest, unglaublich. Achtung, nicht zu verwechseln mit dem **Englischen Garten,** der sich quasi rechts des Forstparks befindet und äußerst sehenswert ist. Wer möchte, kann diesem ja später noch einen Extrabesuch abstatten – überaus lohnenswert, dort gibt es unter anderem auch ein Wildgehege.

Als wir das zweite Holztor durchschreiten, wiegen wir uns quasi wieder in Freiheit und wenden uns im Abstieg dem zweiten Linksabzweig zu. Nun folgen wir dem romantischen Pfad zu einer Freifläche, bei der wir oberhalb rechts auf einen wunderschönen Panoramaweg abbiegen. Von dort aus blicken wir wie von einem Aussichtsbalkon direkt auf das Bergdorf Weiten-Gesäß, das zu unseren Füßen liegt, echt malerisch! Am Horizont ragen der **Kleine Feldberg** (826 Meter hoch) sowie der **Große Feldberg** (879 Meter hoch) auf. Beide grüßen uns vom Taunus herüber. Was kann es Schöneres geben, als hier eine Rast einzulegen und die Kulisse der herrlichen Landschaft zu genießen. Wenn wir uns wieder auf Schusters Rappen begeben, erreichen wir bald darauf die hübsche **Zuckerbuckelhütte** ❻.

*Der **Englische Garten** zu Eulbach zählt zu den ältesten archäologischen Parks in Deutschland.*

Aussicht vom Zuckerbuckel

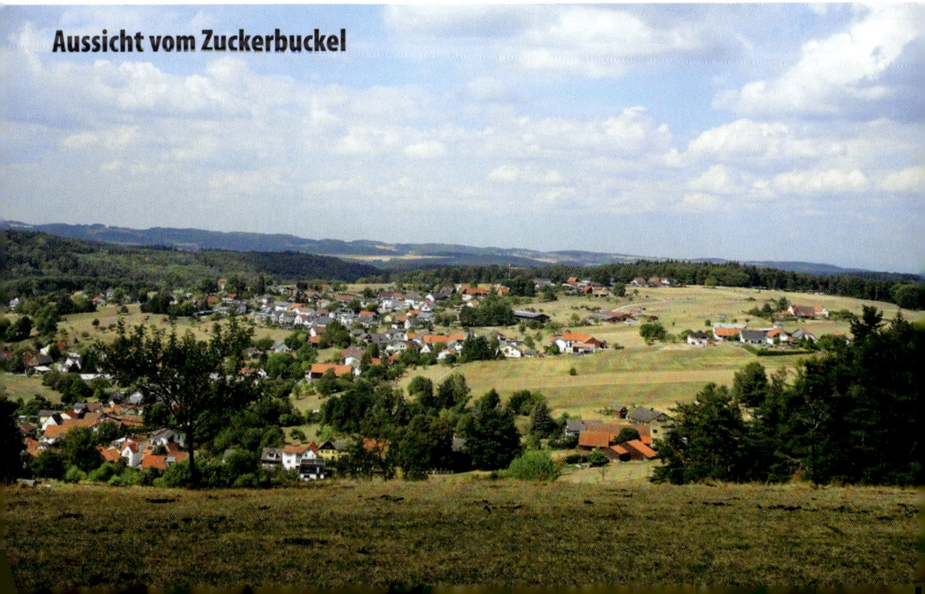

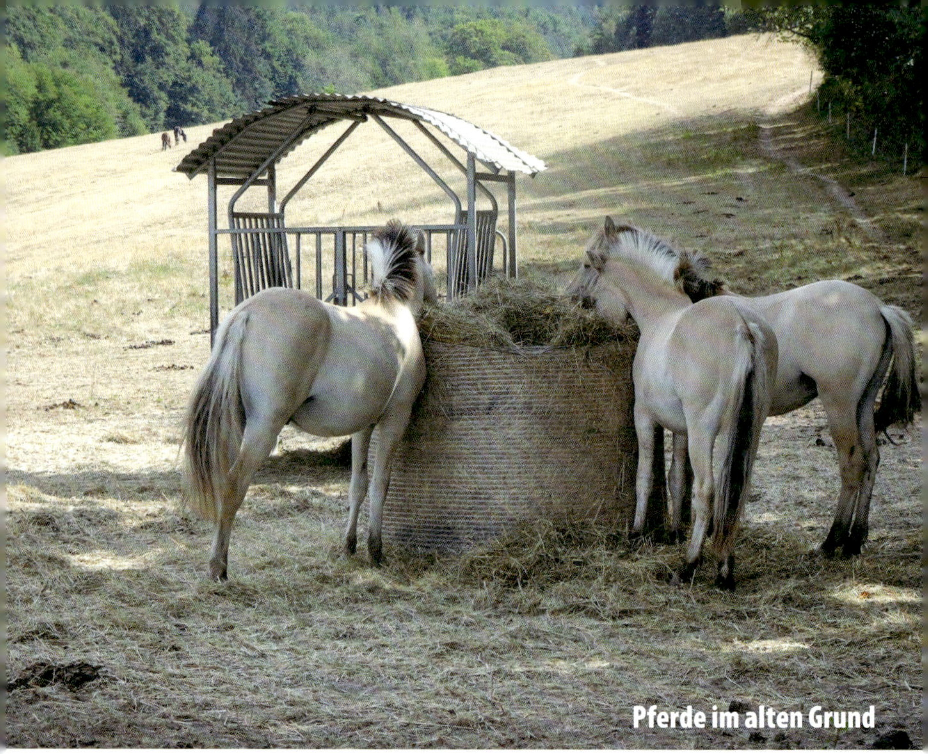

Pferde im alten Grund

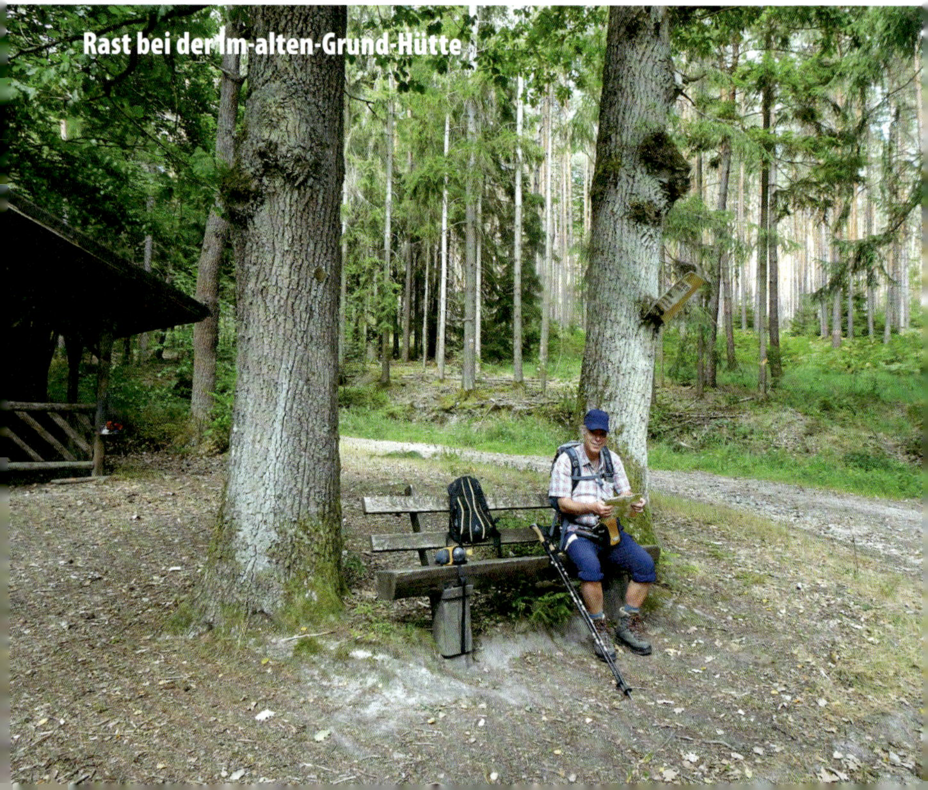

Rast bei der Im-alten-Grund-Hütte

Von dort aus führt ein Teerweg hinab durch einen kleinen Wald und wir gelangen in das Bergdorf, wo wir kurz der **Freiburgstraße** folgen. Am Trafohäuschen biegt rechts ein Pfad ab und führt neben einer landwirtschaftlichen Weide hinunter bis in den Talgrund. Pures Weideglück ist hier an der Tagesordnung, nicht nur für Rinder und Kühe, sondern auch für Pferde. Ein echtes Paradies für Tiere, hier dürfen sie ausgiebig grasen. Manche haben auch einen direkten Bachzugang, einfach sagenhaft. Im Tal geht's über den Bach, dahinter biegen wir im Wald links ab. Bald kommen wir am **Pferdehof Schimmelshütte** vorbei und folgen weiter dem plätschernden Bachlauf. Schön idyllisch ist es hier, wir verspüren in dieser herrlichen Umgebung ein pures Glücksgefühl.

Der Markierung folgend, schwenken wir leicht nach rechts und umwandern in der Nähe des Waldrands das liebliche Wiesental, bis wir die **Im-alten-Grund-Hütte** ⑦ streifen. Hier biegen wir links ab und gehen kurz darauf wieder links. Ein weiteres Highlight steht auf dem Programm, denn wir durchqueren das wildromantische Bachtal, einfach nur schön. Den Aufstieg dürfen wir uns mit wilden Brombeeren versüßen, denn Sträucher mit den wohlschmeckenden Beeren überwuchern den Pfad. Fast unmerklich schnell und beinahe völlig mühelos steigen wir so zum **Schmalberg** auf. Oben an-

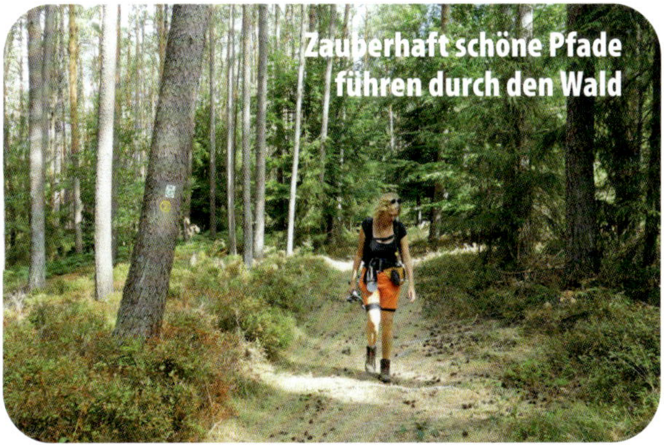

Zauberhaft schöne Pfade führen durch den Wald

gelangt, wandern wir nach links, am Hundesportplatz vorbei. Bei den ersten Häusern halten wir uns abermals links und gehen so in erhabener Lage und mit sagenhaftem Weitblick über das Umland auf das Bergdorf zu. Jetzt führt unsere Tour auf den Kronenweg, und zum Wanderausklang können wir im **Restaurant Zur Krone** 8 gutbürgerlich einkehren. Nach ausgiebiger Rast und gut gestärkt kehren wir nun zu unserem Ausgangspunkt zurück. Und wer doch noch nicht genug hat, kann jetzt das **Kneippbecken** zur Immunstärkung nutzen.

Ein malerisches Bergdorf in schöner Lage, das Heimatgefühle aufwirbelt und ganz viel Charme versprüht. Diese Tour möchten wir glatt noch einmal wandern.

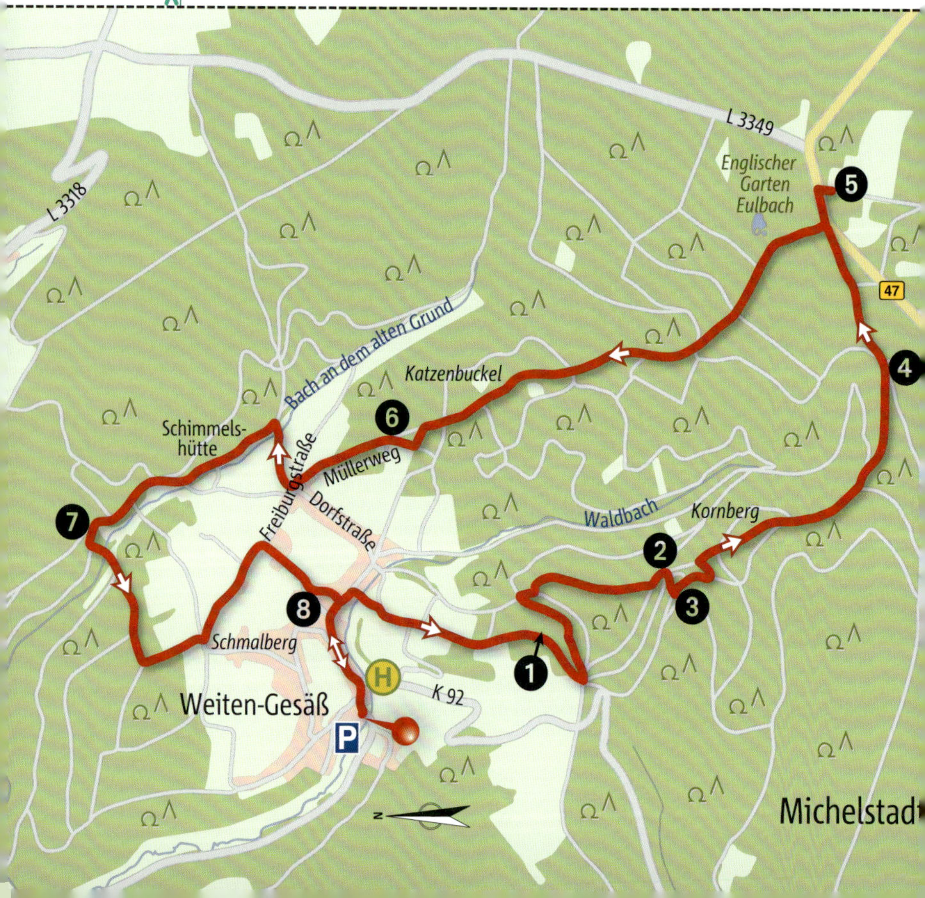

Alles auf einen Blick

WIE & WANN:
Die Waldwege und Pfade sind durchweg sehr gut begehbar.
Beste Wanderzeit von Ende April bis Anfang November.

HIN & WEG:
Auto: Anfahrt über die B45 nach Michelstadt und über den Pass hinüber nach Weiten-Gesäß.
Parkplatz an der Sport- und Vereinshalle, An den Hauswiesen 13A, 64720 Weiten-Gesäß (GPS: 49.701833, 9.039583) oder beim Kindergarten, Dorfstraße 36, 64720 Weiten-Gesäß (GPS: 49.703183, 9.045572)
ÖPNV: Bus 6, 41 von Erbach oder Michelstadt bis Haltestelle Weiten-Gesäß Abzweig Zell oder Weiten-Gesäß Berlieb

Entspannung ✸✸✸✸✸
Genuss ✸✸✸✸✸
Romantik ✸✸✸✸✸

ESSEN & ENTSPANNEN:
Forsthaus beim **Jagdschloss Eulbach** ❺ Jagdschloß 1, 64720 Michelstadt-Eulbach, Tel. (0 60 61) 9 69 86 69, www.forsthauseulbach.com
Restaurant Zur Krone ❽ Kronenweg 6, 64720 Weiten-Gesäß, Tel. (0 60 61) 22 89, www.hotel-zur-krone-michelstadt.de

ENTDECKEN & ERLEBEN:
Ablonehütte ❶
Jagdhaus ❷
Spindlersbrunnen ❸
Forsthaus Silvan ❹
Jagdschloss Eulbach ❺ siehe ESSEN & ENTSPANNEN
Zuckerbuckelhütte ❻
Im-alten-Grund-Hütte ❼

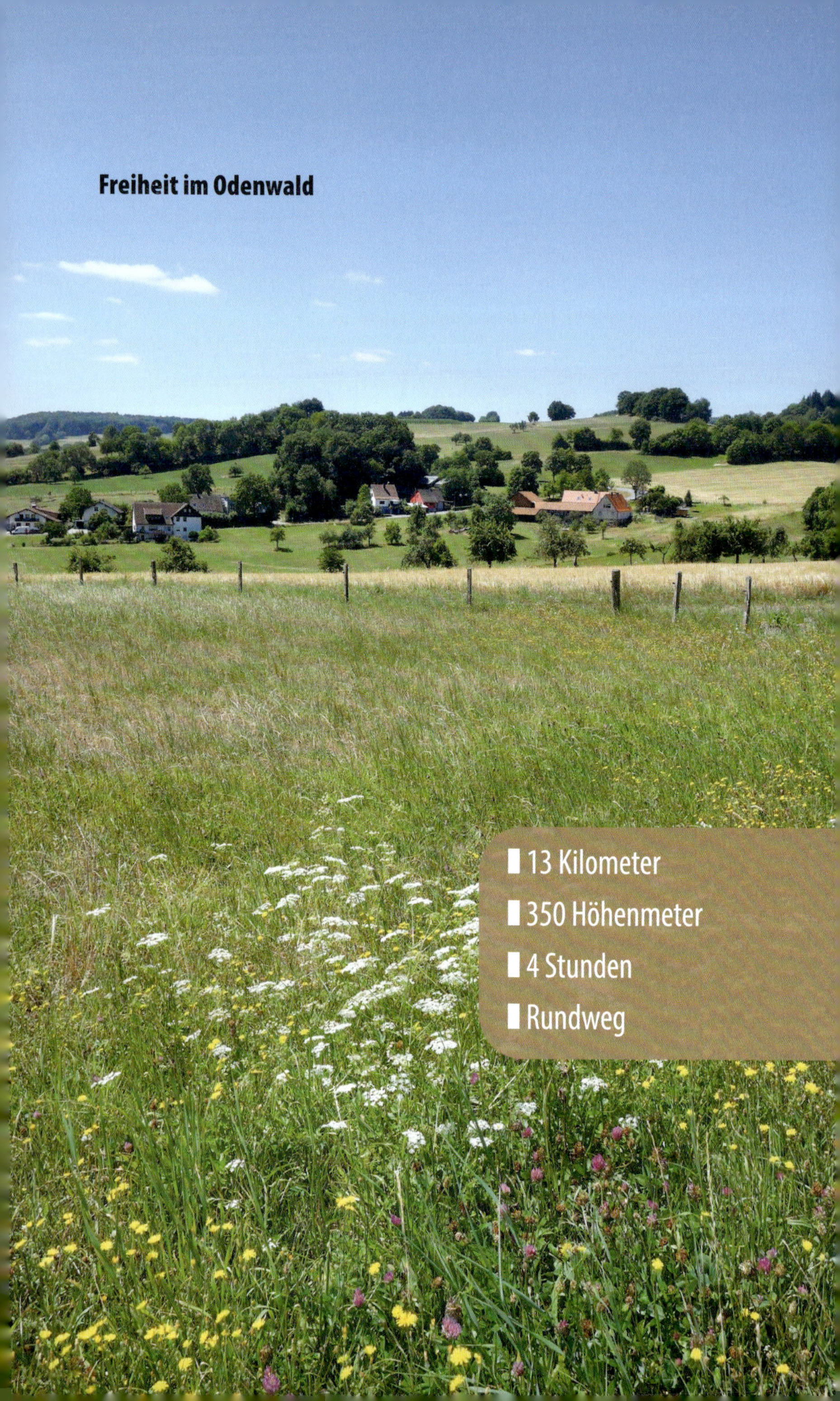
Freiheit im Odenwald
13 Kilometer
350 Höhenmeter
4 Stunden
Rundweg

Eine neue Wanderung steht heute auf unserem Programm und wir sind schon voller Erwartung, was wir wohl alles zu Gesicht bekommen werden. Das Wetter könnte besser nicht sein, ein Wolken-Sonne-Mix bietet ideale Voraussetzungen. Wir starten am großen Parkplatz gegenüber der **Reichenberg-Schule,** von der aus wir der **grünen R1-Markierung** entlang der Beerfurther Straße folgen. Wir überqueren die Hauptstraße und erreichen auch schon bald den schmucken **Rathausplatz von Reichelsheim ①.**

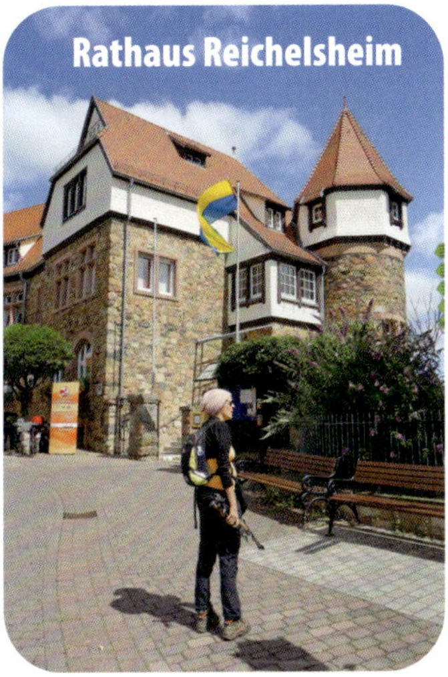

Gemütlich schlendern wir auf der **Laudenauer Straße** durch den Ort und wandern alsbald auf dem asphaltierten Feldweg weiter. Sogleich werden wir mit einem idyllischen Landblick belohnt. Vorbei an einer Sitzbank führt uns der Weg beständig bergan zum **Richtplatz ②.** Hier biegt unser Weg links ab. Kurz vor dem Wald können wir bei einer hölzernen **Himmelsliege** eine Panoramapause einlegen. Nachdem wir uns ein paar Minuten ausgeruht haben, wandern wir in den Wald und passieren eine Hütte, während unser Weg stetig ansteigt. Nach gut 400 Metern gehen wir rechts. Zum Glück bietet der Wald ein kühlendes Blätterdach, das uns den Anstieg enorm erleichtert. Bei der

Freiheitsgefühle

Sagenweg Wildweibchenstein

nächsten Gelegenheit spazieren wir links weiter bergan, unser Kreislauf läuft bereits auf Hochtouren. Auf einem Schotterweg bleiben wir vorerst noch im Wald, biegen dann nach einem **Felsgebilde** im spitzen Winkel rechts ab und genießen bald den herrlichen Blick entlang der Wiesen.

Jetzt kommen wir hinüber zur **Schutzhütte,** von der aus sich ein weitschweifender Blick ins Hinterland bietet, wow, so reizvoll kann Wandern sein. Der Panoramaweg bringt uns zur Siedlung **Freiheit ❸.** Welch ein grandioser Name für so einen schönen Ort, da möchte man doch auch gleich in Freiheit leben, eingebettet in eine schöne Landschaft, fast wie im Bilderbuch. Ob der deutsche Rockmusiker Marius Müller-Westernhagen auch schon hier in Freiheit war? Zumindest singt er von Freiheit. Oben auf einem Silo entdecken wir ein Storchennest; auch Störche wissen wohl, wo es schön ist. Beim Parkplatz könnten wir einen 400 Meter langen Stichweg gehen, der halb rechts hoch zum **Wildweibchenstein** führt, jedoch weist unsere Markierung rechts auf den Feldweg und führt in das stille Tal hinab. Im Wald laufen wir kurze Zeit später auch schon unterhalb

*Überlieferungen nach sollen einst zwei wilde Kräuterweiblein in einer Höhle am Fuß der Felsformation **Wildweibchenstein** gehaust haben.*

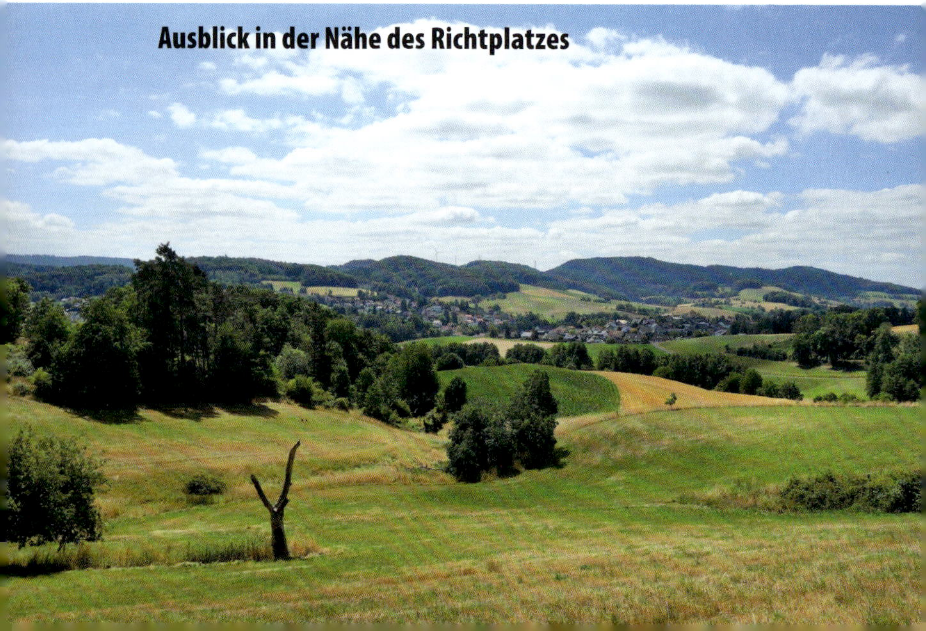

Ausblick in der Nähe des Richtplatzes

am Wildweibchenstein vorbei. Entlang des Wegs liegen immer wieder große Felsbrocken, verteilt in wilder Ordnung.

Interaktive Schilder erzählen Sagen und Geschichten der Region. Dazu müssen wir allerdings unser Handy zur Hand nehmen, aber das macht den Abstieg relativ kurzweilig. Dann erreichen wir den Felsen **Fallendes Wasser** ❹. Leider tröpfelt das Wasser heute nur seicht zu Boden, nach regenreichen Tagen fällt es hingegen aus 10 Metern Höhe herab und beschert dem Besucher einen gigantisch wirkenden Wasserfall. Schade, das hätten wir auch gerne gesehen, doch auch so hat das Naturdenkmal einen bleibenden Eindruck bei uns hinterlassen.

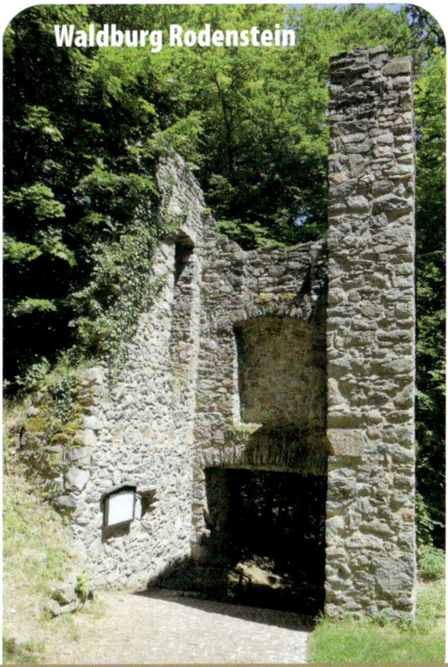

Waldburg Rodenstein

Für die Seele

Wandern in der Siedlung Freiheit, da fühlt man sich wahrlich frei. Von Reichelsheim geht es zur Ruine der Waldburg Rodenstein und zum Schloss Reichenberg.

Wir folgen weiter unserer Markierung, bis wir auf einmal wie aus dem Nichts mitten im tiefen Wald die **Burg Rodenstein** ❺ entdecken, fast wirkt sie etwas unheimlich, so im dunklen Forst. Die Waldburg wurde urkundlich 1240 als sogenannte Trutzburg erbaut, quasi als Gegenspieler zu Schloss Reichenberg. Ehrfürchtig erkunden wir die alten Mauern oder besser gesagt, was

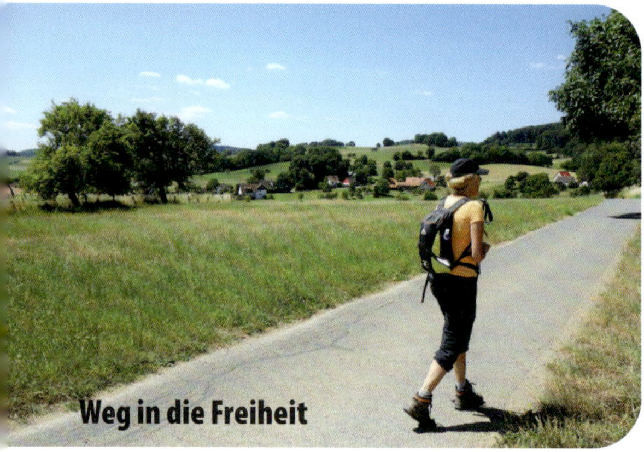

Weg in die Freiheit

davon noch übrig ist. Spannend sind auch die alten Sagen, zum Beispiel vom Ritter von Rodenstein. Dieser wurde von dem Geist seiner Frau Maria verflucht, weil er sie hochschwanger totschlug, als sie ihn zurückhalten wollte, abermals in den Kampf zu ziehen. So brachte der Fluch dem Ritter das Unheil, bis in alle Ewigkeit umherzuziehen und Unglück und Krieg zu verkünden, gruselige Vorstellung.

Nach diesem Ausflug in die Ritterzeit verlassen wir die Ruine über den unteren Ausgang und passieren dort einen hübschen Picknickplatz, bei dem wir ein ritterliches Rucksackmahl einnehmen können, quasi in mittelalterlichem Flair. Frisch gestärkt wandern wir hinab und wer möchte, kann rechts ins **Landgasthaus Rodenstein** einkehren. Weiter leitet uns der Weg zum Eberbach und dem **Eichbrünnchen** ❻. Hier lernen wir die Sage des Sonntagskinds kennen. Angeblich saß einst ein Mädchen an dieser Quelle, und als man sie fand und fragte, wo sie denn solange gewesen sei, ant-

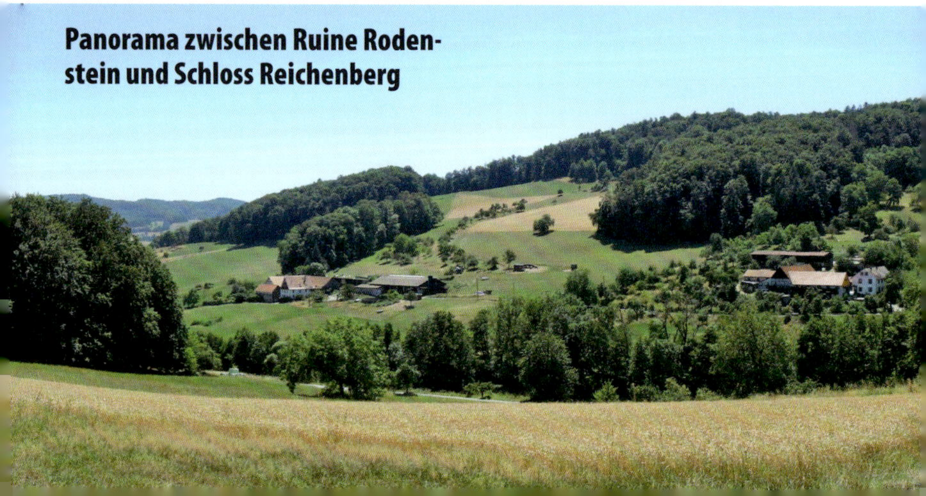

Panorama zwischen Ruine Rodenstein und Schloss Reichenberg

wortete sie: „Seht ihr die Goldene Kutsche nicht, die für mich bereitsteht?“ Keiner konnte sie sehen! Der Sage nach soll diese Gnade nur Sonntagskindern beschert sein, leider sind wir beide an anderen Wochentagen geboren.

Nach dieser netten Anekdote wandern wir auf feinem Schotter leicht bergan, und am Ende einer Lichtung bietet sich uns wiederholt eine **Himmelliege** an. Jetzt wäre eine optimale Gelegenheit zur inneren Einkehr. Wir legen uns auf die Liege, schließen unsere Augen, atmen ein paarmal tief ein und aus, bis wir tiefen Frieden in uns spüren. In diesem Zustand können wir dann Richtung Himmel blicken, unsere Gedanken beobachten oder einfach nur den Wolken zuschauen. Einfach genial, wie gechillt wir nun, fast von allein, den Berg emporsteigen. Nach der Kuppe erschließt sich uns ein malerischer Blick über Wiesen und Felder. Beim **Parkplatz Rodenstein** biegen wir rechts ab und ge-

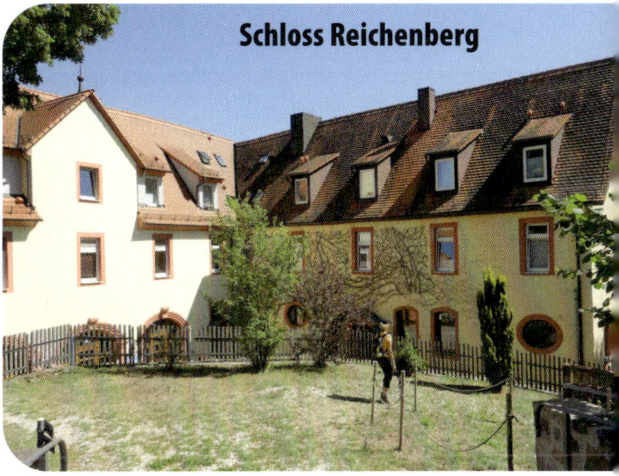

Schloss Reichenberg

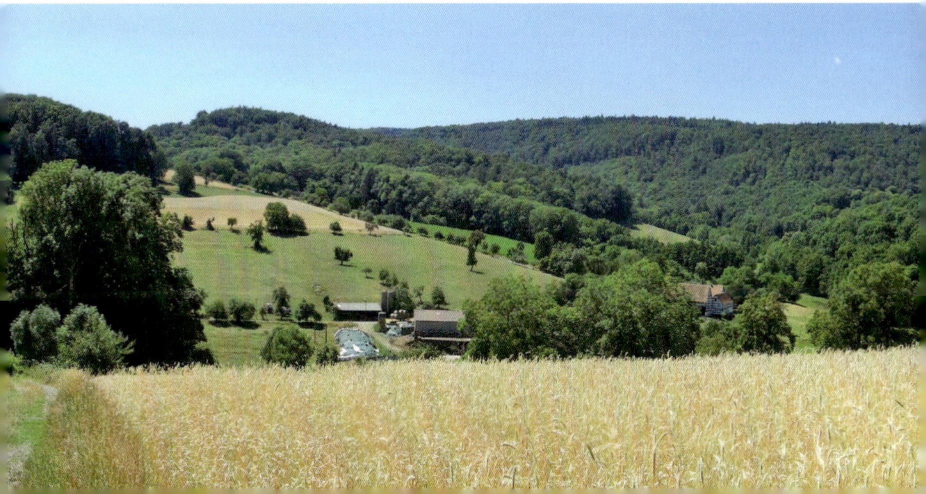

*Die **Wildkirsche** hat eine verdauungsfördernde sowie entzündungshemmende Wirkung und stärkt zudem das Herz-Kreislauf-System.*

hen an der folgenden Kreuzung geradeaus dem Wald entgegen. Überall wachsen wilde Beeren in Hülle und Fülle. Auch die Wildkirsche begegnet uns heute ringsherum entlang der Tour, sie wächst meist an Hecken oder an Waldrändern.

Achtung, ein Pfad leitet rechts aus dem Forst, hier können wir zur **Röders Hütte** abbiegen, wo man innerhalb von etwa 5 Minuten Fußmarsch eine gemütliche Rast einlegen kann. Wir wandern im Wald weiter. Sobald er sich öffnet, können wir hinüber nach Reichelsheim und zum Schloss Reichenberg sehen. Nun gehen wir rechts und kommen auf einer schmalen Straße an einem Bauernhof und einem Hotel vorbei. Gegenüber einer Hofeinfahrt wenden wir uns halb links dem Feldweg zu. Umgeben von weitem Land biegen wir bei einer Sitzbank rechts ab und kreuzen etwas später am **Klingenberg** eine Landstraße. Kurz danach führt ein Weg nach links ab und wir kommen an mehreren Vereinsheimen vorbei. Sobald unsere Markierung nach rechts weist, entdecken wir links unterhalb des Wegs eine Hütte, wandern aber bergauf und biegen oben links in einen Feldweg ab. Der Blick gleitet vielversprechend auf Beerfurth hinab. Ein herrlicher Pfad führt uns rechts des Walds flink zum Fahrweg, der uns dann zum prächtigen **Schloss Reichenberg** ⑦ bringt. Wahrlich ein echtes Schmuckstück, das auf eine mehr als 700-jährige Geschichte der Grafschaft Erbach zurückblicken kann.

Ein Stein im Schuh, der drückt …

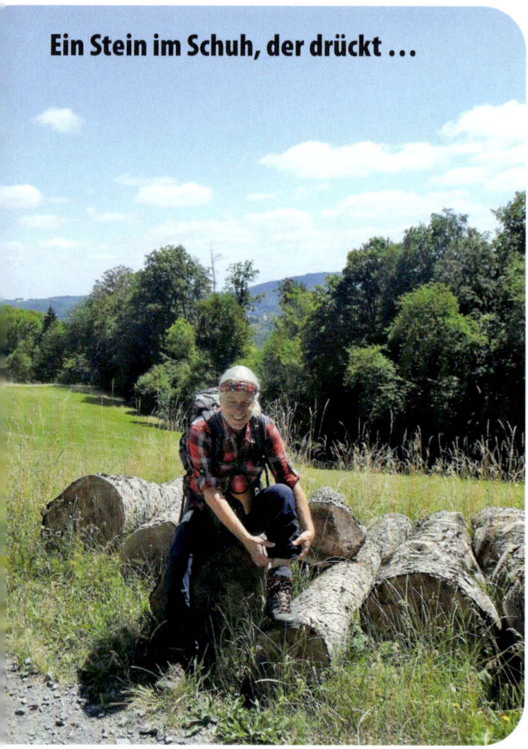

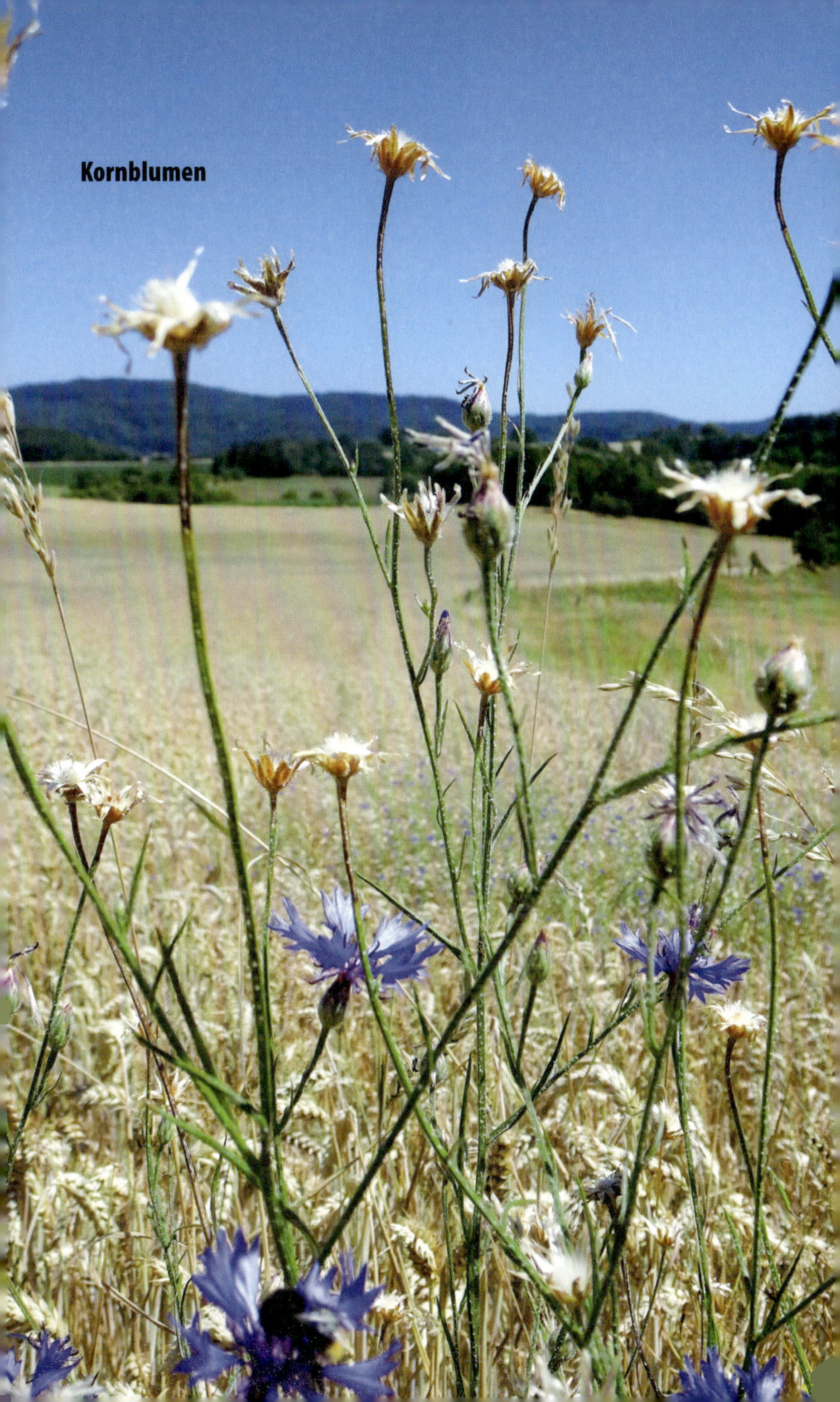
Kornblumen

Entschleunigungstour 13

> *Wer tiefer in die **Schlossgeschichte** einsteigen möchte, hat nach Voranmeldung bei einer Besichtigung Gelegenheit dazu.*

Wir genießen zum Abschluss noch einen Cappuccino und ein Stück leckeren Kuchen im **Schlosscafé.** Das haben wir uns heute mehr als verdient. Zurück gehen wir den Stichweg, der uns an schmucken Gärten vorbeiführt, bis wir wieder auf unserer Route mit der R1-Markierung sind. Diese weist uns im beständigen Abwärtsgang den Weg zu unserem Parkplatz. Wer seine Badesachen im Gepäck hat, kann sich im angrenzenden **Freibad** im wahrsten Sinne des Wortes abkühlen. Bei dieser Wanderung kommt jeder auf seine Kosten. Malerische Landschaft, weite Blicke, eine sagenumwobene Burg, ein Schloss und einige Einkehrmöglichkeiten.

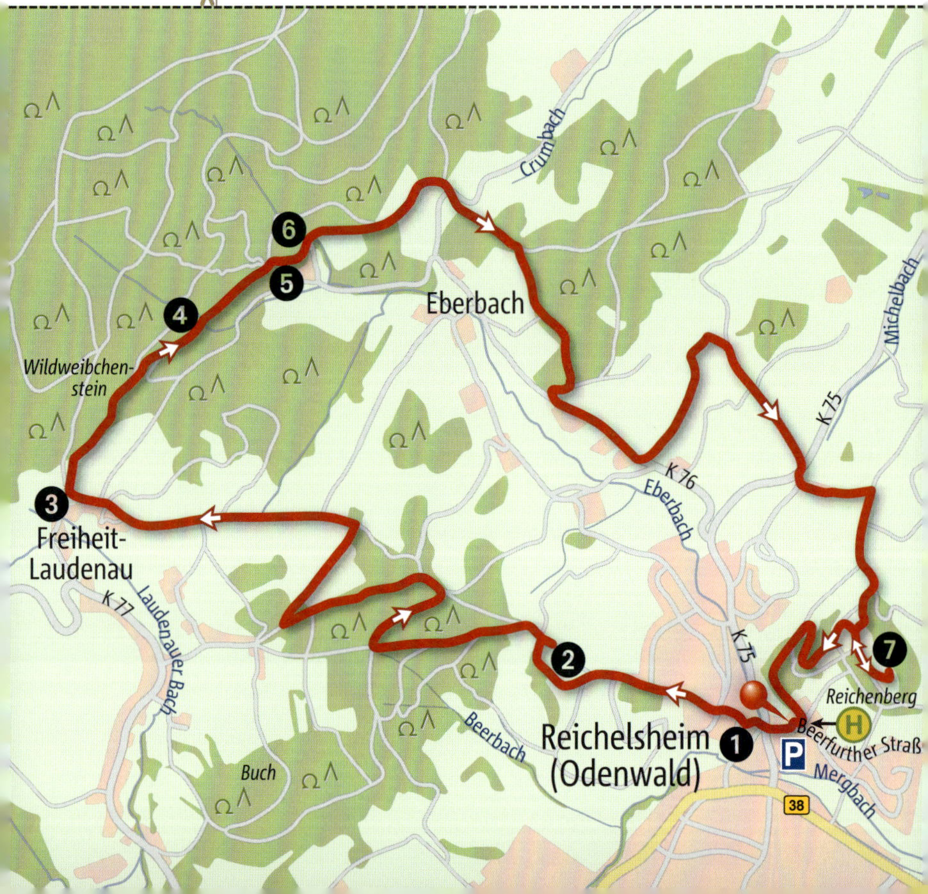

Alles auf einen Blick

WIE & WANN:
Die Wegbeschaffenheit ist durchweg sehr gut, meist breite Wanderwege.
Beste Wanderzeit von März bis November.

HIN & WEG:
Auto: B38 nach Reichelsheim, dort zur Beerfurther Straße.
Großer Parkplatz bei der Reichenbergschule/Halle (neben der Feuerwehr),
64385 Reichelsheim (GPS: 49.714917, 8.842333)
ÖPNV: Bus 10, 665, 693, ERB30 von Erbach, Bensheim, Fürth oder Reinheim
bis Haltestelle Reichelsheim Grundschule
oder Reichelsheim Reichenberghalle

ESSEN & ENTSPANNEN:
Landgasthaus unterhalb der **Burg Rodenstein** ❺ An der Burgruine,
64407 Fränkisch-Crumbach, Tel. (0 61 64) 10 87
Café beim **Schloss Reichenberg** ❼ Schloss Reichenberg 1,
64385 Reichelsheim, Tel. (0 61 64) 93 06-1 09

ENTDECKEN & ERLEBEN:
Rathausplatz von Reichelsheim ❶
Richtplatz ❷

Entspannung ★★★★★
Genuss ★★★☆☆
Romantik ★★★★★

Freiheit ❸
Fallendes Wasser ❹
Burg Rodenstein ❺ siehe ESSEN & ENTSPANNEN
Eichbrünnchen ❻
Schloss Reichenberg ❼ siehe ESSEN & ENTSPANNEN

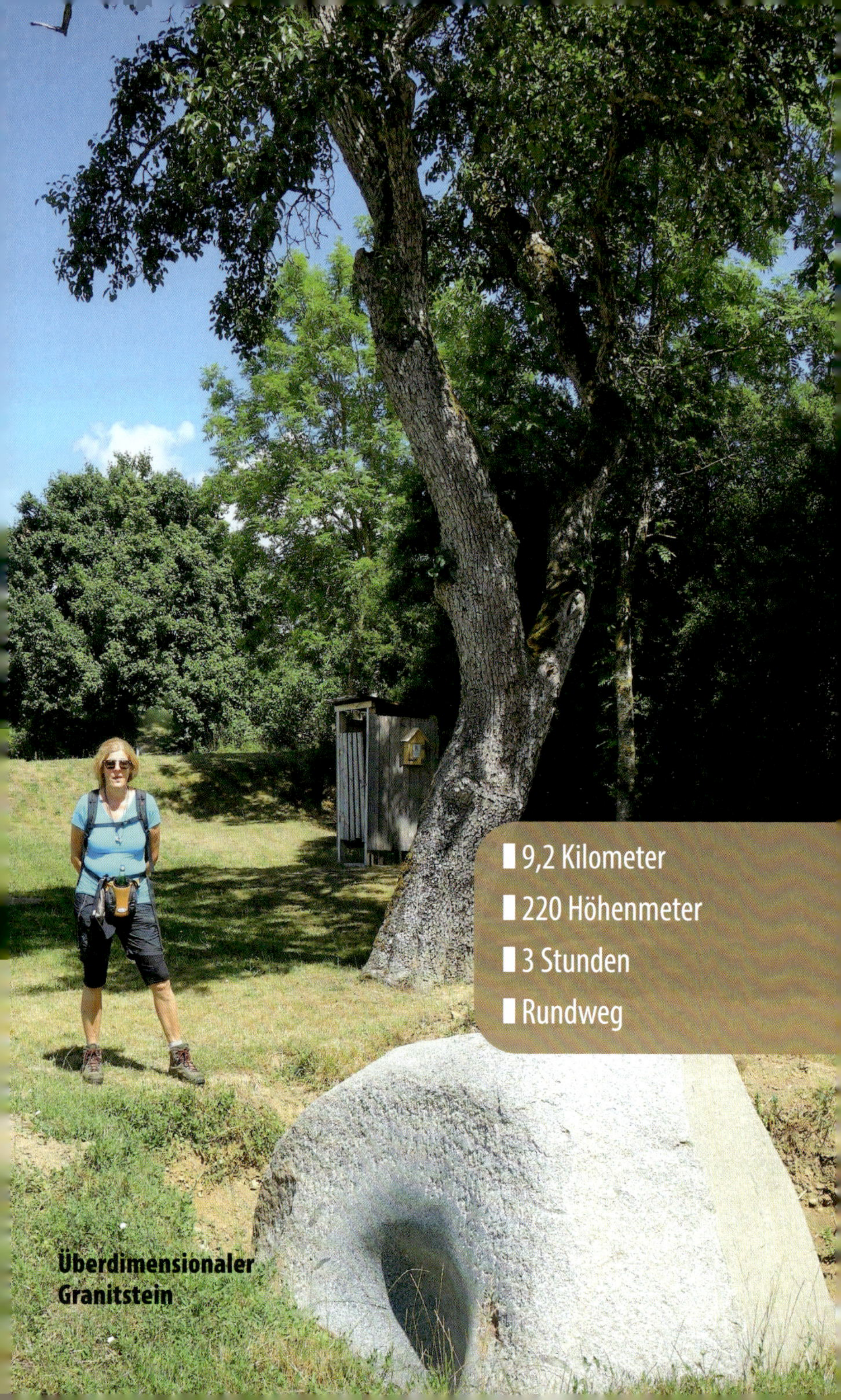

- 9,2 Kilometer
- 220 Höhenmeter
- 3 Stunden
- Rundweg

Überdimensionaler Granitstein

Heute sind wir unterwegs auf den Spuren der Römer und wir sind schon mächtig gespannt auf diese Zeitreise, die uns fast 2000 Jahre zurück in die Vergangenheit entführt. Wir starten unsere Tour am **Parkplatz Limes,** der direkt hinter der Palisaden-Rekonstruktion liegt. Als Orientierung dient uns das **rote R,** das für den Merkur-RÖMERPFAD steht. Zahlreiche Schilder am Wegesrand vermitteln uns überdies zusätzliches Wissen über die Römerzeit.

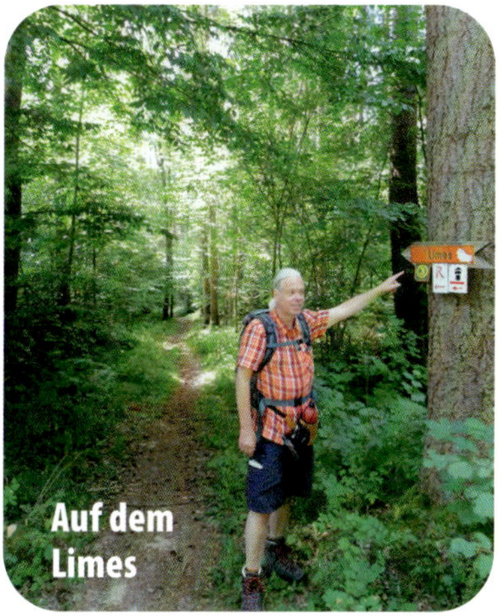

Auf dem Limes

Wir folgen der Markierung, die uns nach etwa 200 Metern zu einem nach rechts abzweigenden, grasbewachsenen **Waldpfad** führt, und durchwandern eine urwüchsige kleine Senke. Sofort gelingt es uns, herunterzukommen; von der schönen Natur sind wir völlig hingerissen. Wir befinden uns jetzt auf dem Limes, er war sozusagen die Außengrenze des römischen Reichs, bemerkenswert. Links entdecken wir die Grundmauern eines **römischen Wachturms.**

Waldbeerenglück

Merkurpfad RÖMERPFAD

Hier mussten damals also die Wachleute ihre Grenzen überwachen und Ausschau halten. Der paradiesische Pfad führt uns weiter am Limes entlang und wir lauschen dem Konzert verschiedener Vogelarten. Die Komposition aus Gräsern, Kräutern und Farnen erinnert an eine urwaldähnliche Vegetation. So reizvoll

***Merkur** war in der römischen Religion ein Götterbote, der für Händler und Diebe einstand.*

kann Wandern sein, gleich kommt pure Lebensfreude auf. Parallel unseres Wegs erkennen wir eine Hangkante, die den **Limes-Wall** markiert.

Beim Überqueren der Bofsheimer Landstraße ist Umsicht geboten. Gemächlich folgen wir anschließend der Markierung, die uns alsbald aus dem Wald geleitet. Weite Ackerlandflächen liegen vor uns. Wir schreiten geradewegs über den Wiesenpfad, der uns auf einen Forst zuführt. Oben wandern wir zwischen Feld und Ackerland und genießen den landwirtschaftlichen Ausblick, bis wir in den schattigen Wald eintauchen. Der überaus romantische Wurzelpfad bietet eine leckere Abwechslung, denn wir können uns an den Himbeerhecken die Strecke versüßen. Entlang des Wegs bietet sich eine enorme Vielfalt an Pflanzen, die unser Wanderherz fasziniert und uns den Weg kurzweilig erscheinen lässt.

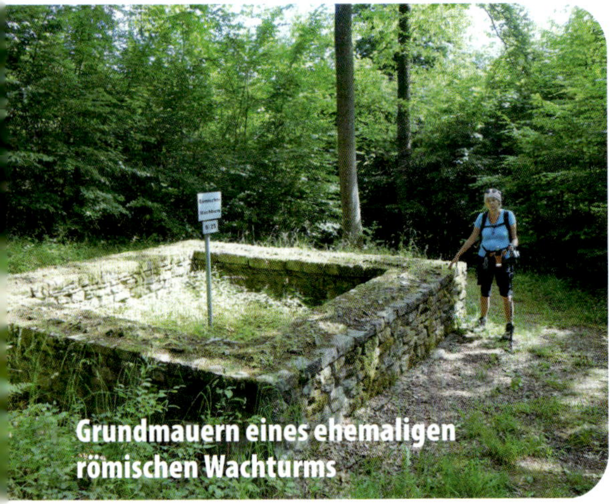
Grundmauern eines ehemaligen römischen Wachturms

Sobald sich der Wald öffnet, folgen wir dem asphaltierten Weg nach links. Gegenüber einer Streuobstwiese führt uns die weich bewachsene Pfadspur zum **Löhleinsbrunnen** ❶. Wer möchte, kann den kleinen Tümpel rechts unterhalb umrunden und sich dabei an den Libellen erfreuen, die hier wie wild in der Luft umeinanderschwirren. Beim Brunnen gehen wir zweimal links und gelangen wieder zurück zum asphaltierten Weg. Dort wandern wir rechts hinab und kommen zu einem überdimensionalen **Granitstein** ❷ mit einem Gewicht von 16 Tonnen. Ob das wohl der Hinkelstein von Obelix war? Nun können wir uns körperlich betätigen, denn was aussieht wie ein WC-Häuschen, enthält

Schaufel und Spaten, und man darf hier den Stein weiter ausgraben. Anschließend kann man auf dem Picknickplatz eine verdiente Ruhepause einlegen.

Am Ende des Wegs queren wir die Straße und erkennen links die Häuser von **Bofsheim.** In einer Rechtskurve folgen wir dem heckengesäumten Wiesenweg, überall wachsen Schlehen. Man sollte sie allerdings erst nach dem ersten Frost ernten und kann sie lecker zu Marmelade, Säften, Likör oder Tee verarbeiten. Seit der Römerzeit wurde die Schlehe in Mitteleuropa kultiviert, also wussten schon die Römer von den enormen Heilkräften der blauen Beere.

*Die **Schlehe** ist eine fast in Vergessenheit geratene Heilpflanze, unter anderem hilfreich bei Erkältung oder Verdauungsproblemen. Zudem wirkt sie harntreibend, präventiv angewandt stärkt sie das Immunsystem.*

Nach dieser kleinen naturkundlichen Ausführung wenden wir uns neben der Straße nach links dem **Neuenbergweg** zu. Schon wieder geht es in den Wald, dessen angenehme Temperatur wir als überaus wohltuend empfinden. Der Duft der Himbeere inspiriert uns, nach dem roten Gewächs Ausschau zu halten. Und ja, wir werden fündig und genießen die wohlschmeckende Frucht, die hundertfach am Wegesrand wächst. Wir bleiben auf dem breiten Weg, bis uns das rote R rechts auf den Pfad weist, der uns geradewegs zum **Petersbrunnen** ③ führt. Hier können wir uns etwas bei der **Bank am Brünnele** ausruhen und die Arme und Füße kühlen.

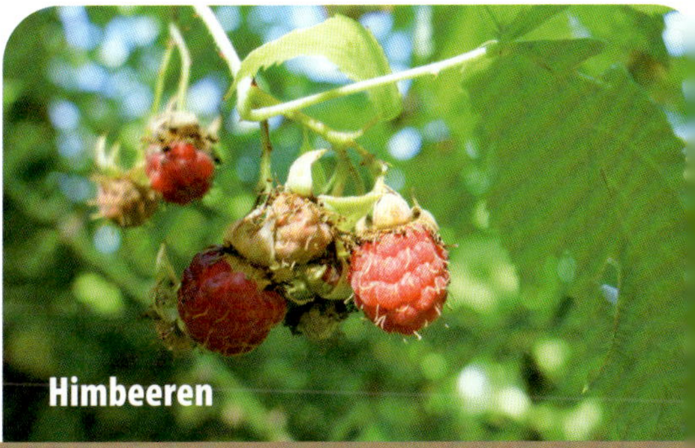

Himbeeren

Für die Seele

Auf dem Merkurpfad reisen wir in die ferne Vergangenheit. Tolle Landschaft, ausgedehnte urwüchsige Pfade und ganz viel Wissensinput am Limes.

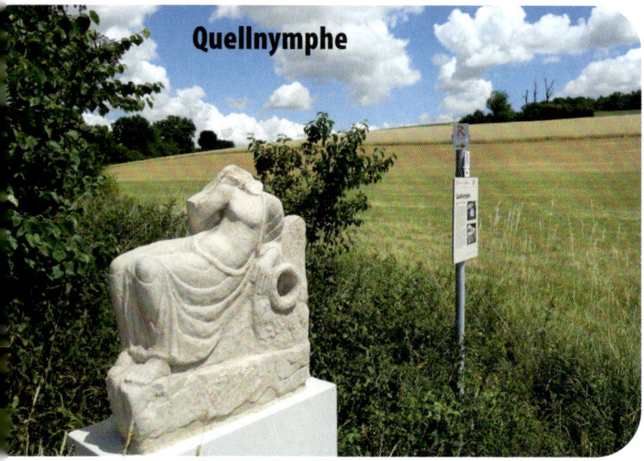

Am Ende des Walds gehen wir am Feldrand rechts auf eine Kuppe. Der weite Blick fasziniert, an einer Sitzbank machen wir eine kleine Ruhepause und genießen die prächtige Landschaft. Weiter geht es nach links. Wir durchqueren einen kleinen Wald und gehen dann rechts am leuchtenden Ährengold, an den Feldern, vorbei. Bald überqueren wir aussichtsreich eine Landstraße. Hinter der Fahrbahn führt uns ein **Feldweg** weiter und bringt uns hinab in den Talgrund eines lieblichen Wiesentals. Was kann es Wundervolleres geben, als in so einer schönen Landschaft die Natur zu durchstreifen – vor allem an einem sonnigen Tag? Rundum zufrieden biegen wir nun halb rechts in den Wald ein und laufen auf weichem Waldboden leichtfüßig weiter. Kurz nach dem Wald erreichen wir die Skulptur der **Quellnymphe ④.**

In alten Kulturen galt eine ***Quelle,*** *an der Wasser aus dem Boden sprudelt, als heilig und wurde besonders verehrt.*

Bei den Römern bewohnten Nymphen die Quelle, deshalb wurde hier auf dem RÖMERPFAD die Skulptur als Symbol für die drei Brunnen aufgestellt, die jetzt durch den Merkurpfad miteinander verbunden sind. Ein paar Meter weiter schreiten wir rechts über die Wiese, bis uns ein Feldweg aufnimmt. Felder, Wiesen, Auen und Wälder, so weit das Auge blicken kann, welch eine Kraftoase. Unter einer Stromleitung biegt der Weg rechts ab und wir gelangen im Wald zum **Finsterhäldeweg.** Sanft geht es hinauf zum **Giesweg.** Wiederum prägen Wiesen, Ackerland und Wald das wechselnde Landschaftsbild. Links versetzt geht es zum **Säubrünnle ⑤,** das wir über einen kurzen Stichweg erreichen. Hier bietet sich der ideale Platz für eine erfrischende

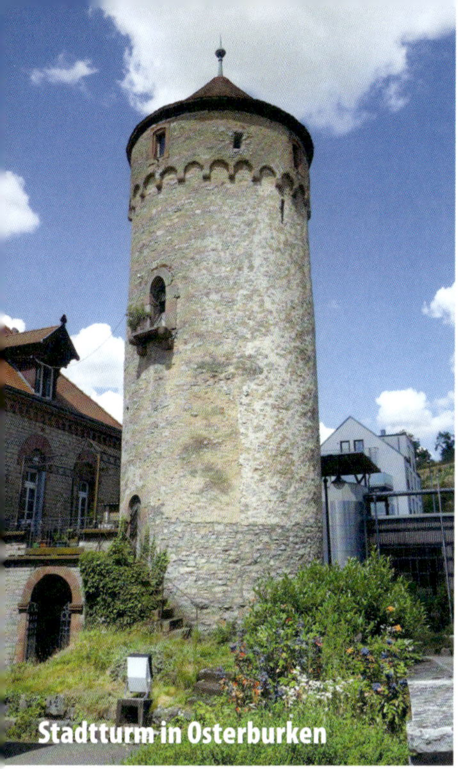

Stadtturm in Osterburken

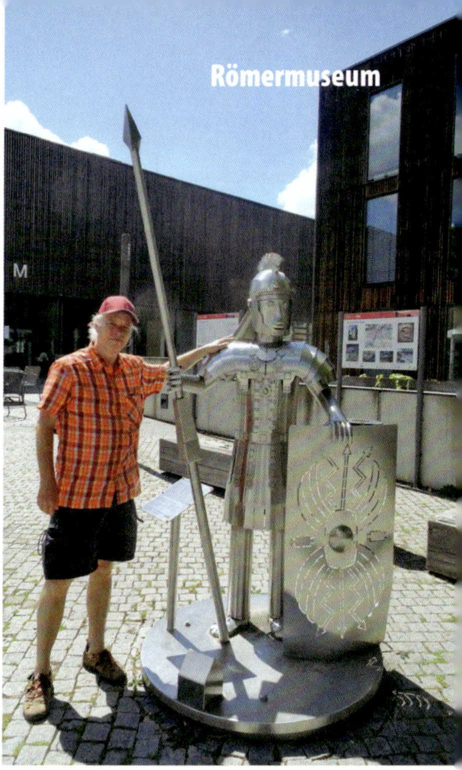

Römermuseum

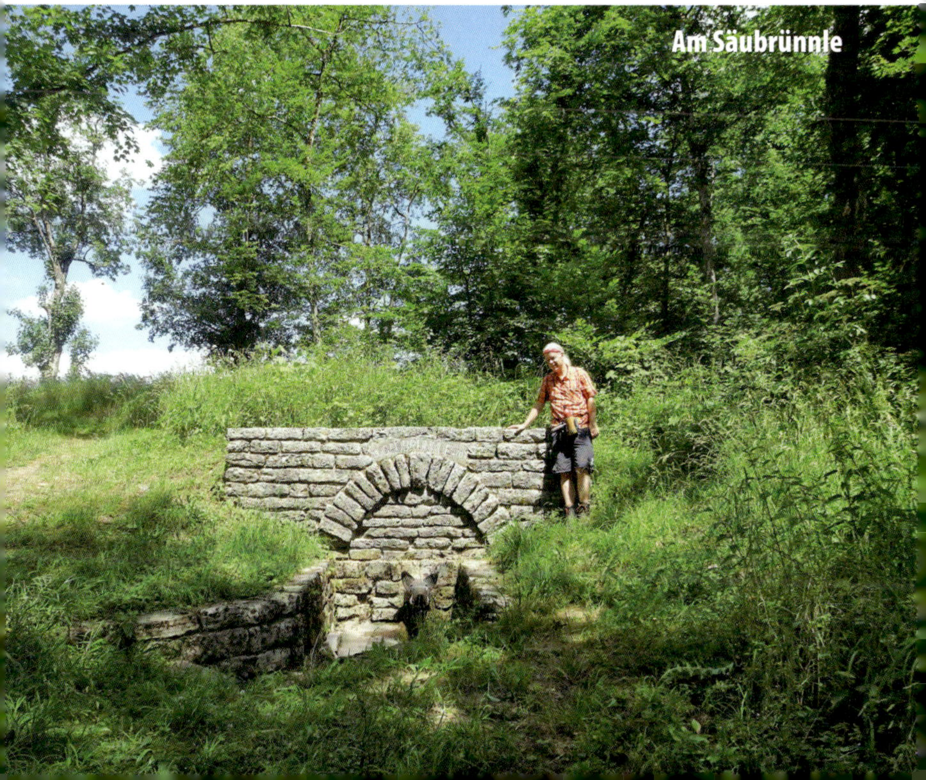

Am Säubrünnle

In Osterburken können wir im ***Römermuseum*** *unser Wissen erweitern. Die Zeitreise zu den Römern findet am Römerkastell im Limes-Park ihren Ausklang.*

Rast sowie ein kleines Rucksackvesper. Niedlich, hier plätschert das Wasser durch einen metallischen Saukopf in ein Rinnsal, das in einen kleinen Bach mündet.

Weiter auf dem RÖMERPFAD biegen wir nach 250 Metern links in den Wald ein und sind jetzt wieder auf dem Wegabschnitt, den wir bereits kennen. Am **roten R** können wir uns zudem orientieren, damit wir den Rückweg auch zielsicher finden. Da uns der Weg bekannt ist, können wir jetzt bewusst durch den Wald laufen und die Eindrücke mit allen Sinnen vollends in uns aufnehmen. So tanken wir pure Lebensenergie für die kommenden Tage. Entspannt erreichen wir unseren Ausgangspunkt. Im **Eiscafé Italia** in Osterburken neben der Kirche munden die Eisbecher.

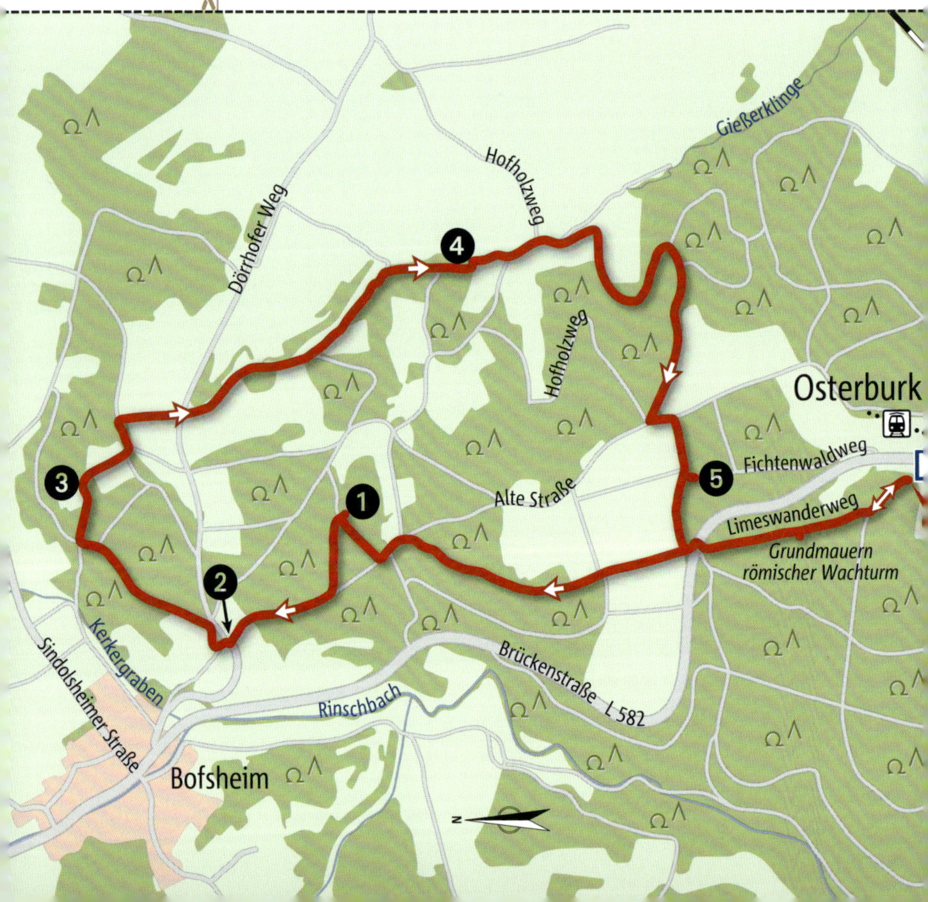

Alles auf einen Blick

WIE & WANN:
Die Wege sind häufig naturbelassene Pfade, oft auf weichem Untergrund.
Beste Wanderzeit von Anfang März bis Ende November.

HIN & WEG:
Auto: Anfahrt über die A81, Ausfahrt Osterburken, B292, dort zur Bofsheimer Straße und aus der Stadt herausfahren; kurz nach der Schießanlage Osterburken (Schützenhaus) geht es links ab.
Parkplatz Limes, links am Waldeck, 74706 Osterburken (GPS: 49.447000, 9.425917)
ÖPNV: Bus 9, 844, S1, RB18, RB84, RB85, RE2, RE8 von Weißbach, Bieringen, Krautheim, Homburg, Stuttgart, Würzburg, Tübingen, Lauda oder Kaiserslautern bis Osterburken Bahnhof

ESSEN & ENTSPANNEN:
Bitte an Rucksackverpflegung denken.

ENTDECKEN & ERLEBEN:
Löhleinsbrunnen ❶
Granitstein ❷
Petersbrunnen ❸
Quellnymphe ❹
Säubrünnle ❺

Entspannung ★★★★★
Genuss ★★★★★
Romantik ★★★★☆

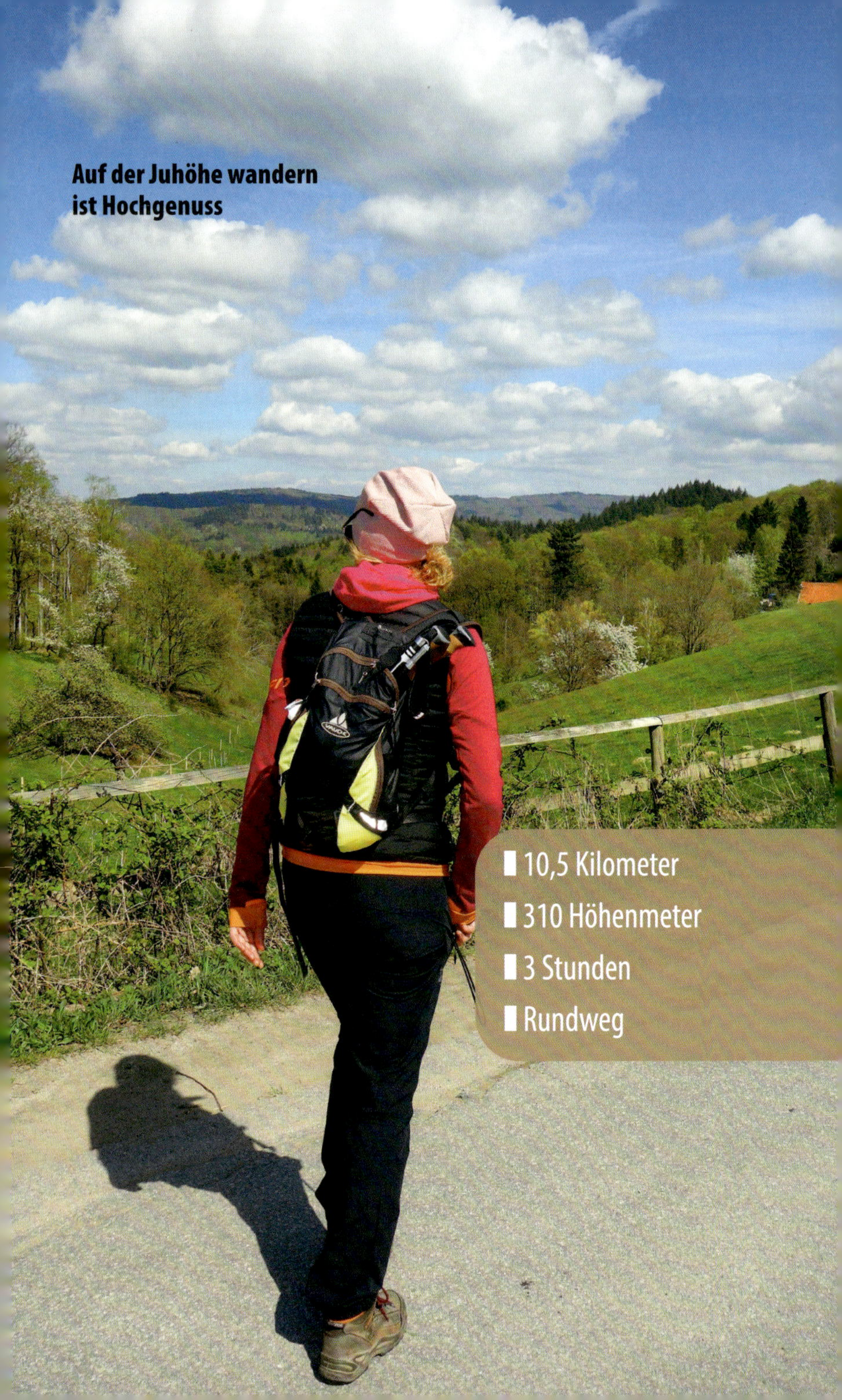

Auf der Juhöhe wandern ist Hochgenuss

- 10,5 Kilometer
- 310 Höhenmeter
- 3 Stunden
- Rundweg

Voll Vorfreude starten wir in einen aussichtsreichen Wandertag. Juchhu! Wir sind auf der **Juhöhe.** Nordöstlich von Mörlenbach und von Heppenheim kommend sind wir über die kehrenreiche Strecke heraufgefahren. Am **Parkplatz Frauenhecke** beginnen wir unsere Tour. Sogleich erkennen wir zwischen Wald und Ortsrandlage die **grüne Markierung M5,** die uns heute als Orientierung unterstützt. Weitläufiges Weideland breitet sich vor uns aus, gespickt mit bunt blühenden Wiesenblumen, die wie lustige Farbtupfer aussehen. Augenblicklich sind wir im Wandermodus angekommen. Sofort stellt sich ein Gefühl von Verbundenheit ein. Einfach herrlich, wie perfekt und vollkommen sich Mutter Natur nach den kargen Wintermonaten wieder präsentiert.

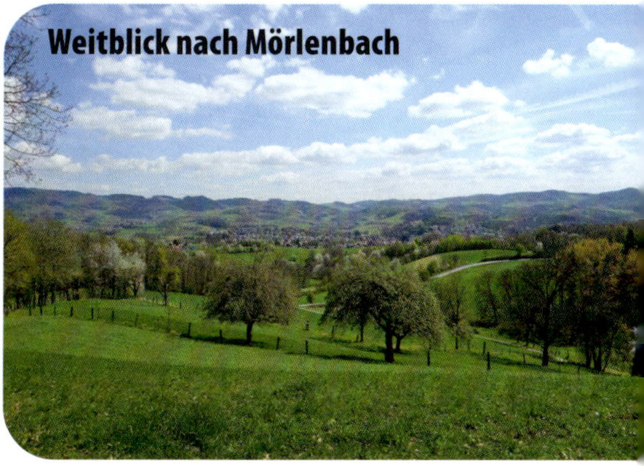
Weitblick nach Mörlenbach

Spruchreif

Bonsweiher-Wanderung

Wir passieren das Waldeck **Frauenhecke,** behalten unsere Wanderrichtung bei und genießen mit Blick nach links das weite Umland. Bald schon durchwandern wir ein Wäldchen, gehen talwärts und wenden uns nach einer kleinen Lichtung dem Waldweg nach links zu. Im weiteren Verlauf können wir am Wegesrand

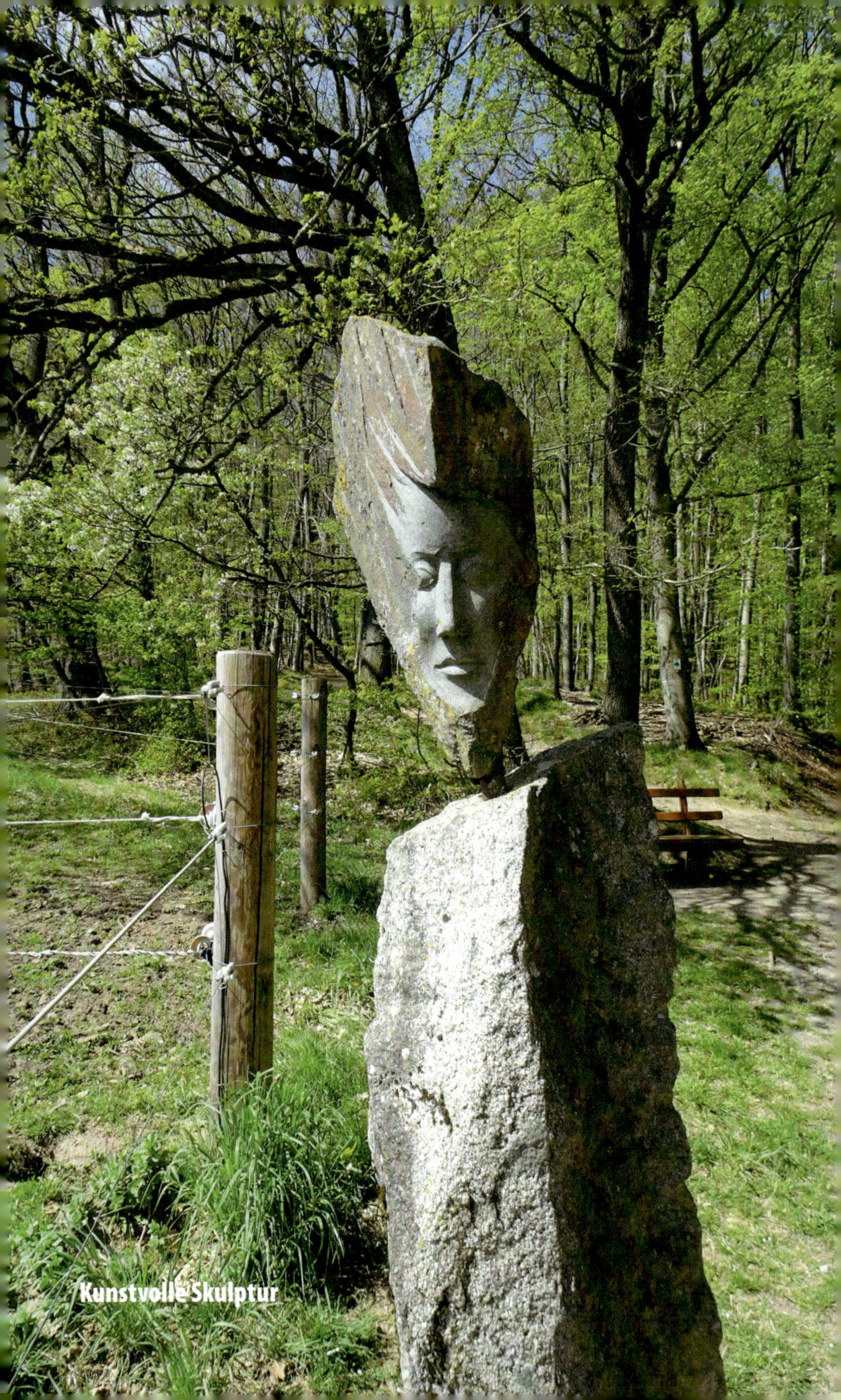
Kunstvolle Skulptur

Skulpturenkunst bestaunen, die von der Sparkasse gefördert wird. Der Markierung folgend, umwandern wir den 359 Meter hohen **Zigeunerkopf** und plötzlich öffnet sich ein grandioses Panoramafenster. Wir genießen einige Minuten lang den herrlichen Blick und saugen ihn förmlich in uns auf, bis wir uns loseisen können und auf Schusters Rappen geradewegs wieder in den Forst hineinwandern. In einer Senke entscheiden wir uns für den linken Weg, der uns etwas kurvig weiterbringt. Wir verlieren dabei beständig an Höhe und wenden uns am Parkplatz zweimal rechts. Dann folgen wir dem Pfad, der uns zum traumhaft gelegenen **Waldsee** ① bringt.

Eine gemütliche Rast mit einem Picknick am idyllischen ***Waldsee*** *entspannt ungemein.*

Märchenhaft schön liegt der Waldsee hier inmitten einer grünen Waldoase. Kurzerhand beschließen wir, eine weitere Auszeit zu nehmen, und genießen von einer Bank aus die herrliche Ruhe. Gelegentlich wird sie durch den Gesang der Waldvögel und das Quaken einiger Frösche bereichert. Natur pur. Nach einigen Minuten entspannten Lauschens machen wir uns wieder auf und steigen am linken Seeufer den **Treppenweg** hinauf. Gut, dass wir über den Winter trainiert haben, das macht sich bei dem schweißtreibenden Anstieg gleich bemerkbar. Oben angekommen, liegt uns der beschau-

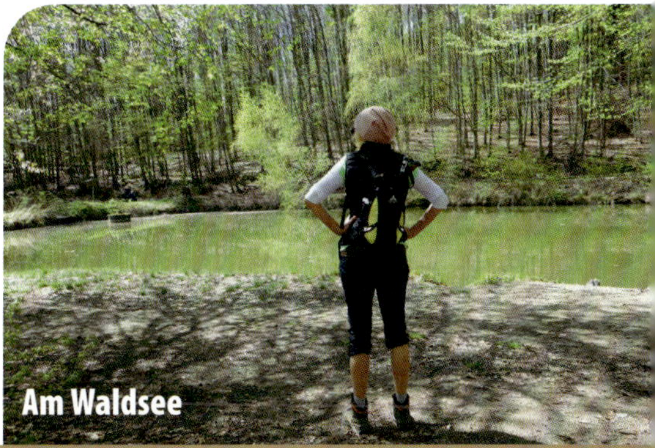

Am Waldsee

Für die Seele

Im lieblichen Ort Ober-Liebersbach findet auf dem Schöne-Sprüche-Weg jeder seinen passenden Seelenspruch.

liche Ort Bonsweiher zu Füßen. Gemütlich schlendern wir die **Rimbacher Straße** hinab und passieren im weiteren Verlauf einen Spielplatz. Gegenüber der **Dorfbäckerei Grimminger** ❷ können wir eine kurze Erfrischungspause am **Dorfbrunnen** einlegen und entscheiden uns spontan für eine frische Laugenbrezel. Einfach herrlich, so eine knusprige Brezel, das kommt genau richtig.

Frisch gestärkt geht es weiter. Im Zentrum von **Bonsweiher** ❸ biegen wir links in die Edertalstraße ein. Etwa 200 Meter weiter zweigt die Blumenstraße ab und bringt uns zum schön gelegenen **Scholzehof.** Hier lassen wir die Häuser hinter uns und schwenken scharf rechts bergwärts. Rings um uns herum ein wahrhaft pures Naturfeeling. Während des folgenden Anstiegs erfreuen wir uns rückblickend an dem schönen Blick auf Bonsweiher. Oben angekommen, erhaschen wir eine Superaussicht auf Mörlenbach, im Vordergrund rah-

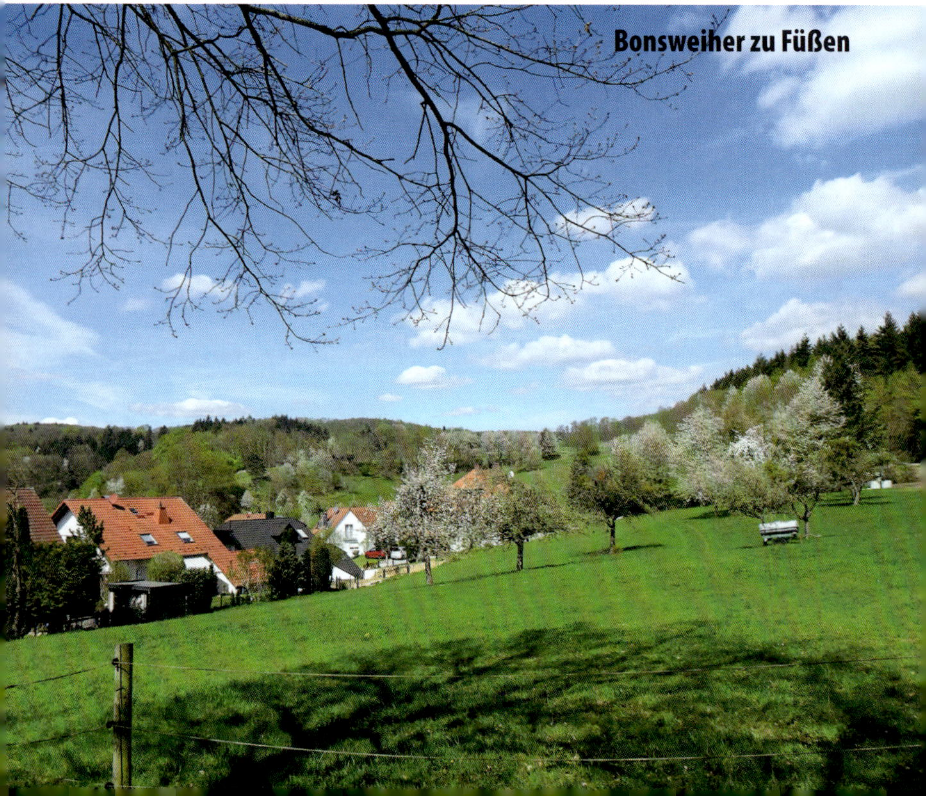
Bonsweiher zu Füßen

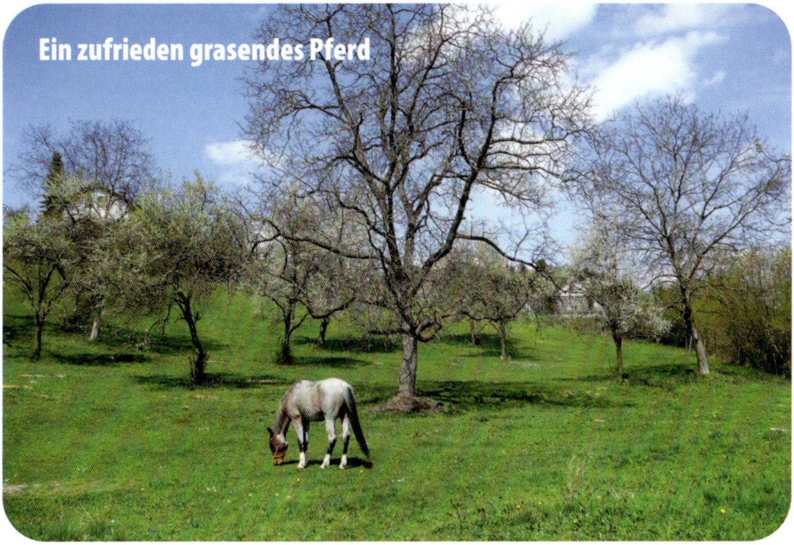

Ein zufrieden grasendes Pferd

men stattliche Obstbäume und im Hintergrund sanfte Hügelketten den Blick auf den Ort ein. Das schiefe Ding, das oben aus dem bewaldeten Berg herausguckt, ist der **Aussichtsturm Himmelsleiter,** den wir bei Tour 8 bereits erwandert haben.

Jetzt leitet uns die Markierung nach links und wir durchwandern ein Wäldchen. Danach biegen wir von saftig grünen Wiesen umgeben links ab und überqueren bald eine Straße. Der Mittagssonne entgegengehend, kommen wir an einem langen Weidezaun vorbei und spazieren am Welzberg nach rechts zum **Schöne-Sprüche-Weg ④,** der uns kurzweilig zu den Häusern hinabbringt. Völlig fasziniert lesen wir jeden Spruch, der entlang der Pferdekoppel rechts und links liebevoll von den Besitzern angebracht wurde. Welch tolle Idee. Das motiviert uns total. Wir lesen: „Mit der richtigen Musik kannst Du ALLES vergessen oder dich an ALLES erinnern“, „Das Leben wird nicht

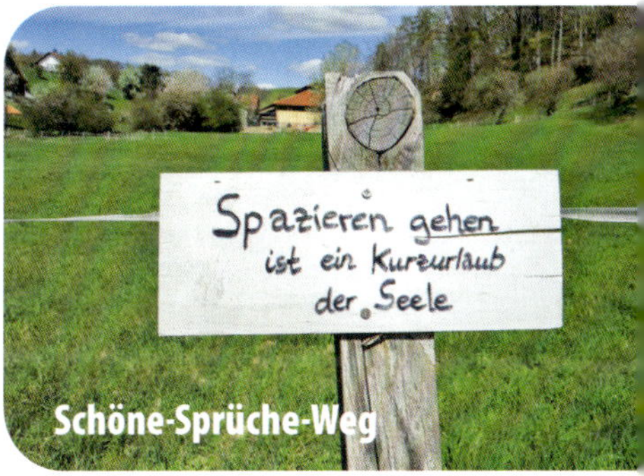

Schöne-Sprüche-Weg

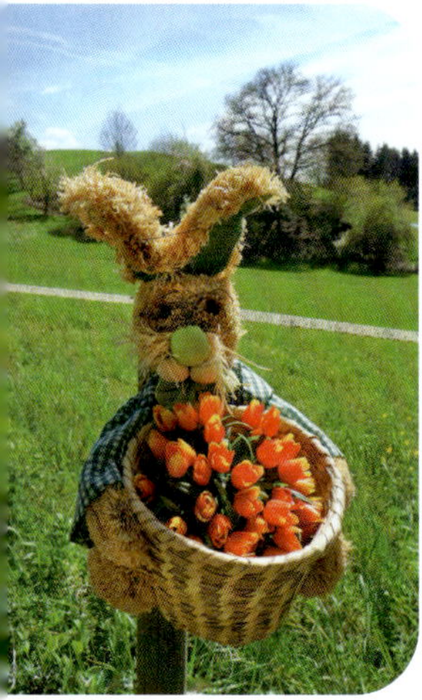

gemessen an der Anzahl der Atemzüge, sondern an den Orten und Momenten, die uns den Atem rauben …“ oder auch „Es gibt Zeiten, da braucht man die Stille der Tiere, um sich von den Menschen zu erholen“.

Wir wandern den gewundenen Weg nach **Ober-Liebersbach** ❺ leichtfüßig und beschwingt bergab, bis wir den rauschenden Liebersbach überqueren. An der Straße gehen wir kurz nach rechts und spazieren vor einem hübschen Fachwerkhaus links hinauf, also quasi rechts versetzt in dieselbe Richtung weiter. Abermals führt uns die Tour an einer Koppel entlang. Gemächlich gelangen wir in ein herrliches Tal und erreichen nach ein paar entspannten Wanderminuten den schön gelegenen **Teich Dornwiese** ❻. Hier legen wir eine kurze Verschnaufpause ein und genießen die angenehme Stille. Nach der kleinen Erholung für unsere leicht ermüdeten Glieder geht es nun bergauf bis zur **Wiesen-**

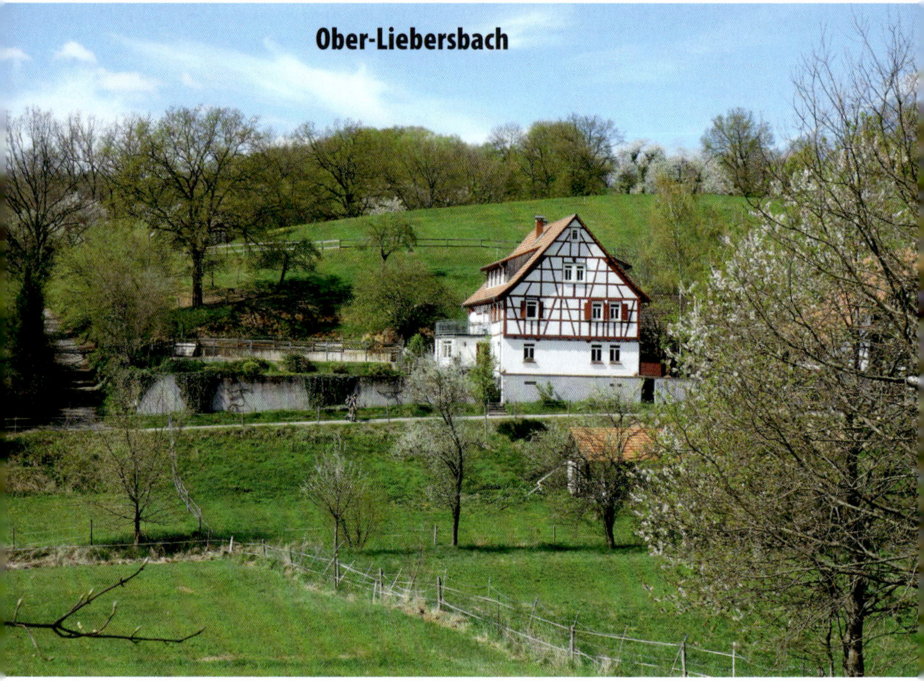
Ober-Liebersbach

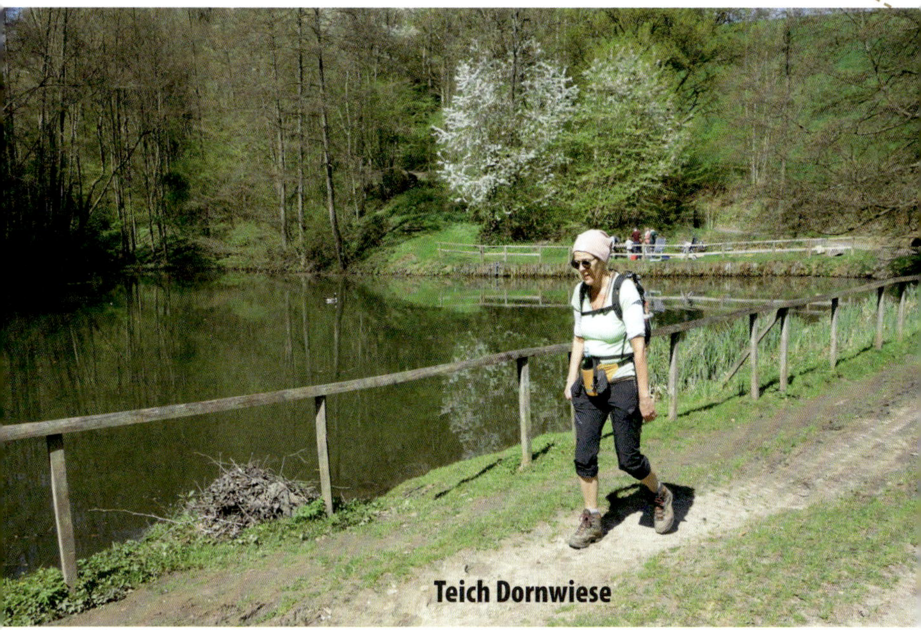

hochfläche, bei der wir rechts zum Sattel an eine Vierfachkreuzung gelangen. Unsere Route führt uns auf den breiten Weg rechts in Richtung Wald. An der nächsten Gabelung halten wir uns abermals rechts und folgen entspannt der Markierung.

Sobald der Wald sich öffnet, blicken wir weit über die flache Rheinebene hinweg bis zur Bergkette des Pfälzerwalds hinüber. Wie klein und flach die Rheinebene doch von hier oben erscheint! Als eine Himmelsliege in unser Blickfeld kommt, ergreifen wir die Gelegenheit, um ein paar Minuten zu relaxen. Den Blick zum Himmel gerichtet, beobachten wir die Wolken, die über uns vorbeiziehen. Das fühlt sich fast wie eine kleine Meditation an. Sanft weht uns dabei der Wind um die Ohren, immer wieder atmen wir tief ein und aus und füllen unsere Lungen mit der guten Bergluft.

Auf der letzten Wegstrecke des heutigen Wandertags sind wir uns einig, dass auch der Odenwald eine

Entschleunigungstour 15

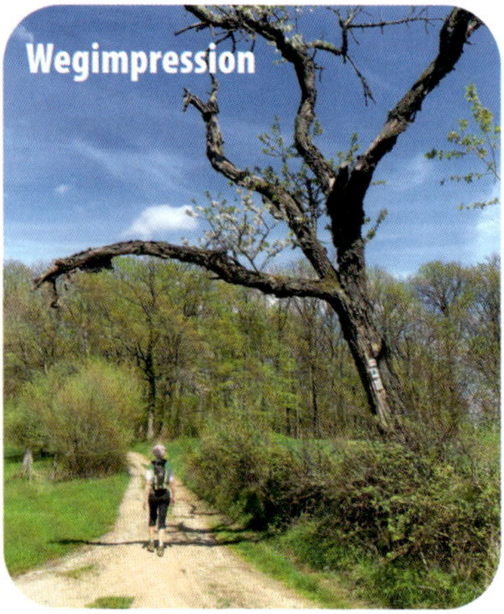

ganz besonders gute Note verdient hat. Wir folgen der M5-Ausschilderung, bis die ersten Häuser des **Höhendorfs Juhöhe** 7 auftauchen. Jetzt ist es nicht mehr weit, wir laufen die Straße An der Juhöhe entlang, an der Feuerwehr vorbei und kommen so zu unserem Ausgangspunkt zurück. Gegenüber vom Parkplatz kehren wir im **Gasthaus Waldschenke Fuhr** 8 ein und lassen die Tour bei einem zünftigen Essen gemütlich ausklingen.

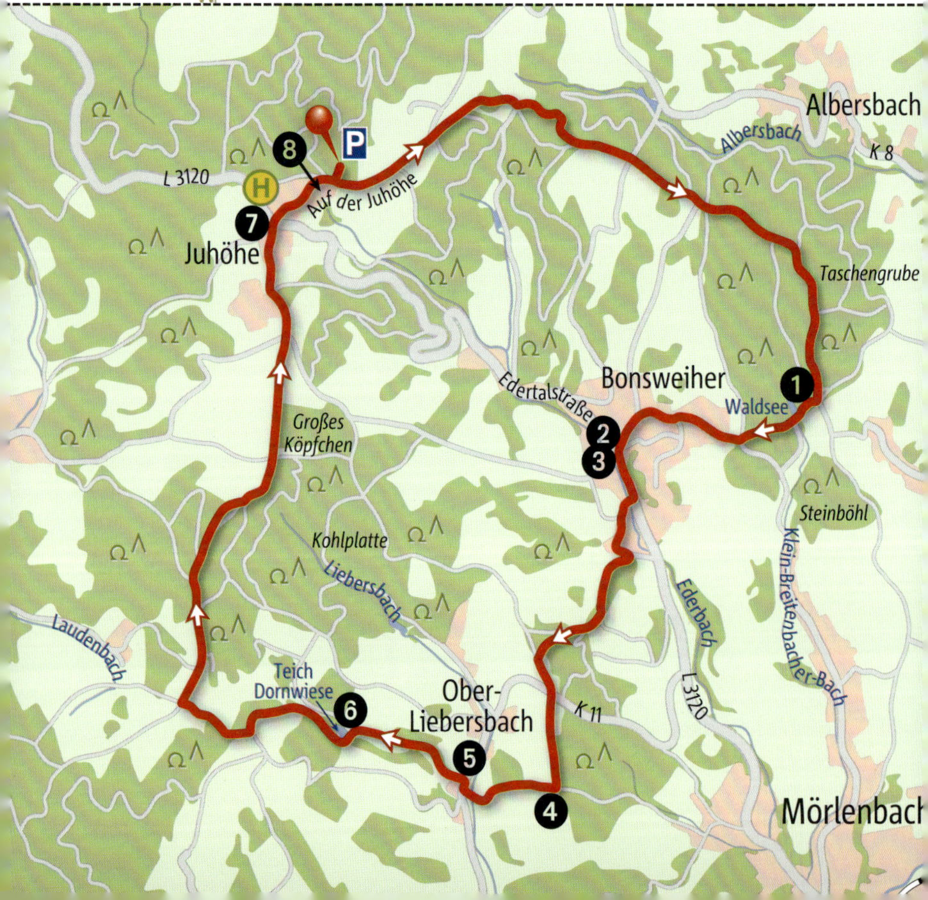

Alles auf einen Blick

WIE & WANN:
Wunderschöne Wanderung auf sehr gut begehbaren forst- und landwirtschaftlichen Wegen und Pfaden, aber auch durch zwei Ortschaften. Beste Wanderzeit von April bis November.

HIN & WEG:
Auto: A5 Abfahrt Heppenheim, B460 nach Heppenheim und Landstraße hinauf zur Juhöhe, nordwestlich von Mörlenbach-Bonsweiher; im Ort links abbiegen. Parkplatz Frauenhecke am Waldrand, Bonsweiher, 64646 Heppenheim (GPS: 49.62520, 8.69969)
ÖPNV: Bus 683 von Michelbach bis Haltestelle Mörlenbach Juhöhe

ESSEN & ENTSPANNEN:
Bäckerei Grimminger ❷ Edertalstraße 40, 69509 Mörlenbach-Bonsweiher, Tel. (0 62 09) 17 40, www.grimminger-ruppert.poi.place
Waldschenke Fuhr ❽ Auf der Juhöhe 25, 69509 Mörlenbach-Juhöhe, Tel. (0 62 52) 49 67, www.waldschenke-fuhr.de

ENTDECKEN & ERLEBEN:
Waldsee ❶
Bonsweiher ❸

Entspannung ✱✱✱✱✱
Genuss ✱✱✱✱✱
Romantik ✱✱✱✱✱

Schöne-Sprüche-Weg ❹
Ober-Liebersbach ❺
Teich Dornwiese ❻
Höhendorf Juhöhe ❼

Entspannungswandern bei Unter-Scharbach

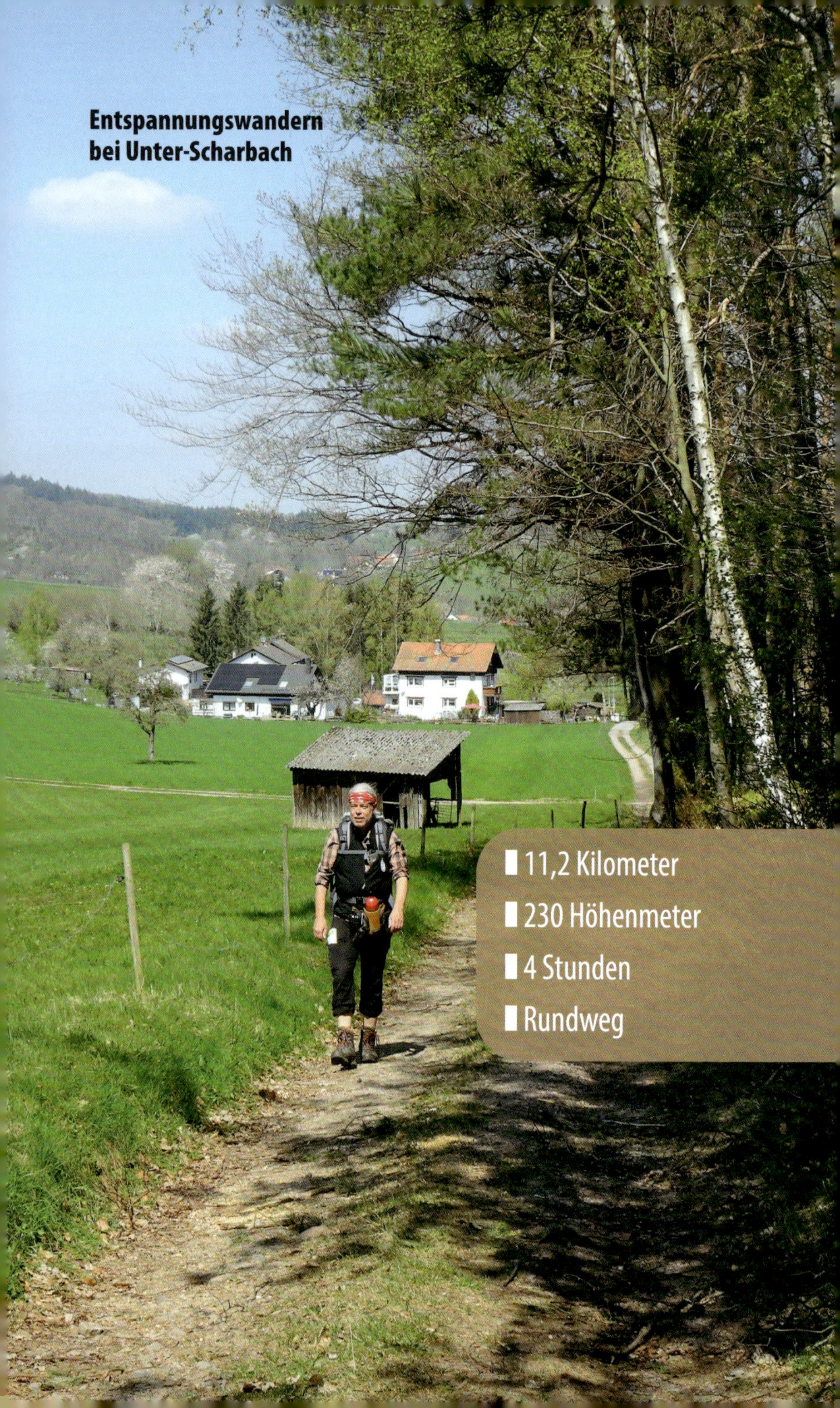

- 11,2 Kilometer
- 230 Höhenmeter
- 4 Stunden
- Rundweg

Schon wieder liegt eine arbeitsreiche Woche hinter uns, doch das Beste kommt bekanntlich zum Schluss und für uns bedeutet das: wandern. Heute geht's ins Ulfental nach **Wahlen.** Dort beginnt unsere Rundtour am **Parkplatz des ehemaligen End-Bahnhofs.** Eine alte Lokomotive erinnert hier noch an die turbulenten Eisenbahnzeiten; am Ende unserer Wanderung wollen wir sie genauer unter die Lupe nehmen.

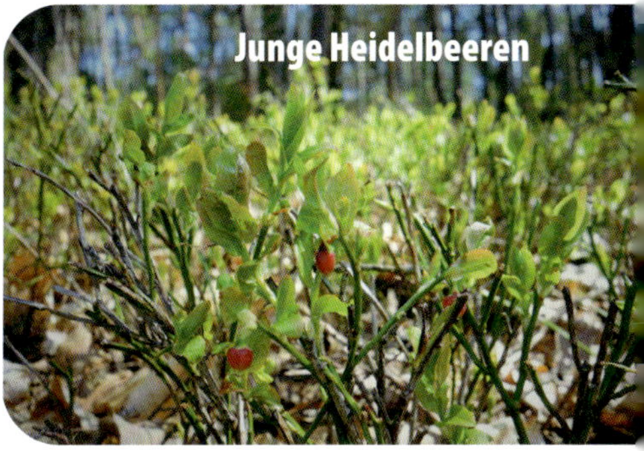
Junge Heidelbeeren

Jetzt geht es erst einmal los und wir folgen der **grünen Wa4-Markierung** in Richtung Unter-Scharbach nach links. Wir kommen am **Tiroler Backhaus ❶** vorbei, in dem man sich mit zusätzlichem Proviant versorgen kann. Der Weg führt danach zunächst an der Straße entlang. Wir kehren dem Ort Wahlen den Rücken und gelangen so zur Bushaltestelle Hasental. Dort wenden wir uns der **Trommstraße** zu und spazieren gemütlich in den lieblichen Ort **Unter-Scharbach ❷,** bei dem wir den Bach Hinterwiesengra-

Mit viel Flair

Rundwanderweg Wahlen

ben überqueren. Nach Hausnummer 40 wandern wir links hinauf in den Mischwald. Gleich schon spüren wir die ausgleichende Atmosphäre des Walds und unser Stresslevel der vergangenen Tage senkt sich, während wir auf schönen Pfaden bergwärts gehen. Den Gipfel lassen wir jedoch links liegen und folgen der

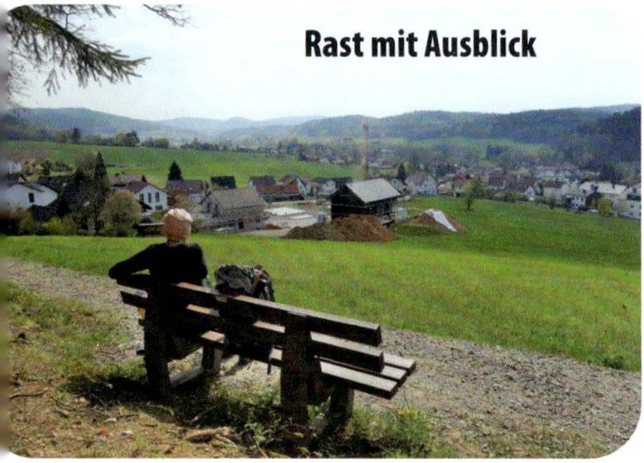
Rast mit Ausblick

Markierung, die uns kurzerhand auf einem **Schotterweg** bergab zu ein paar Häusern führt. Dann aber schreiten wir links im grünen Hochtal abermals dem Wald entgegen. Währenddessen genießen wir das herrliche Landidyll, das sich uns hier bietet. Trotz herrlichstem Sonnschein braust uns doch eine leichte Brise um die Ohren, es fühlt sich fast so an, als würde unser Kopf sanft von Hunderten Fingern gestreichelt. Der Wald wartet hier mit einem wahren Heidelbeerparadies auf. Ob wohl nur die Wanderer oder auch die Waldtiere von diesen Früchten naschen?

Am folgenden Sandstein führt unsere Route halb links und es geht talwärts. Wir kommen am Ortsrand von **Affolterbach** an, passieren die Sportanlagen und bewundern die schmucken Häuser. Mit beeindruckendem Blick auf die Gustav-Adolf-Kirche, die Anfang des 19. Jahrhunderts im Jugendstil erbaut wurde, biegen wir in Richtung Wahlen ab. Malerisch fließt neben uns der Fluss **Ulfenbach,** der beim Sägewerk des Ortsteils **Grasselenbach** in etwa 415 Metern Höhe aus einem kleinen Teich entspringt. Begleitet vom Wasserlauf wandern wir entspannt und leichten Schrittes über den Fußweg in Richtung Wahlen. Immer wieder erhaschen

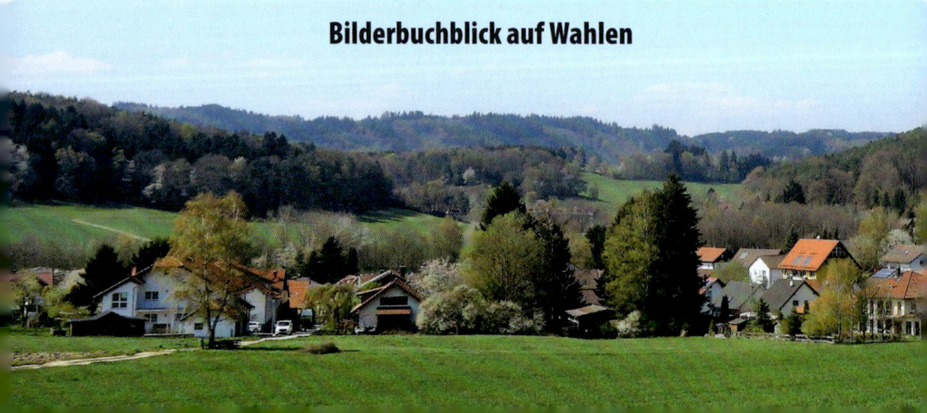
Bilderbuchblick auf Wahlen

wir schöne Ausblicke auf das liebliche Umland und kommen kurz darauf durch eine herrliche Allee aus wundervollen Birken. Wir erreichen den Ortsrand von Wahlen und wenden uns am Wegweiser „Verbindung Süd" rechts. So gelangen wir über die Windhofstraße in ein kleines Industriegebiet bei der **ehemaligen Burg Waldau ❸,** von der nichts mehr zu sehen ist.

Es handelte sich um eine frühmittelalterliche Tiefburg, was für den Odenwald eher eine Seltenheit ist. Umso tragischer, dass die Reste der Burg unterhalb eines Industriegebäudes vergraben liegen sollen. Im Gegensatz zu anderen Hochburgen schützten einst vorwiegend ausgedehnte und tief mit Wasser gefüllte Wallgräben das Gemäuer. Nachdem wir den Fluss und die Nibelungenstraße überquert haben, wandern wir durch die Straße **Im Michelsgrund** aus dem Ort und folgen dem Feldweg zum Wald hinauf. Oben leitet uns ein Weg links, dem wir nun beständig in Waldrandnähe folgen. Kurz nach einem Feldkreuz erreichen wir den schön gelegenen **Kurpark Kalter Brunnen ❹.** Hier gibt es herrliche Seeteiche mit einem Mühlrad und einer kleinen Brücke und wir begegnen auch einem recht an-

*Die ehemalige **Burg Waldau** in Wahlen war eine Wasserburg, vermutlich aus dem 11. oder 12. Jahrhundert. Sie wurde infolge einer Binsenwahrheit zufällig entdeckt: Auf dem Rasen fielen ringförmige Muster aus Binsenbewuchs auf.*

Für die Seele

Wir lauschen dem Klang der Vogelstimmen im Ulftertal. Ein Kneippbecken, ein Vogellehrpfad und eine idyllische Landschaft lassen uns entschleunigen.

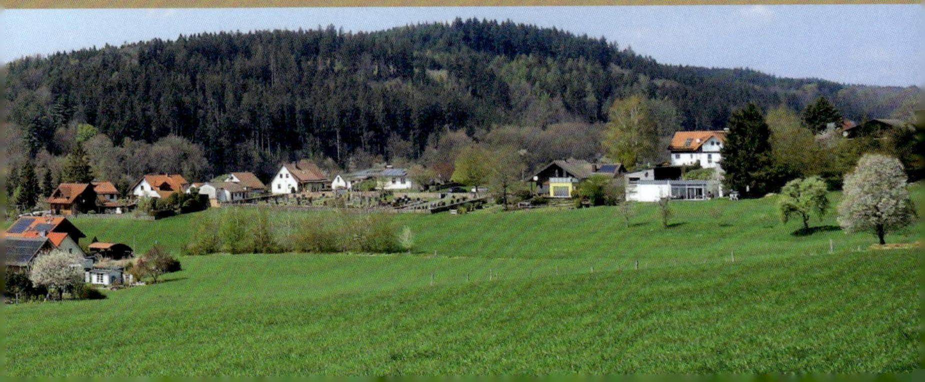

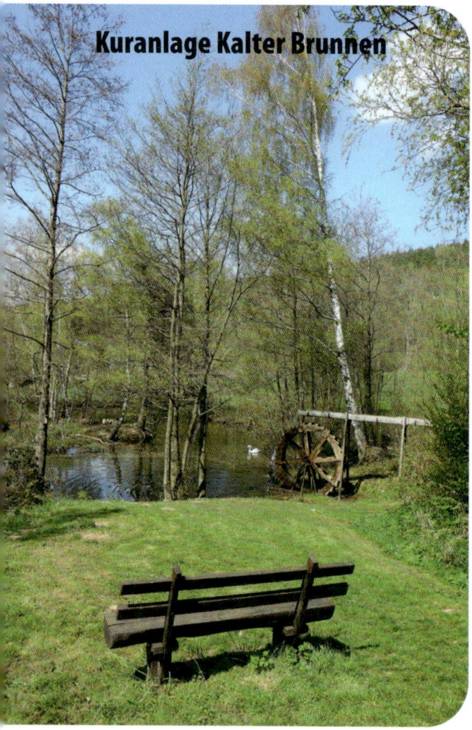

griffslustigen Schwan. Das weitläufige Areal bietet genug Möglichkeiten für eine entspannte Auszeit. Neben einem Grill- und Spielplatz, einer Kletterwand und einer kinderfreundlichen Wassererlebnisfläche steht auch eine **Kneippanlage** zur Verfügung. Hier können wir unser Immunsystem im Wassertretbecken stärken oder aber am hohen Becken ein belebendes Armbad durchführen, das den Kreislauf entlastet und die Durchblutung fördert. Total erfrischt und völlig entspannt beobachten wir auf unserer weiteren Route zahlreiche Vögel und bunte Schmetterlinge.

Im Wald passieren wir die **Bürgermeister-Adam-Wetzel-Hütte** und halten uns dann links. Die vielen Vogelnistkästen fallen uns auf. Weiter geht es wieder in Richtung **Wahlen.** Unterhalb des Sportplatzes am Ortsrand folgen wir dem nach rechts abzweigenden Pfad. So umwandern wir das Dorf quasi, kommen an ein paar Häusern vorbei und folgen in Ortsrandlage rechts dem **Vogellehrpfad.** Immer wieder erhaschen wir schöne Ausblicke auf die ländliche Gegend.

*Auf dem **Vogellehrpfad** vermitteln zahlreiche informative Tafeln anschaulich Wissen über die hier heimische Vogelwelt.*

In erhabener Aussichtslage laden Sitzbänke zur verdienten Rast ein. Genüsslich verzehren wir unser Rucksackvesper und beobachten dabei die am Horizont vorbeiziehenden Wolken. Über Wald- und Feldwege marschieren wir nach **Grasellenbach,** bis wir am Waldeck eine **Schutzhütte** ⑤ passieren. Vor hier aus könnten wir in rund 20 Minuten steil hinauf zum **Siegfriedbrunnen** gehen, doch das sparen wir uns für Tour 19 auf, die ganz unter dem Motto der Nibelungensage steht. An der Siegfriedstraße laufen wir zur Landstraße hinunter und können dann im **Landgasthof Dorflinde** ⑥ oder im

Restaurant Siegfriedbrunnen ⑦ einkehren. Übrigens stehen beide Häuser unter gleicher Leitung.

Der Mittagssonne entgegen schreiten wir in gemütlichem Tempo die **Ulfenbachstraße** entlang zu unserem Auto nach Wahlen zurück. Jetzt noch den Rucksack verstauen, andere Schuhe anziehen und auf geht's zur Besichtigung der **Rangierlock Molly.** Sie stammt aus dem Jahr 1954 und hat hier ihren letzten Platz gefunden. Immer wieder machen wir Fotos, denn bei dieser Lokomotive handelt es sich um die kleinste Deutz-Rangierlok für Normalspur, die als Denkmal von der Gemeinde gekauft wurde, zuvor befand sie sich in Privatbesitz. Sie wurde insgesamt nur 29-mal gebaut und ist eine echte

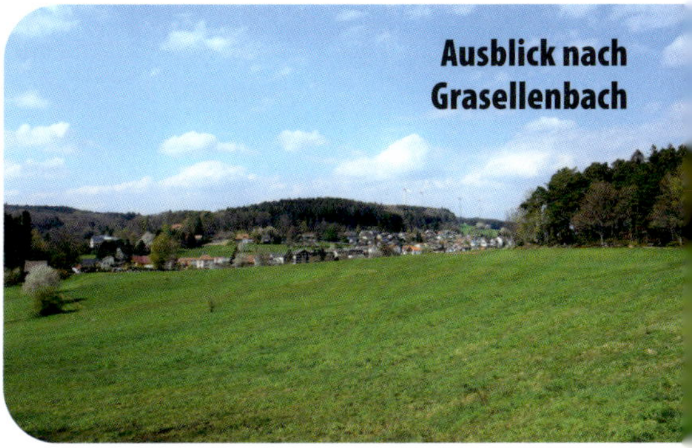

Ausblick nach Grasellenbach

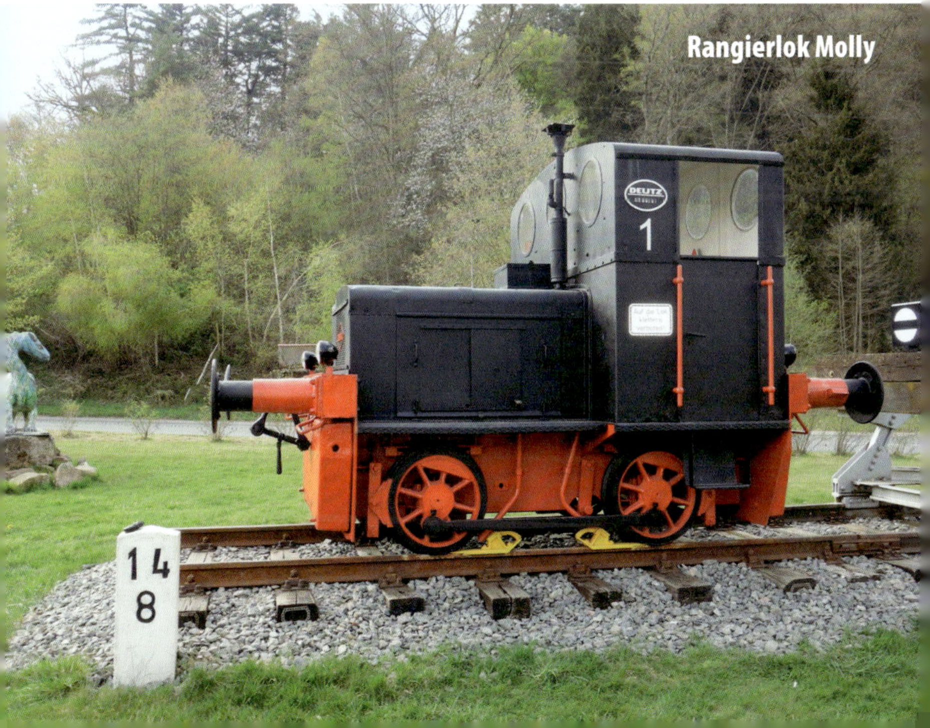

Rangierlok Molly

Entschleunigungstour 16

Auf 10 Kilometern Länge führt die erste ***Solardraisine*** *auf der Trasse der Überwaldbahn von Mörlenbach nach Wald-Michelbach. Tickets rechtzeitig buchen! Eine Strecke dauert rund 1 Stunde (www.solardraisine-ueberwaldbahn.de).*

Rarität. Sie wiegt schlappe 10 Tonnen und hat eine Länge von knapp 5 Metern. Die Fahrerkabine mit Bullaugen hat eine Höhe von 2,80 Metern. Auf weiteren Infotafeln können wir uns über die Endstation der ehemaligen Überwaldbahn informieren, die am 28.02.1901 in Betrieb genommen wurde.

Übrigens, wer noch nicht genug von der Überwaldbahn hat, dem ist eine Fahrt mit der weltweit ersten **Solardraisine** zu empfehlen, die zu den schönsten denkmalgeschützten Bahnstrecken Europas gehört. Herrliche Ausblicke, zwei Tunnel sowie drei große Viadukte – die Fahrt ist ein Erlebnis der besonderen Art.

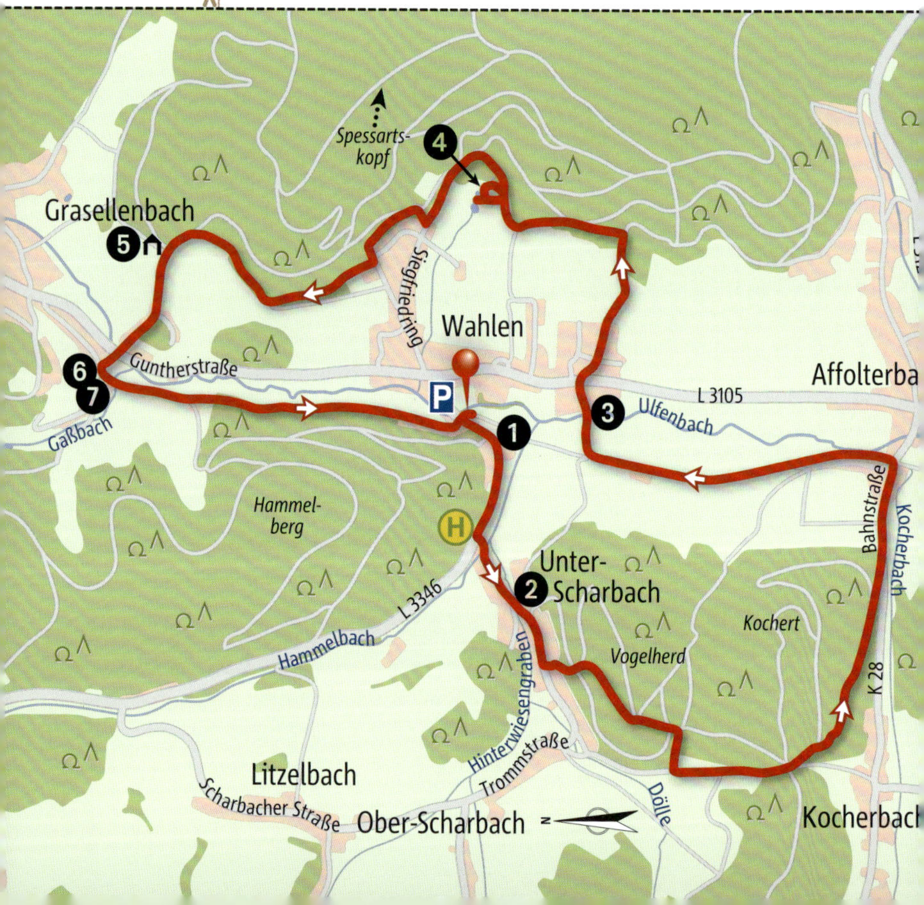

Alles auf einen Blick

WIE & WANN:
Die Wege sind meist geschottert und in den Ortschaften asphaltiert. Beste Wanderzeit von Ende März bis Anfang Dezember.

HIN & WEG:
Auto: Anfahrt über die A5, Weinheim, B38, Saukopftunnel, Mörlenbach, Wald-Michelbach und hinter Affolterbach geradeaus weiter nach Wahlen. Parkplatz des ehemaligen End-Bahnhofs, Ecke Volkerstraße/Am Schmelzrain (kurz vor Ortsende links), 64689 Grasellenbach (GPS: 49.614417, 8.854250)
ÖPNV: Bus 667 von Grasellenbach bis Haltestelle Scharbach Hasental

ESSEN & ENTSPANNEN:
Dorfbäckerei Wahlen/Tiroler Backhaus ❶ Volkerstraße 22, 64689 Grasellenbach-Wahlen
Landgasthof Dorflinde ❻ Siegfriedstraße 14, 64689 Grasellenbach, Tel. (0 62 07) 60 84 00, www.hotel-dorflinde.com
Restaurant Siegfriedbrunnen ❼ Hammelbacher Straße 7, 64689 Grasellenbach, Tel. (0 62 07) 60 80, www.siegfriedbrunnen.com

ENTDECKEN & ERLEBEN:
Unter-Scharbach ❷
Ehemalige Burg Waldau ❸

Entspannung ✱✱✱✱✱
Genuss ✱✱✱✱✱
Romantik ✱✱✱✱✱

Kurpark Kalter Brunnen ❹
Schutzhütte Grasellenbach ❺

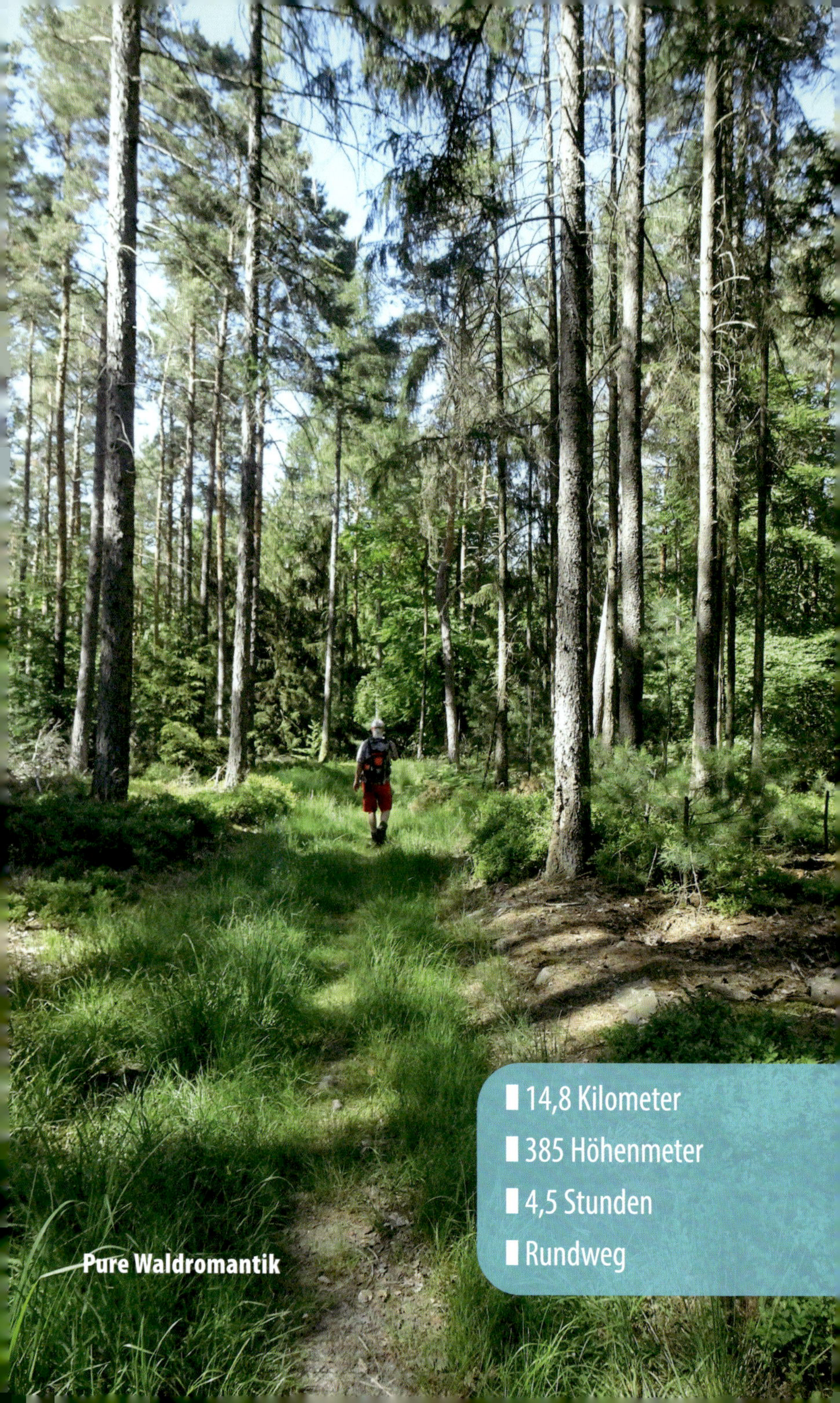

Pure Waldromantik

- 14,8 Kilometer
- 385 Höhenmeter
- 4,5 Stunden
- Rundweg

Heute ist es mal wieder so weit, wir brechen auf zu einem neuen großartigen Wandererlebnis. Am **Parkplatz Tal Laudenbach** geht es los. Neben dem sandsteinernen Kruzifix schreiten wir in das lauschige Laudenbachtal und gehen gemächlich den Talweg entlang. Jetzt können wir erst einmal bei uns selbst ankommen und uns auf die vielversprechende Tour einstellen. Als Markierung weist uns die **grüne L1** die Richtung.

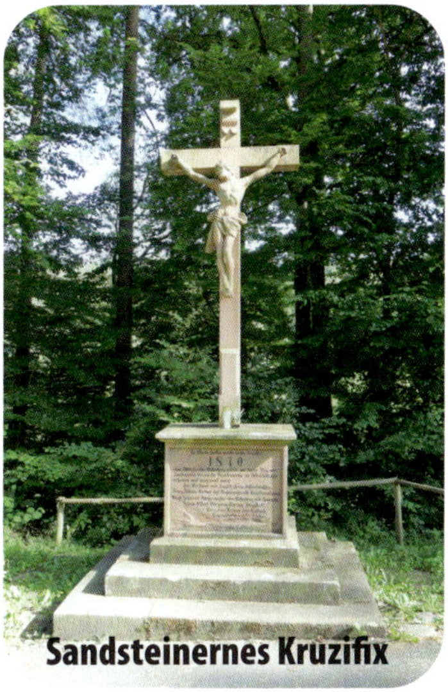

Sandsteinernes Kruzifix

Kurz vor einem kleinen Bach führt uns der Weg rechts durch den Wald bergauf, bis wir dann an einem breiten Weg nach links weitergehen. An warmen Tagen ist es überaus angenehm, im kühlen Wald zu wandern. Unten im Tal schlängelt sich parallel zu unserem Weg friedlich der Laudenbach dahin. Auf der anderen Seite des Bachufers grasen genüsslich Weiderinder. Ein herrlich gelegener Flecken Erde. Ganz leicht führt unser Weg jetzt bergan und wir folgen weiter dem Waldweg. Bald taucht vor uns der romantische, malerisch gelegene kleine Ort **Brunnthal** ❶ auf. Herrlich umrahmt von Wald- und Wiesenflächen ist das ehemalige, zweistöckige Forsthaus mit der Fachwerkscheune und Schafshofsreite, ein etwas lang gezogenes und teilmassiv gebautes Fachwerkhaus. Alles stammt aus dem 18. Jahrhundert und liegt hier in idyllischer Alleinlage – ein wahrer Ort der Ruhe mitten in schöner Natur.

Heilsame Natur

Brunnthal-Wanderung

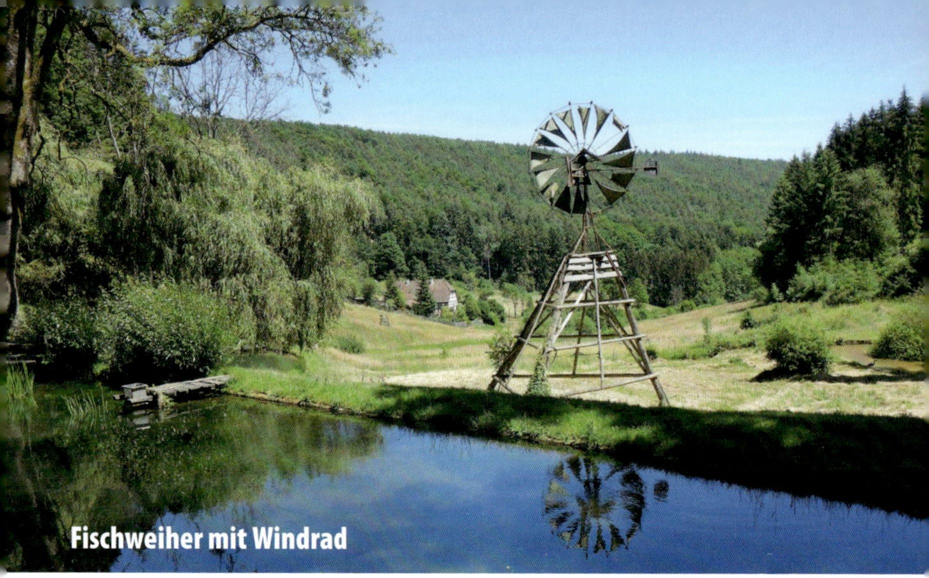

Fischweiher mit Windrad

Fasziniert setzen wir unsere Tour fort. Wir gehen an mehreren Teichen vorbei, bis wir von Weitem noch ein Anwesen entdecken, das zum **Weiler Brunnthal** gehört. Ein hölzernes **Wasserrad** dreht sich und ein hydraulischer Widder klopft in gleichmäßigem Rhythmus. Ach Gott, ein wahres Eldorado für Tiere und Aussteiger. Wie im Bilderbuch liegt das Fachwerkhaus hier am Ende des Tals, eingebettet in ein naturnahes Ökosystem mit Fischteich, grünen Wiesen und Windrad. Im **Brunnen** stehen gekühlte Getränke zur Erfrischung bereit. Das ist besonders an warmen Sommertagen eine klasse Idee. Wir können uns kaum sattsehen, der Fotoapparat und die Kamera laufen auf Hochtouren, wir versuchen so viel wie möglich von diesem kleinen Paradies auf Bildern und in Videos festzuhalten. Voller positiver Eindrücke setzen wir unsere Tour fort und steigen kurz nach dem Gebäude halb rechts hinauf. An heißen Tagen können wir hier verschiedene Geruchskompositionen wahrnehmen, bestehend aus diversen Hölzern, Pflanzen,

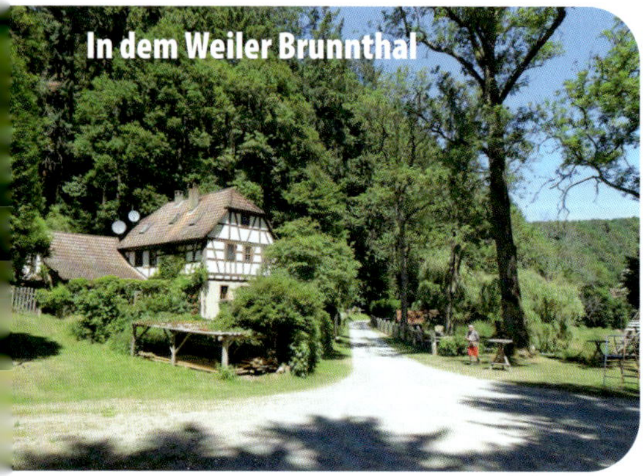

In dem Weiler Brunnthal

Kräutern und Tannennadeln. Auf einen kleinen Versuch kommt es an: Die Augen schließen, tief in den Bauch einatmen und auf die Geruchsempfindungen konzentrieren. Wir finden das immer wieder echt spannend und abwechslungsreich.

Der überaus sportliche Anstieg bringt uns kurzzeitig zum Schwitzen. Am folgenden **Querweg** geht es rechts weiter. Langsam wird der Weg wieder etwas flacher und wir biegen in Folge zweimal links ab. Oben an der Kreuzung gehen wir geradeaus der Mittagssonne entgegen und biegen bei der Sitzbank rechts ab zum Wanderparkplatz; wir sind in **Bremhof** ❷ angekommen. Jetzt geht es links weiter und wir folgen für gute 3 Kilometer beständig einem geraden Weg, der sogenannten **Lange-Stein-Linie.** Zwischendurch entdecken wir immer wieder Buntsandsteine. Riesenfarne wachsen hier hundertfach. Weltweit gibt es über 12.000 **Farnarten,** bestimmte Farne haben sogar eine Heilwirkung. Allerdings sollte man hierzu fachkundige Hilfe aufsuchen und keine Selbstversuche starten. Trotzdem immer wieder toll, was Mutter Natur für gute Heilmittel für uns bereitstellt.

*Manche **Farnarten** wirken bei Reizhusten und Heiserkeit lindernd oder können bei träger Verdauung wahre Wunder erzielen. Zudem lindert Farn Sodbrennen und Symptome des Reizdarmsyndroms. Im Reformhaus erkundigen.*

Im weiteren Verlauf gelangen wir zu einer Schutzhütte an der 300 Jahre alten **Lauseiche** ❸. Hier treffen einige historische Wanderwege zusammen. Zur Namensgebung finden wii am Baum einige nette Varianten, ob eine stimmig ist oder auch nicht, entscheidet jeder selbst. Als einst Pilger auf ihrer Wallfahrt zum Kloster Engelberg

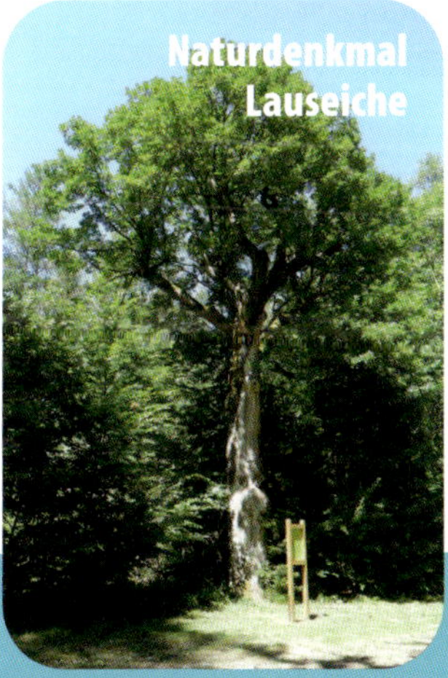

Naturdenkmal Lauseiche

Für die Seele

Ab in die Berge: In Brunnthal breitet sich hoch über dem Maintal ein Meer von Heidelbeerbüschen aus. Loslassen, auftanken und ankommen.

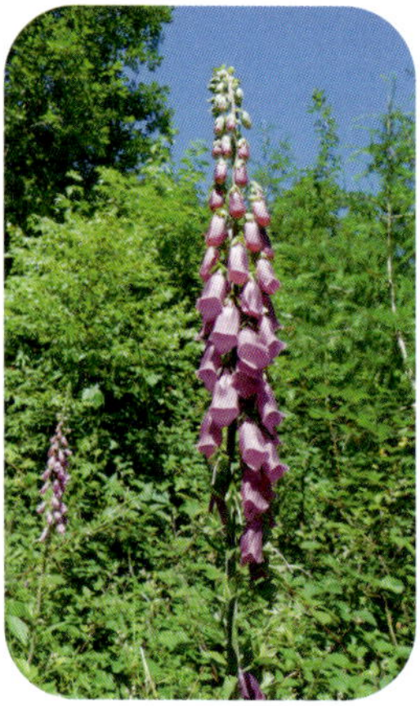

den steilen Anstieg aus dem Ohrnbachtal gemeistert hatten, sangen sie an diesem Ort „Te deum laudamus" („Großer Gott, wir loben dich"), kürzten aber „laudamus" fälschlicherweise zu „laus" ab. Einer weiteren Sage nach könnten aber auch Menschen des fahrenden Volks (Hausierer, Tagelöhner, Gauner, Bettler, Musiker und/oder Wanderer) sich auf der Reise nach Miltenberg hier vorsorglich von Ungeziefer und Läusen befreit und gereinigt haben. Durchaus möglich ist auch, dass aus dem Wort „Lauscheiche" plötzlich „Lauseiche" wurde, denn hier an der bayerisch-hessischen Grenze soll früher ein Lausch- und Beobachtungsposten gewesen sein. Kurz nachdem wir die Hütte gestreift haben, wenden wir uns halb links dem wurzelübersäten Pfad zu und finden ein wahres Mekka für Heidelbeerfreunde vor. Unglaublich, so weit das Auge blickt, ein Meer aus blauem Gold, das würde für viele leckere Heidelbeerpfannkuchen reichen.

*Wenn im Frühjahr der Kuckuck ruft, beginnen die **Heidelbeeren** bereits zu wachsen. Bis zur Reife (Juni bis August) sind aber noch etliche Sonnentage nötig. Das blaue Gold des Walds ist nicht nur gesund, sondern mundet auch als Marmelade oder Wein.*

Der paradiesische Pfad führt uns weiter auf unserem Weg und vor lauter Heidelbeerennaschen müssen wir achtgeben, dass wir nach ungefähr 5 Minuten den linken Pfad zum **Landelhöhenweg** nicht verpassen. Problemlos schreiten wir über den Bergrücken und setzen hinter einem Forstweg den Waldmarsch auf einem naturbelassenen Pfad fort. So macht das Wandern richtig Spaß: Ein schöner Pfad inmitten der urwüchsigen Schöpfung ist genau das Richtige, um sich selbst zu begegnen und seinen verdrängten Gedanken die nötige Beachtung zu schenken, denn nach so einer Wanderung sind wir meistens im Alltag besonders kreativ. Im weiteren Wegeverlauf stoßen wir auf die **Mühlenspiel-Schutzhütte** **4**. Im Jahr 1926 wurde hier auf Stein

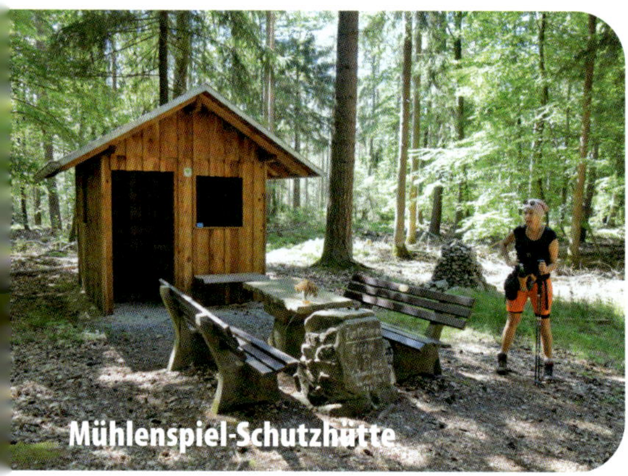
Mühlenspiel-Schutzhütte

eine Mühlenspielvorlage errichtet, die wohl zu dieser Zeit eifrig genutzt wurde, super Idee.

Jetzt beginnt der Abstieg, wir streifen den **Haselweg,** bleiben aber auf dem Pfad, der sich in der Folge zum **Hohlweg** entwickelt. Hier können wir uns beim Abstieg im achtsamen und konzentrierten Gehen üben. Am Forstweg gehen wir der Markierung folgend kurz nach rechts und der nächste etwas längere Abstieg bringt uns abermals zu einem Waldweg, bei dem wir wieder rechts versetzt weiter in Richtung Maintal gehen. Nun kommen wir an einem Sportplatz und einem Kinderspielplatz vorbei und gelangen zur Straße **Alter Graben;** wir wandern sichtbar der Kirche entgegen.

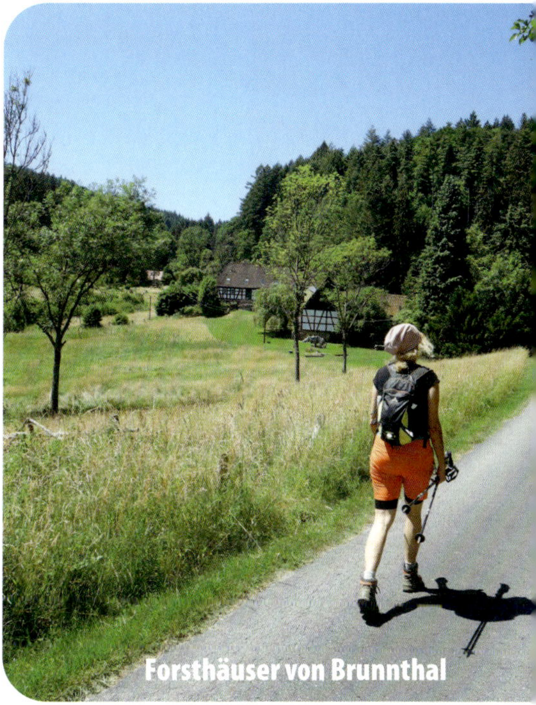
Forsthäuser von Brunnthal

Bei der Straße **Am Trieb** gehen wir links und kurz wieder rechts zur Dorfstraße. Am **Kneippbecken** ❺ können wir unsere etwas ermüdeten Füße erfrischen. Das bringt sie wieder in Schwung, was wir für den letzten Wegabschnitt gut gebrauchen können. Vor der Wassertretanlage führt ein Wiesenpfad neben schön angelegten Gärten zum **Laudenbach** ❻. In der idyllischen Bachaue schlendern wir ganz entspannt dahin, genießen die leichte Brise vom Bach und gehen dann rechts über die Steinstufen bergan. Zum Glück konnten wir uns am Kneippbecken etwas abkühlen. So ist der steile Anstieg über die Stufen spielend zu schaffen, vor allem an heißen Tagen wie heute. Oben angekommen, biegen wir links zur **Odenwaldstraße** ab. Dieser folgen wir, bis der Gehsteig endet. Jetzt überqueren

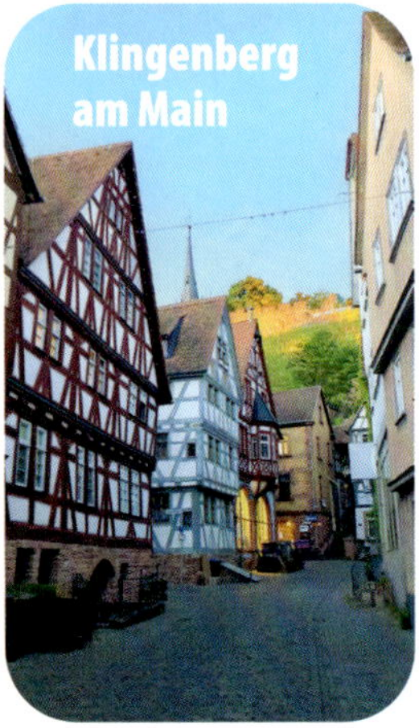

wir die Fahrbahn und schreiten links zu einem Landweg, der uns in Höhe der Wiesenlichtung in einem Rechtsabzweig durch einen überwachsenen Pfad hoch zu unserem Parkplatz führt.

Das war wieder mal ein super Wandertag mit ganz vielen neuen Eindrücken. Zum Abschluss beschließen wir jetzt spontan, noch im nur 5 Kilometer entfernten **Klingenberg am Main** auf Entdeckungstour zu gehen. Wir staunen nicht schlecht, während wir durch das überaus hübsche Fachwerkstädtlein am Fuß eines mächtigen Weinbergs schlendern. Zum Abendessen gehen wir ins **Adria,** das mit köstlicher kroatischer Küche aufwartet. Danach setzen wir uns mit einer Eistüte des benachbarten Eiscafés **San Marco** ans Mainufer.

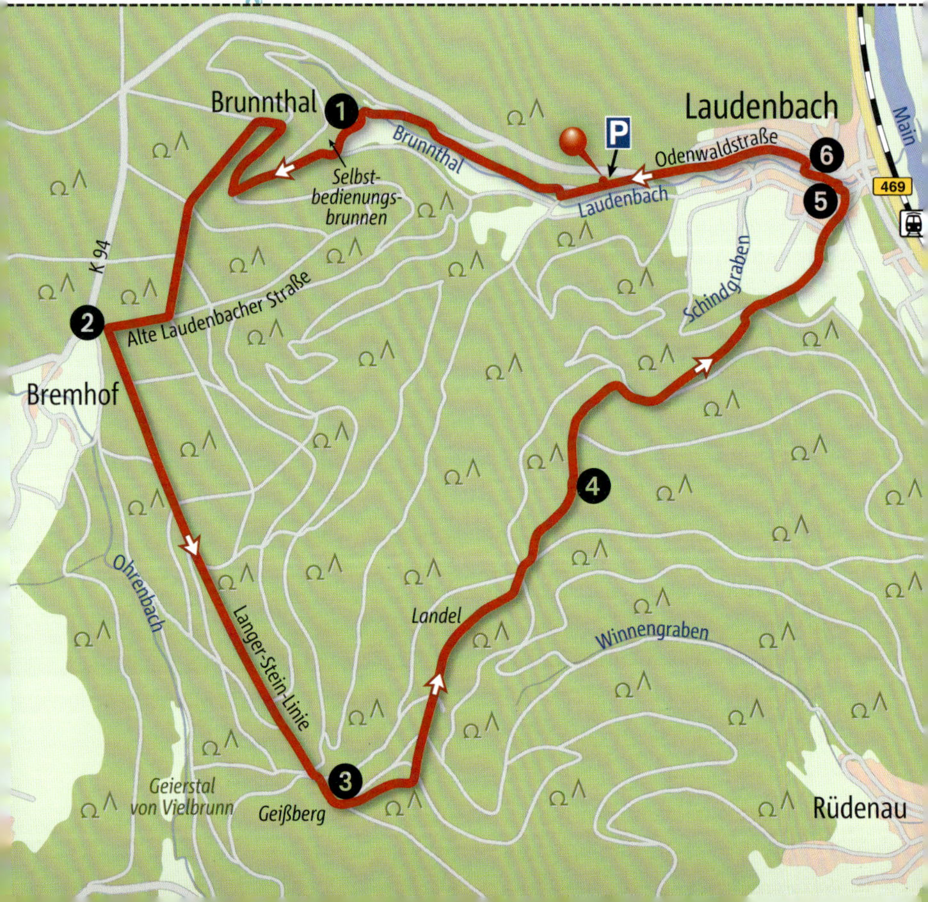

Alles auf einen Blick

WIE & WANN:
Die Wege sind anfangs breite Forstwege, im Heidelbeerwald allerdings schmale Saumpfade. Beste Wanderzeit von Anfang April bis Ende November.

HIN & WEG:
AUTO: B469 nach Laudenbach und auf der Odenwaldstraße durch den Ort. Wanderparkplatz nach der Wohngegend im Wald, links der Straße, beim Sandstein-Kruzifix, MIL3, 63925 Laudenbach (GPS: 49.744000, 9.154833)
ÖPNV: RB84, RB88, RE87 von Aschaffenburg oder Miltenberg bis Laudenbach Bahnhof

ESSEN & ENTSPANNEN:
Bitte an Rucksackverpflegung denken.

ENTDECKEN & ERLEBEN:
Brunnthal ❶
Bremhof ❷
Lauseiche ❸
Mühlenspiel-Schutzhütte ❹
Kneippbecken ❺
Laudenbach ❻

Entspannung ✱✱✱✱✱
Genuss ✱✱✱✱✱
Romantik ✱✱✱✱✱

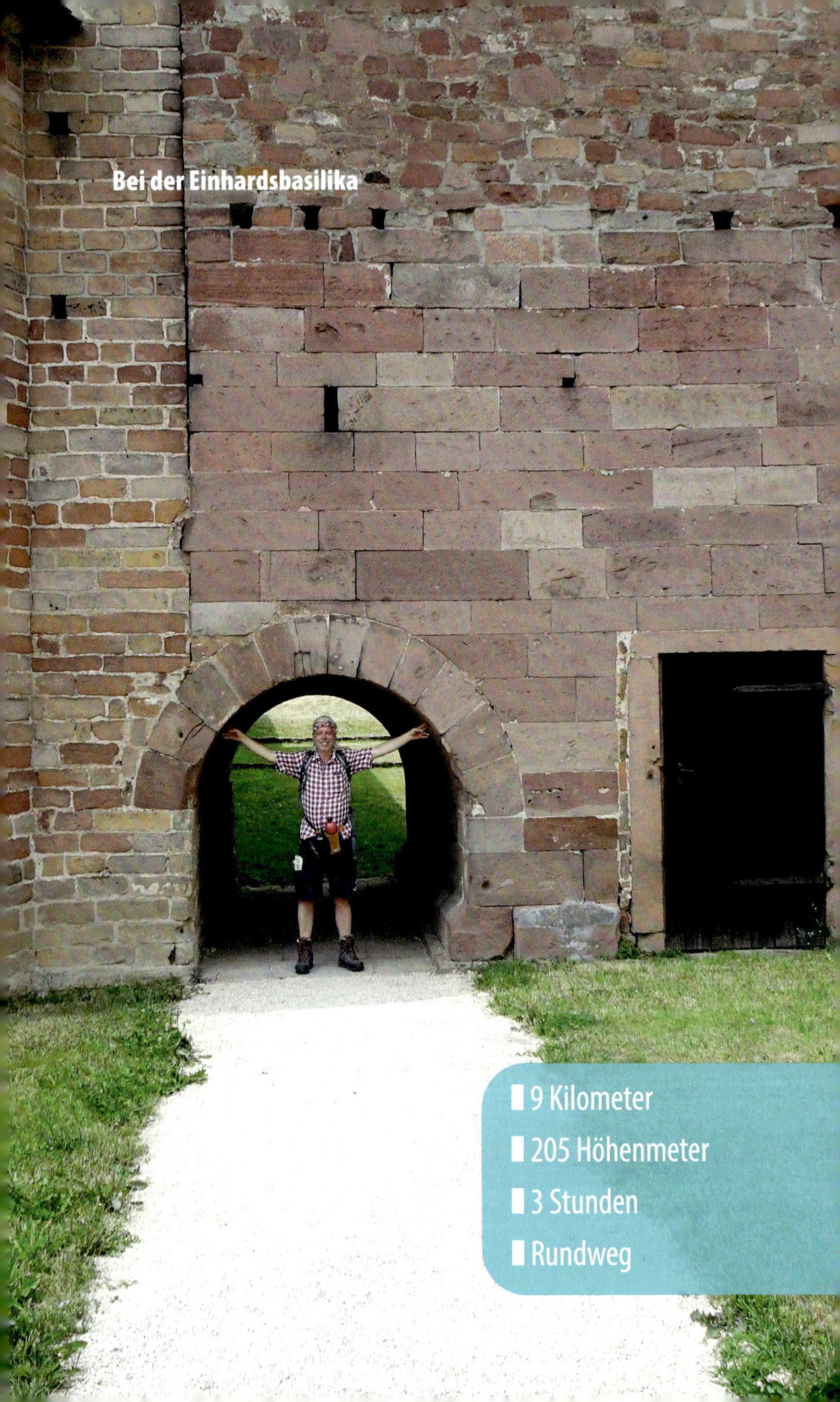

Bei der Einhardsbasilika

- 9 Kilometer
- 205 Höhenmeter
- 3 Stunden
- Rundweg

Heute sind wir unterwegs im schön gelegenen Steinbach, kaum zu glauben, was dieser Ort mit etwas mehr als 2100 Einwohnern kunsthistorisch alles zu bieten hat. Unsere Wanderung beginnen wir in der Einhardstraße, genauer am **Graf-Raimund-Platz.** Sofort fällt unser Blick auf die **grüne S4-Markierung,** die uns links in die **Höhenstraße** einbiegen lässt. Linkerhand entdecken wir die stattliche Einhardsbasilika aus dem 9. Jahrhundert, die wir uns im Anschluss an die Wanderung genauer ansehen wollen. Jetzt erfreuen wir uns erst einmal an der schönen Rundwanderung und gehen am **Sportplatz** vorbei. Steil führt der Weg bergan. Oben auf der Kuppe biegen wir rechts in den Feldweg ab. Weiter der Markierung folgend, geht es rechts zum **Kiesberg,** während uns am Wegesrand immer wieder Tafeln mit frommen Sprüchen begleiten. So zum Beispiel: „Gelobt seist du, mein Herr, für das Wasser, sehr nützlich ist es und demütig und kostbar und keusch." Wie wahr.

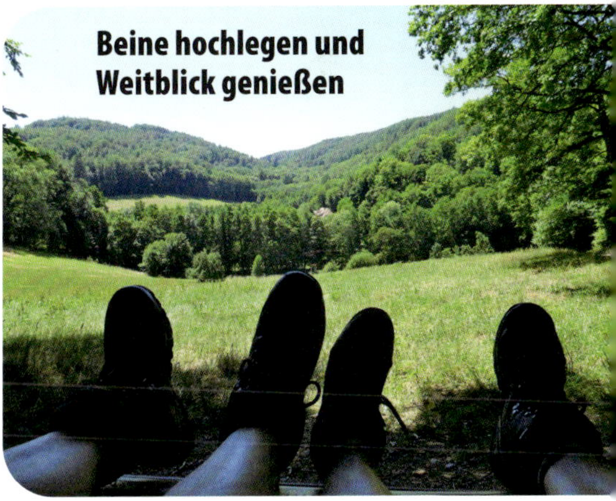
Beine hochlegen und Weitblick genießen

Herrlich beflügelt gleitet unser Blick ins malerische Agrarhinterland. So reizvoll kann es auf Schusters Rappen sein. Im weiteren Verlauf erinnern Schilder an den einstigen Eisenerzbergbau. Schon Mitte des 17. Jahrhunderts entwickelte sich

Quellgebiet

Basilika-Rundweg

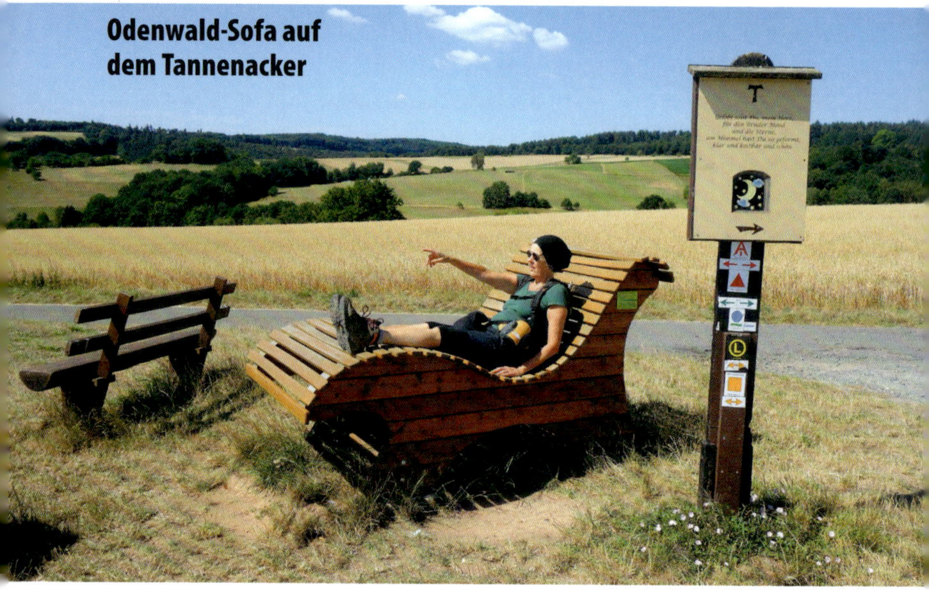

Odenwald-Sofa auf dem Tannenacker

Steinbach zum Zentrum der Eisenindustrie. Im Jahr 1533 wurde bereits der erste Schmelzofen errichtet, die Blüte begann. Hinauf geht es zum **Tannenacker** ❶. Hier steht zwar keine einzige Tanne, dafür aber ein **Odenwald-Sofa,** also eine ergonomische Holzsitzbank. Diese Einladung zu einer kurzen Ruhepause nehmen wir gerne an. Von hier aus genießen wir den faszinierenden Weitblick über Wiesen und goldgelbe Weizenfelder hinweg. Bevor wir unser gemütliches Sofa wieder verlassen, atmen wir mehrmals tief ein und aus und mobilisieren unsere Kräfte für den weiteren Verlauf der Wanderung. Frisch und frei gehen wir weiter.

Nach dem Hügel wenden wir uns dem rechten Weg zu und gehen auf grobem Schotter lässig dem Wald entgegen. Bei angenehmer Waldtemperatur bedienen wir uns an der Brombeerhecke, die mit ihren reifen Früchten lockt. Links führt uns unser Weg weiter durch den Wald und bald schon erreichen wir einen **Wanderparkplatz,** wo wir rechts und anschließend zweimal links gehen. Ein wurzeliger Pfad führt uns hinunter zur

Einhardsquelle ②, einem idyllischen Plätzchen zum Verweilen mit Rastbänken und einer netten Schutzhütte. Spontan legen wir eine kleine naturnahe Auszeit ein und lauschen dem Plätschern des Wassers, das emsig aus der Quelle sprudelt.

Kurz bevor wir weiterziehen, kühlen wir unsere Arme und Beine am Brunnen und erfahren an der Infotafel Wissenswertes rund um das Thema „Entstehung von Quellen" und den Namensgeber Einhard. Stille Wasser sind tief und die Einhardsquelle ist ein besonderer Ort der Sinne. Viele Hundert Meter in der Tiefe zirkuliert das Grundwasser im Inneren des Buntsandsteins und sprudelt hier ans Tageslicht. Einige Meter weiter entdecken wir einen grünen **Wassertümpel,** der wie verwunschen im Wald liegt. Mit Leichtigkeit folgen

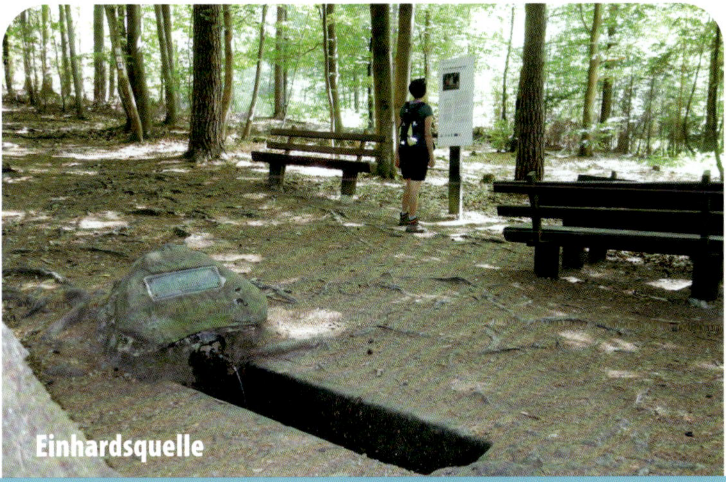

Einhardsquelle

Für die Seele

Auf den Spuren Einhards, des Biografen von Karl dem Großen, fühlen wir uns beflügelt – und eine Rast auf dem Odenwald-Sofa am Tannenacker entspannt.

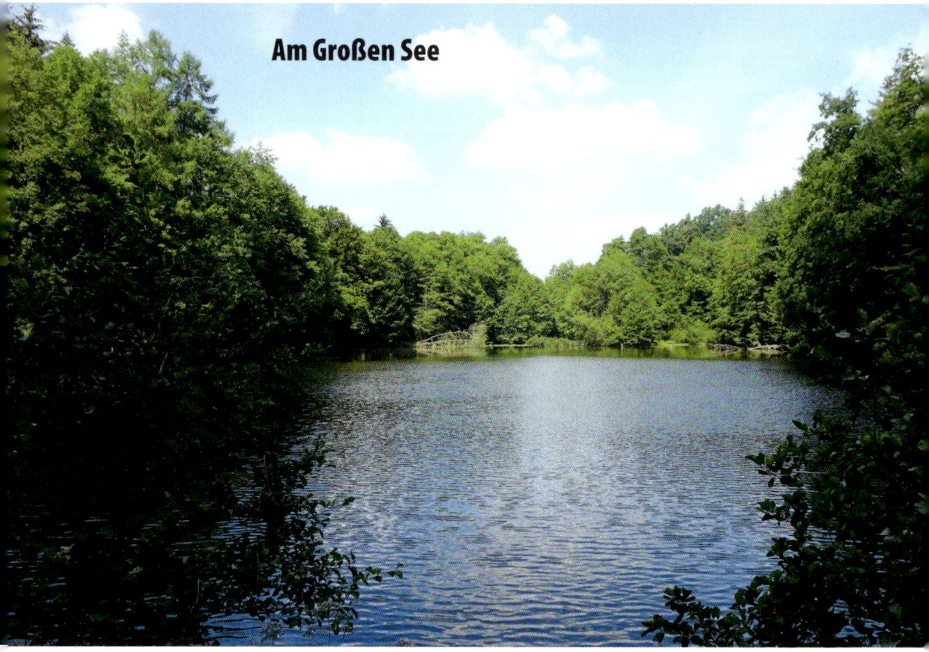

wir unserer Markierung, die uns bald schon über eine Holzbrücke führt und kurz danach die Nibelungenstraße queren lässt. Hier empfängt uns der **Große See** ③, der malerisch eingebettet im Schutz des Waldes liegt. Wir gehen am Ufer entlang, während die Sonne glitzernd ihre Strahlen auf der Wasseroberfläche spiegelt, ein imposantes Schauspiel.

Nach einigen Minuten geht es über den plätschernden **Rehbach** und ein breiter Waldweg leitet bergwärts. Zahlreiche Ansammlungen von Farnen sowie meterhohe Brennnesseln, Brombeeren und Himbeerhecken wachsen urwüchsig in dieser üppig bestückten Naturküche. In diesen Momenten erinnern wir uns oft an unsere Großeltern, die noch viel mehr als wir über die Heilwirkung und Verarbeitung von Wildkräutern und Früchten aus der Natur wussten. Dieses Wissen sollten wir kollektiv in Zukunft immer mehr erweitern. Bei der mächtigen **Eberhard-Braune-Buche** gehen wir rechts und wandern hinauf zum herrlich gelegenen **Forsthaus Achtbuchen** ❹. Begeistert von dem schönen Anwesen und dem ländlichen Blick laufen wir noch ein paar Meter weiter bergauf, um dann den Wald nach links zu verlassen. Weit schweift unser Blick über das sonnenverwöhnte Tal und bietet uns eine einmalige Naturkulisse. Von hier aus erkennen wir schemenhaft die Städte **Michelstadt** und **Erbach.**

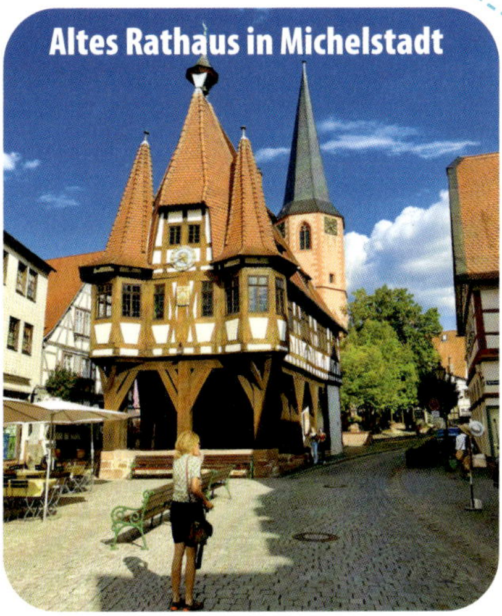
Altes Rathaus in Michelstadt

Der Panoramaweg führt am Feldrand entlang und bietet viele schöne Fotomomente. An der nächsten Wegkreuzung gehen wir nach links, vorbei an Landwirtschaftsflächen und Weideland. Wir ändern unsere Wanderrichtung an der nächsten Rechtskurve und schon taucht der schnuckelige Ort **Steinbuch** vor uns auf. Bald überqueren wir die Landstraße, folgen ihr für 100 Meter nach links und wandern dem lauschigen **Talgrund des Steinbachs** ❺ entgegen. Links versetzt führt uns der Weg wieder für kurze Zeit in den Wald, bis wir kurz darauf Schafweiden und voll behangene Streuobstbäume streifen.

***Michelstadt** zählt zu den größeren Städten des Odenwalds und hat eine historische Altstadt. Besonders sehenswert sind das Alte Rathaus, das Gasthaus Zum Grünen Baum und die Kirche mit ihrem Glockenspiel.*

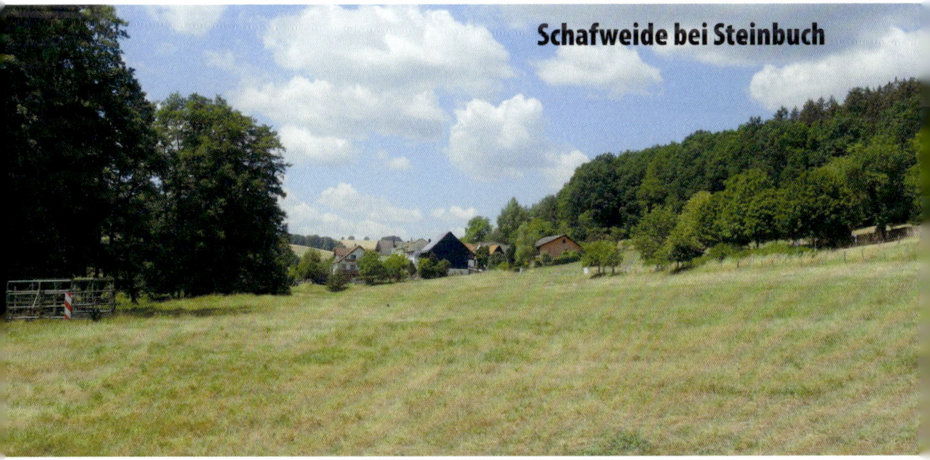
Schafweide bei Steinbuch

Als wir den Wasserspeicher hinter uns lassen, erkennen wir bereits wieder die Häuser von Steinbach. Beim **Rastplatz Steinerner Tisch** gönnen wir uns nochmals eine kleine Auszeit inmitten alter Ahornbäume. Bekanntermaßen kann Ahorn Ruhe und Gelassenheit auf unser Gemüt ausstrahlen und unsere Gedanken klären. Völlig entspannt schlendern wir jetzt hinab ins Wohngebiet. Der Dr.-Kurt-Schumacher-Ring sowie die Kurpfälzer Straße bringen uns zur B47, die wir rasch und umsichtig überqueren. Wir folgen der Brückenstraße sowie der Schloßstraße und gehen an **Nick's Biergarten** 6 vorbei, der erst um 17 Uhr öffnet. Genügend Zeit also, um nun die **Einhardsbasilika** 7 ausgiebig zu erkunden. Der Eingang liegt links gegenüber. An der Kasse lösen wir zwei Tickets und erlangen Zutritt zu den ehrwürdigen Hallen.

Das erhabene Gotteshaus wurde vor 1200 Jahren erbaut und strahlt noch immer einen ganz eigenen

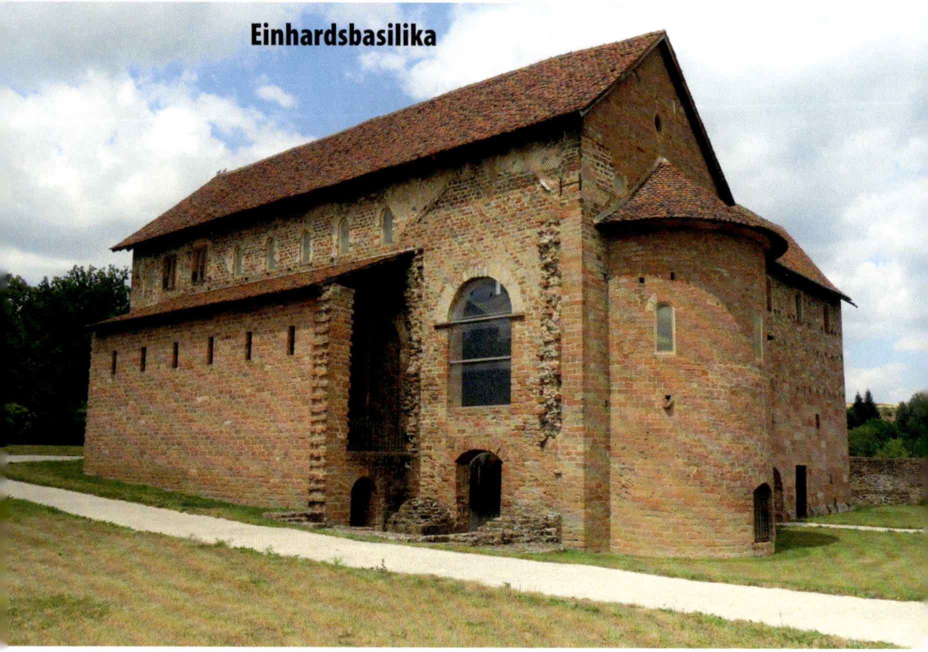

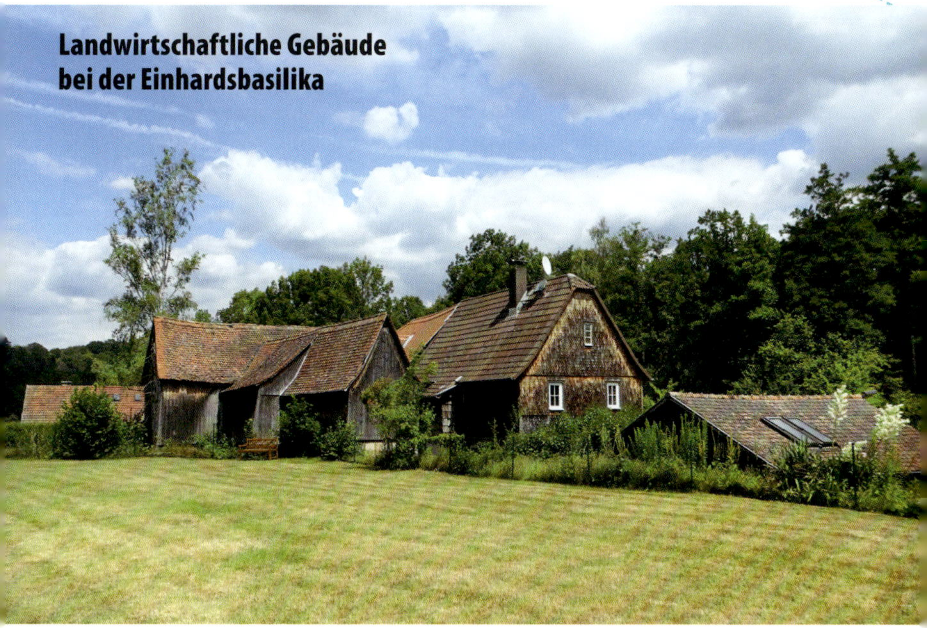

Landwirtschaftliche Gebäude bei der Einhardsbasilika

Charme aus. Die Einhardsbasilika wurde nach ihrem Erbauer Einhard (770–840) benannt. Er war nicht nur Ratgeber und Vertrauter von Kaiser Karl dem Großen, sondern verfasste auch dessen Biografie. Der dreischiffige Sandsteinbau zählt zu den Zeitzeugnissen karolingischer Architektur, inspiriert zu diesem Prachtbau wurde Einhard auf einer Reise nach Rom. Nach der empfehlenswerten Besichtigung folgen wir der Schloßstraße und erreichen zügig das **Gasthaus Zur Gerste** 8 mit seinem urigen Biergarten. Dort bestellen wir uns erst einmal ein alkoholfreies Bier und genießen die schöne Atmosphäre des Traditionsgasthauses, das 1804 von Johann Balthasar Schmucker erworben wur-

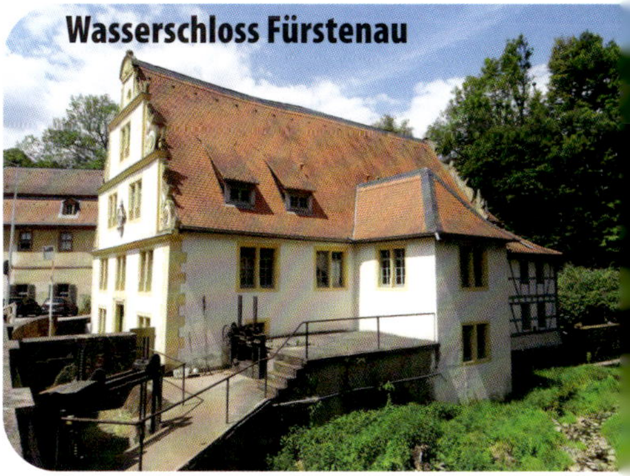

Wasserschloss Fürstenau

Erfrischungstour 18

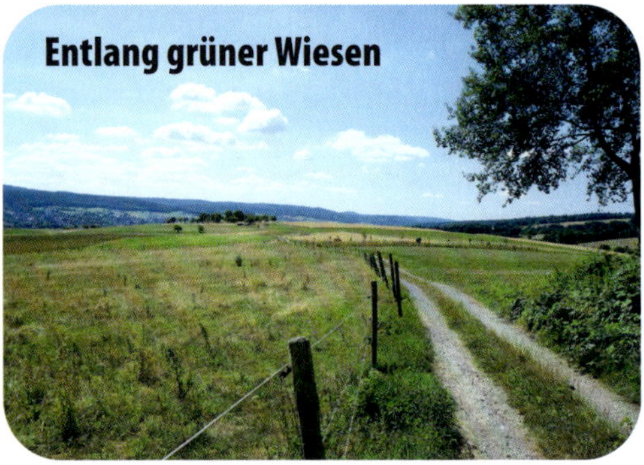

de, um dort Bier zu brauen. Einer seiner Söhne gründete später die große Brauerei Schmucker in Mossautal. Heute allerdings befindet sich das Gasthaus nicht mehr in Familienhand.

Nach dieser herrlichen Erfrischung können wir noch den **Steinbacher See** besuchen und den Innenhof von **Wasserschloss Fürstenau 9** besichtigen. Das sehenswerte Schloss befindet sich in Privatbesitz. Durch den Hof gelangen wir zurück zu unserem Ausgangspunkt, dem Graf-Raimund-Platz.

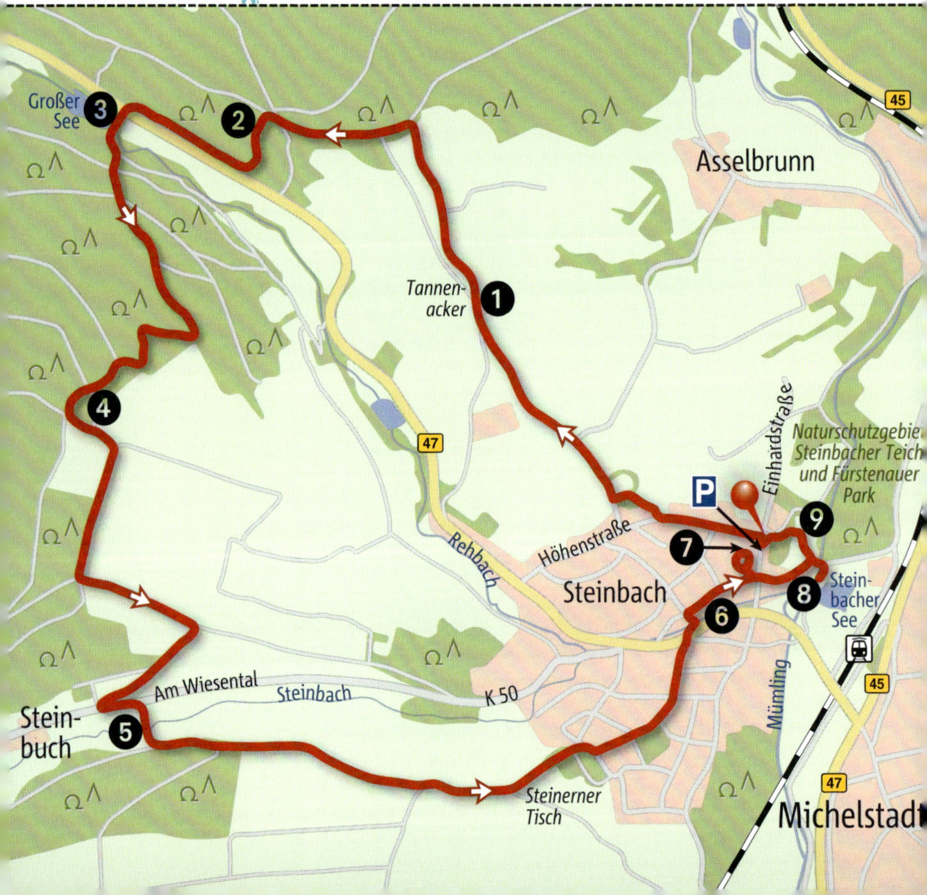

Alles auf einen Blick

WIE & WANN:

Einfach zu begehende, meist breite Wege mit moderater Steigung und mäßigem Gefälle. Die Wanderung verläuft längere Zeit durch offenes Gelände und bietet an heißen Sonnentagen wenig Schatten. Beste Wanderzeit von März bis November.

HIN & WEG:

Auto: Anfahrt über die B45 nach Michelstadt und auf der B47 rüber nach Steinbach. Parkplatz nah der Einhardsbasilika, An der Basilika 4, 64720 Michelstadt (GPS: 49.687667, 8.994667)

ÖPNV: RB81, RB82 von Darmstadt oder Frankfurt am Main bis Michelstadt Bahnhof

ESSEN & ENTSPANNEN:

Nick's Biergarten ❻ Schloßstraße 38, 64720 Michelstadt-Steinbach, Tel. (0 60 61) 55 85

Gasthaus Zur Gerste ❽ Schloßstraße 2, 64720 Michelstadt-Steinbach, Tel. (0 60 61) 9 79 73 13, www.zur-gerste.de

ENTDECKEN & ERLEBEN:

Tannenacker ❶
Einhardsquelle ❷
Großer See ❸
Forsthaus Achtbuchen ❹
Talgrund des Steinbachs ❺
Einhardsbasilika ❼
Wasserschloss Fürstenau ❾

Entspannung ✱✱✱✱✱
Genuss ✱✱✱✱✱
Romantik ✱✱✱✱✱

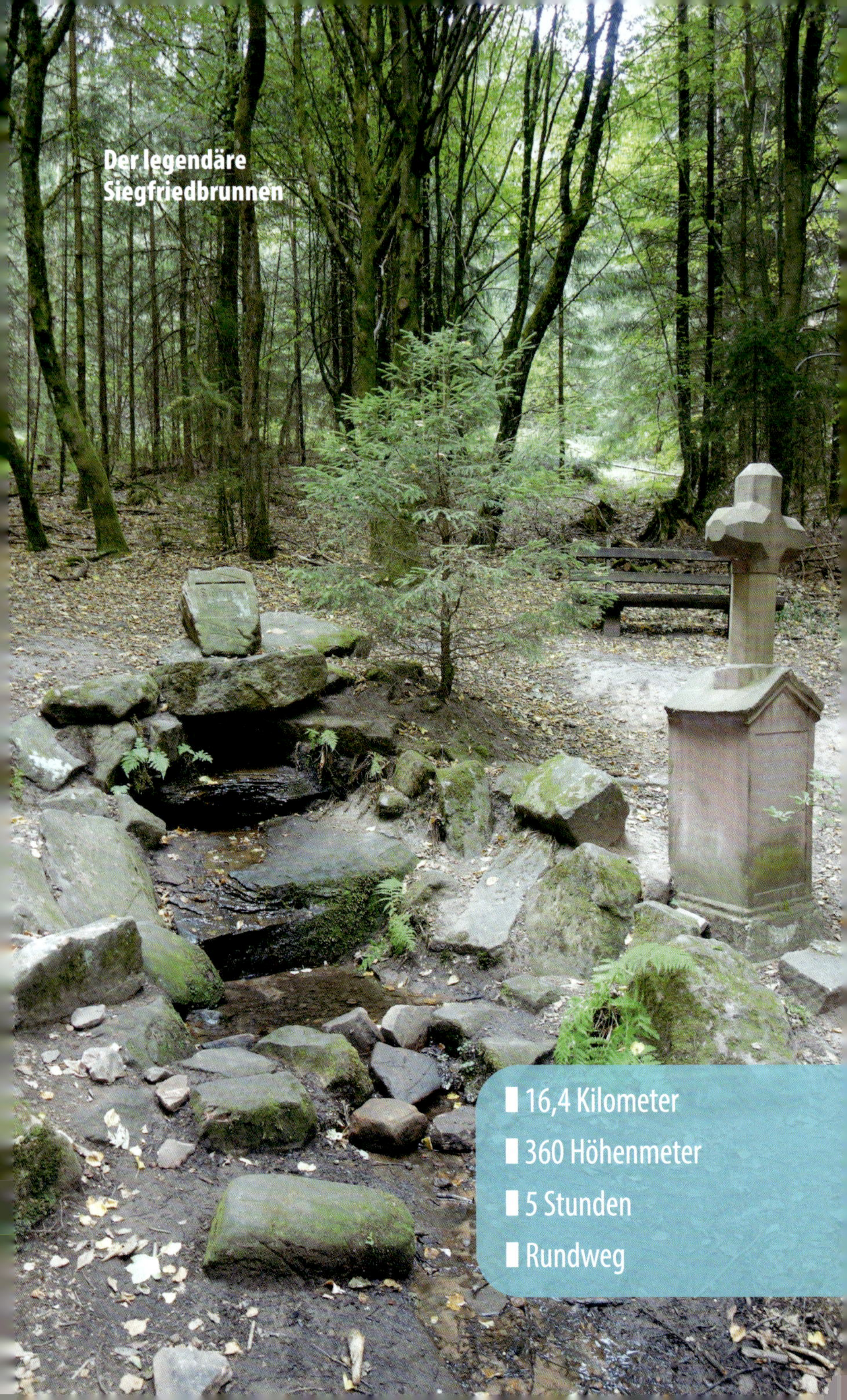
Der legendäre
Siegfriedbrunnen
16,4 Kilometer
360 Höhenmeter
5 Stunden
Rundweg

Heute geht's auf große Erkundungstour! Es gilt, den Siegfriedbrunnen ausfindig zu machen. Was uns wohl auf den Spuren der Nibelungensage alles begegnen wird? Voller Entdeckergeist starten wir in **Hüttenthal** am **Parkplatz der Mossautalhalle** zum Drachenweg Triumphalis, der uns mit der **Markierung MD1** sofort ins Auge springt. Gleich hinter dem Feuerwehrhaus wenden wir uns rechts und folgen kurz der Güttersbacher Straße, bis wir gegenüber dem Haus mit der Nummer 17 links abbiegen und den Ort kurz nach einem Bauernhof verlassen. An der nächsten Abzweigung wandern wir rechts hinauf und schauen zurück auf Hüttenthal. Oben am Waldeck angekommen, schreiten wir halb rechts zum **Wald- und Vogelschutzlehrpfad** und passieren dabei eine Blockhütte. Zahlreiche Schilder vermitteln uns viel Wissen über die heimische Vogel- und Pflanzenwelt. Pure Waldromantik bietet uns der teils stein- und wurzelübersäte Pfad mit seiner ursprünglichen Natur. So können wir direkt abschalten und uns voll und ganz auf die Wanderung einlassen.

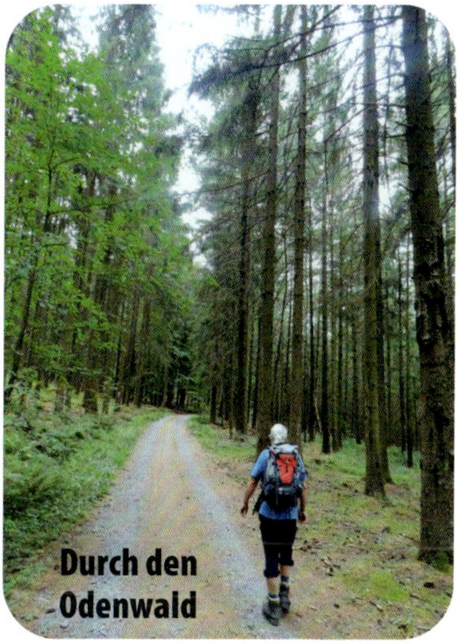

Durch den Odenwald

Wir lassen eine Wiesenlichtung hinter uns und wandern am Waldrand entlang zu einer weiteren **Schutzhütte.** Bald schon laufen wir links vorbei an einem grünen Teppich aus moosbewachsenem Waldboden. Das beflügelt unsere Fantasie und erinnert uns an die Märchen längst vergangener Zeiten.

Welt der Nibelungen

Zum Siegfriedbrunnen

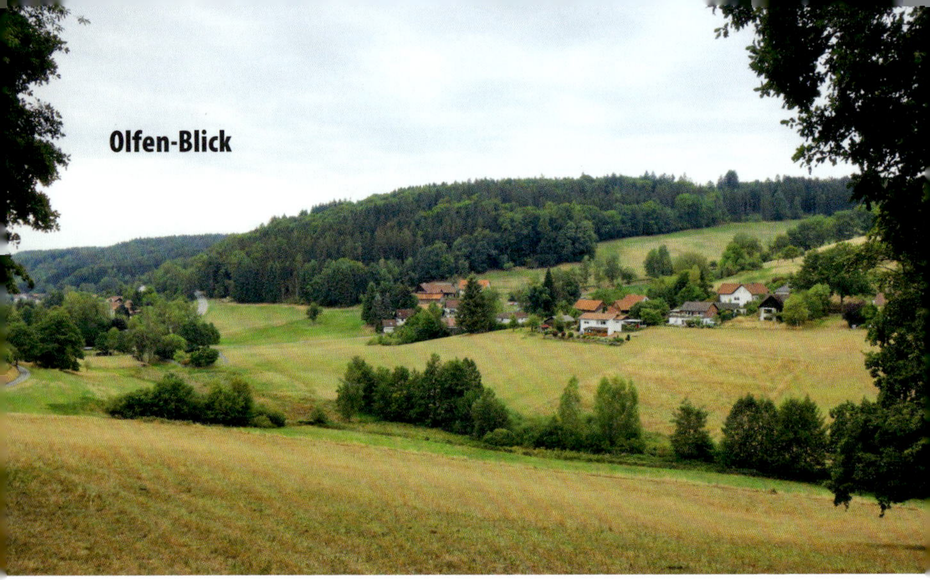

Über den **Vogelherd** geht es mit geringem Höhenunterschied weiter geradeaus durch den herrlichen Wald. An einer Weggabelung wandern wir links. Wir durchqueren den harzigen Nadelwald, der jetzt im Hochsommer ganz besonders intensiv duftet. Während eines sanften Anstiegs folgen wir dem Rechtsabzweig und gehen eben weiter. Dann passieren wir im Rechtsbogen eine schöne **Wiesenlichtung** und können dabei durch die lichten Bäume auf die Häuser von Güttersbach hinabblicken. Bei einer Kreuzung geht es links hinauf und auf weichem Untergrund durchwandern wir jetzt eine urwüchsige Naturküche. Verschiedene Kräuter, Beeren und weitere Pflanzen breiten sich hier aus, ein wahres Waldparadies. Abenteuerlich geht es hinter einem Forstweg bergauf, auf einem ursprünglichen **Wurzelpfad.** Konzentriert steigen wir Meter um Meter hinauf und genießen dabei die natürliche Stille des Waldes. Bald schon überqueren wir eine Straße und folgen einem Forstweg nach rechts, bis wir beim Fahrweg talwärts gehen.

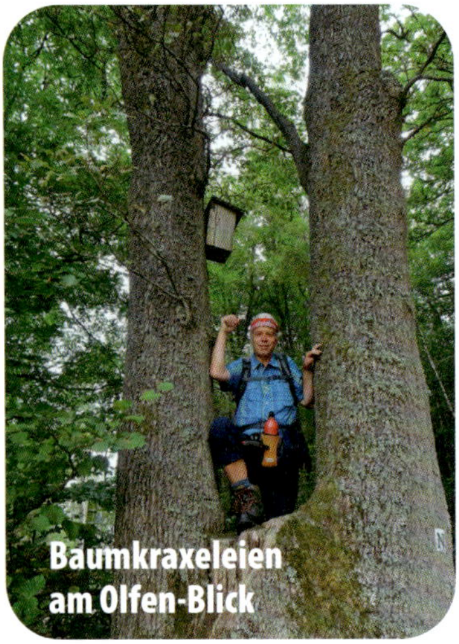
Baumkraxeleien am Olfen-Blick

Am Waldrand genießen wir erst einmal den lieblichen **Olfen-Blick** ❶. Auf dem Odenwald-Sofa gönnen wir uns eine kurze Auszeit, bevor wir unsere Tour fortsetzen. Ob der Siegfried hier vorbeigekommen ist? Das fragen wir uns, während wir rechts den Forstweg einschlagen und auf dem oberen Weg bleiben. Sehr viele Birken wachsen hier. Ein Wurzelpfad zweigt nun links ab und führt uns direkt ins **Naturschutzgebiet Rotes Wasser 2**.

Jetzt folgen wir dem rechten Pfad und gelangen sofort in einen Abschnitt voller Heidelbeeren, Farnen, Heidekraut und Birken. Total fasziniert durchschreiten wir diesen Abschnitt, der einen wunderschönen ursprünglichen Charakter hat. Nach dem Naturschutzgebiet führt uns der Pfad nun bergwärts und lässt uns beim Forstweg nach links gehen. An der nächsten Kreuzung halten wir uns ebenfalls links und an den folgen-

*Das **Hochmoor Rotes Wasser** verdankt seinen Namen einer sogenannten Braunalge, die den Eisengehalt im Wasser bindet. Dies spiegelt die rostrote beziehungsweise rostbraune Farbe wider.*

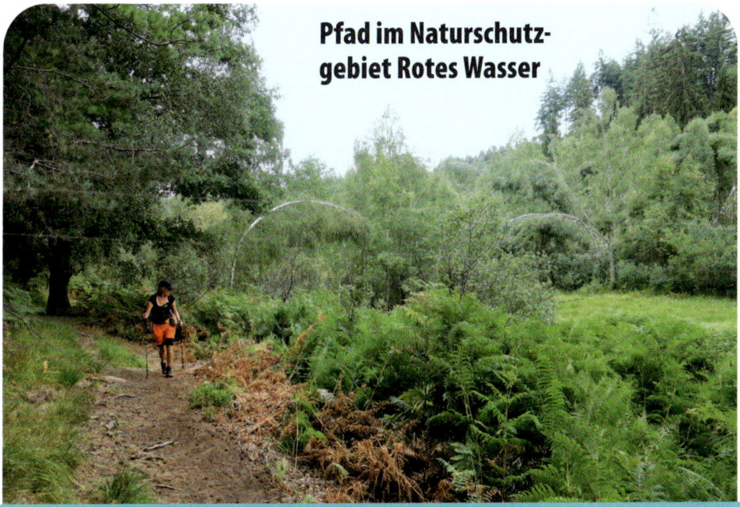
Pfad im Naturschutzgebiet Rotes Wasser

Für die Seele

Auf den Spuren des Helden der Nibelungensage fühlt man sich beinahe unbändig stark. Kein Lindwurm kann uns auf dem Drachenrundgang etwas anhaben!

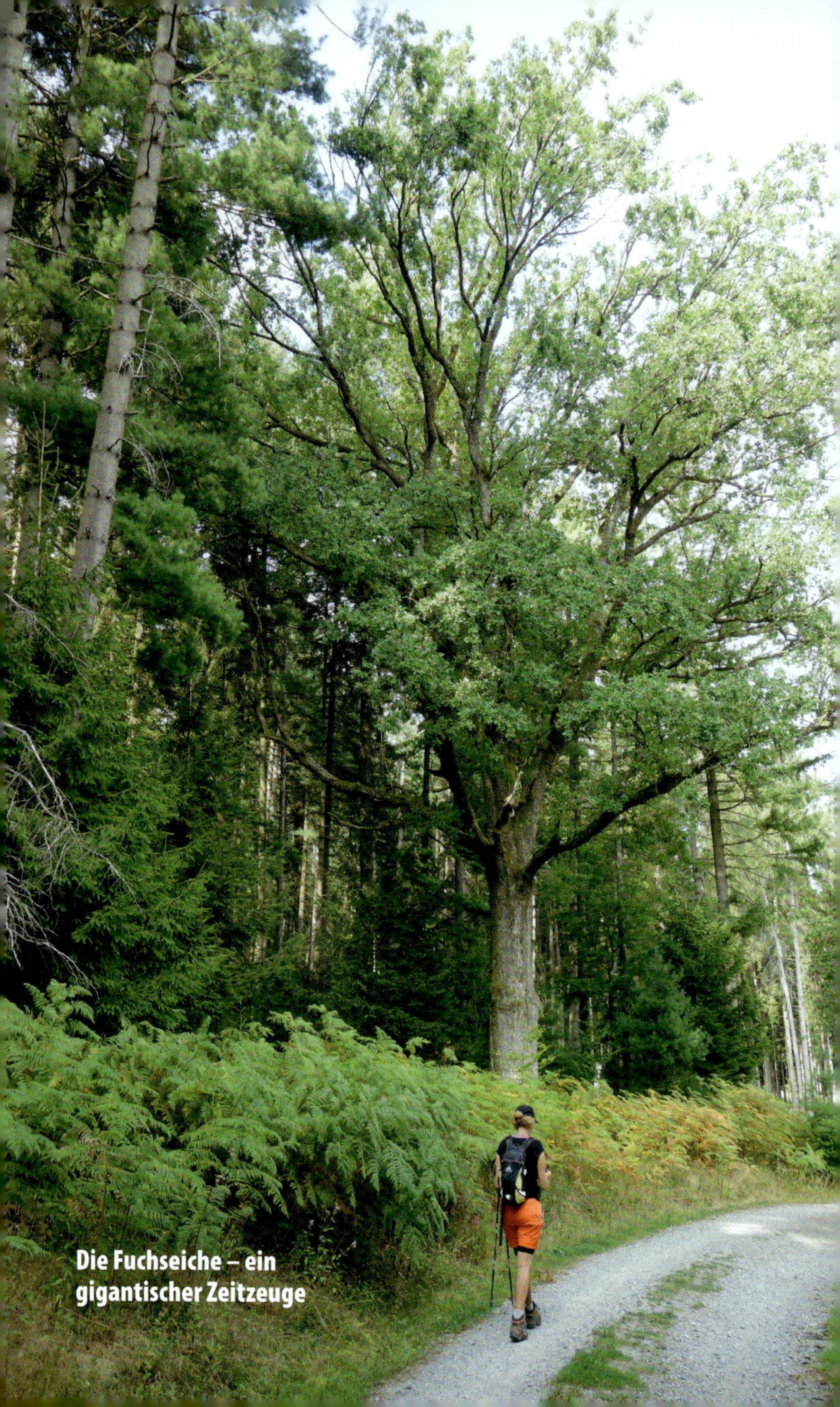

Die Fuchseiche – ein gigantischer Zeitzeuge

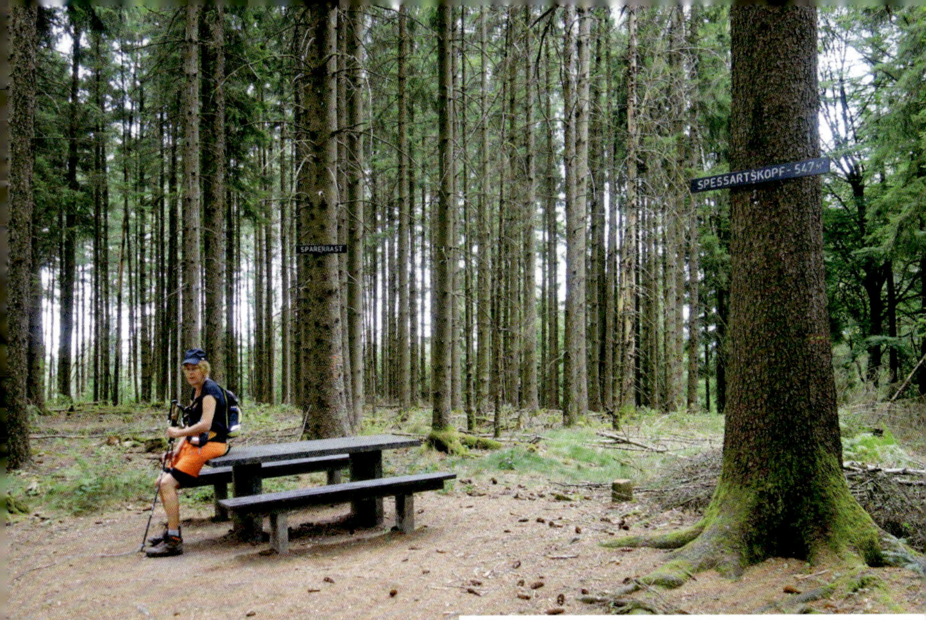

Auf dem Spessartskopf

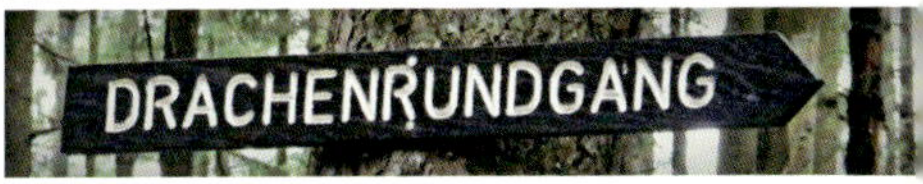

den beiden gehen wir rechts. Jetzt wird es spannend, denn wir folgen nun dem **Drachenrundgang.** Dieser zweigt rechts auf einem Pfad ab und bringt uns auf den bewaldeten **Spessartskopf ❸.** Wir sind schon mächtig gespannt, was uns als Nächstes erwartet, aber erst einmal umgibt uns eine tiefe Stille. Unser Weg führt rechts bergab und kurz erfreuen wir uns an der Aussicht auf die benachbarten Berge.

Ein Grasweg, von Dutzenden moosbewachsenen Sandsteinen übersät, führt uns zum **Brunhildtempel** und zu dem legendären **Siegfriedbrunnen ❹.** Da ist er also, der Brunnen, an dem angeblich der unverwundbare Siegfried von Xanten, Protagonist der Nibelungensage, ermordet worden sein soll. Man bedenke, dass der übermächtig starke Siegfried im Zweikampf den Drachen besiegt und durch ein Bad im Blut des Lindwurms eine unverwundbare Hornhaut erhielt. Durch ein herabgefallenes Lindenblatt hatte er nur eine Stelle an der Schulter, an der er verwundbar geblieben sein soll. Dies wurde ihm zum Verhängnis, denn auf einer Bärenjagd und beim Trinken an dieser Quelle ermordete ihn Ha-

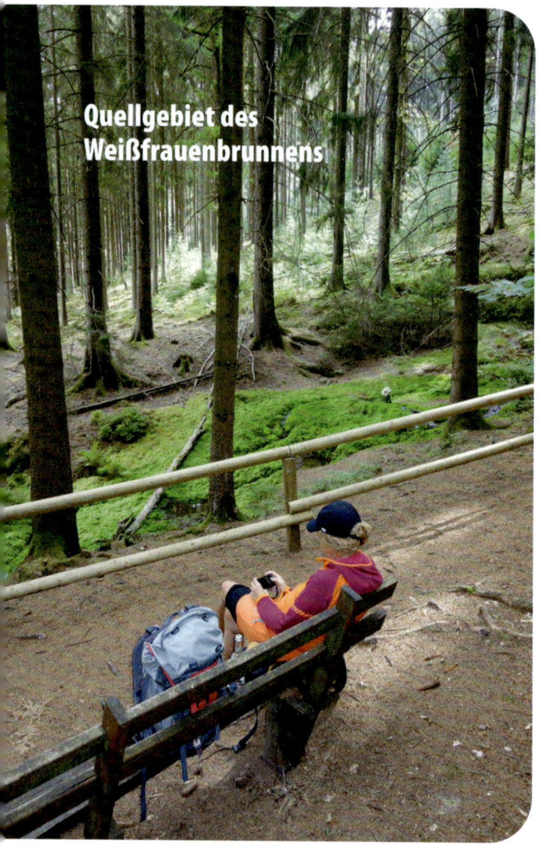

gen von Tronje der Sage nach hinterrücks durch einen Stoß – allerdings beanspruchen mehrere Gemeinden verschiedener Landstriche diese Aussagen … Sei's drum, die Heldensage lebt hier auf jeden Fall weiter. Auf einigen Tafeln am Wegesrand kann man sich tiefgründiger mit der Nibelungensage befassen. Mehrere Sitzgelegenheiten laden an diesem überaus mystischen Ort zum Verweilen ein.

Nach ausgiebiger und intensiver Zeitreise ziehen wir weiter und gehen vor dem **Quellbächlein** rechts und am **Forstweg** noch einmal. Bald schon führt uns ein schmaler Pfad halb rechts in das Nadelgehölz und wir achten darauf, den Linksabzweig nicht zu verpassen. Alte Grenzsteine säumen den Wegesrand. Feiner Staub aus Sandstein knirscht unter unseren Schuhsohlen. Die Markierung fest im Blick, geht es rechts in den **Farnwald** und beim nächsten Querweg biegen wir links zur **Güttersbacher Höhe** ab. Ein Waldweg bringt uns zu der mächtigen **Fuchseiche,** die hier mitten im Nadelwald als gigantischer Zeitzeuge thront. Jetzt gehen wir links und kurz darauf zweigt ein Pfad rechts ab, der sich talwärts zu einem Forstweg hinunterschlängelt. Immer weiter verlieren wir an Höhe, bis wir das Quellgebiet des **Weißfrauenbrunnens** **5** erreichen.

Einer Sage nach war eine junge Frau als Frühlingsbotin für Quellen und Bäche verantwortlich, wo im Frühjahr alles wieder mehr sprudelt, quirlt und zu neu-

!

*Das Quellgebiet des **Weißfrauenbrunnens** ist geschützt und darf nicht betreten werden. Der Weißfrauenbrunnenstein aus Alabaster steht von klaren Wasseradern umgeben mitten in einem Moosteppichgeflecht.*

em Leben erwacht. Denkbar ist auch, dass sich hier Frauen zu Reinigungsritualen trafen, um damit der Göttin für diese Quelle zu huldigen. Abgezäunt durch ein Holzgatter sprudelt das Wasser vom Brunnen heraus und fließt über den Mooswaldboden ab. An diesem magischen Ort verweilen wir eine Zeit lang auf einer Sitzbank und lassen uns von seinem Charme verzaubern. Ein weißer, bearbeiteter Alabasterstein mit einer Frauenfigur erinnert an die Sage.

Weiter folgen wir unserer Markierung, die uns neben dem plätschernden Mösselbach im Abstieg am **Dachsbrunnen** 6 vorbeiführt. Talwärts gelangen wir zum Rastplatz unter der Berger-Eiche und bald schon weitet sich der Grund zu einer großen **Lichtung,** auf der Pferde und Kühe weiden. Das gefällt uns und wir würden am liebsten sofort ein Pferd satteln, um unseren Weg hoch zu Ross fortzusetzen. Die Tour führt uns nun an den Orten **Mösselbach** und **Güttersbach** vorbei und wir erfahren, dass es einst in Hüttenthal sehr heiß herging. Hier soll vom 13. bis Mitte des 18. Jahrhunderts eine Eisenschmelze gestanden haben, die mehrmals komplett wieder aufgebaut werden musste und eine bewegte Zeit hinter sich hat. Heute steht an ihrer Stelle das Gasthaus Zur Schmelz.

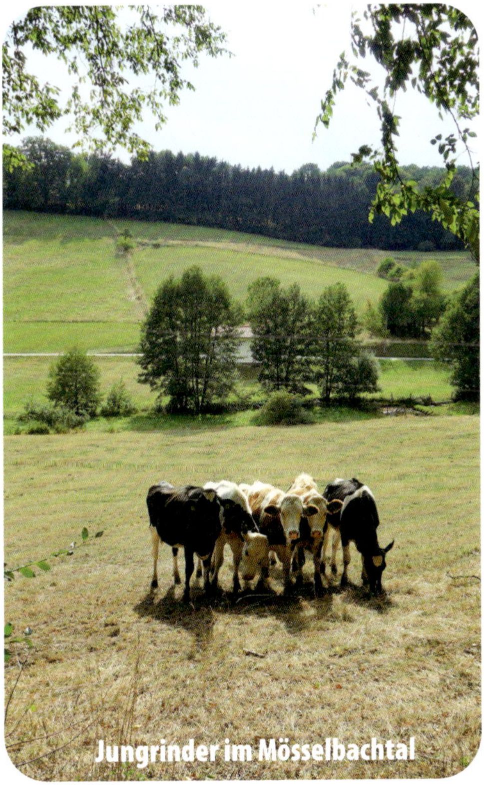

Jungrinder im Mösselbachtal

Unter der Scheune ist ein Modell einer Hochofenanlage zu sehen. Das Gasthaus lädt auch zur Einkehr ein, aber wir kommen erst im Anschluss an die Wanderung mit dem Auto hierher. Wir wandern an einem kleinen See vorbei, wo wir Burenziegen entdecken. Dann geht es rechts neben dem Marbach und über die Güttersbach-Mündung weiter. Jetzt müssen wir nur noch der Straße hinab durch das landwirtschaftliche und schön gelegene **Hüttenthal** 7 folgen. So gelangen wir glücklich und mit viel neuem Wissen über Siegfried und die Nibelungensage zurück zu unserem Ausgangspunkt. Zufrieden verstauen wir unsere Rucksäcke im Auto und fahren für einen gemütlichen Wanderausklang zum **Gasthaus Zur Schmelz,** in dem wir ein hauseigenes Freistaat-Bier, ein ungefiltertes Kellerbier, zum Abendessen genießen dürfen – na dann, prost!

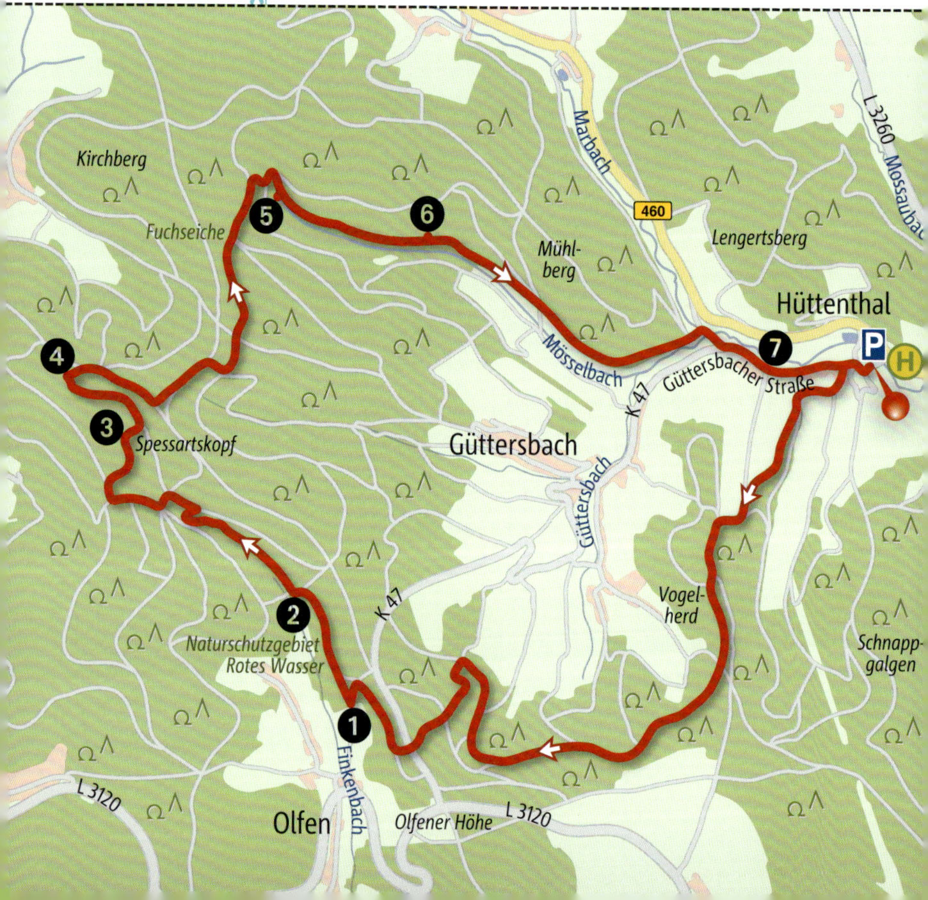

Alles auf einen Blick

WIE & WANN:
Die Wege sind oft Forstwege, aber zwischendurch auch wunderschöne Pfade. Früher führte ein Weg mitten durch das Naturschutzgebiet Rotes Wasser, aus ökologischen Gründen gibt es mittlerweile eine ausgewiesene Umleitung. Beste Wanderzeit von April bis Anfang November.

HIN & WEG:
Auto: Hüttenthal liegt im Herzen des Odenwalds an der B460.
Parkplatz neben der Mossautalhalle, Güttersbacher Straße 2,
64756 Mossautal (GPS: 49.620833, 8.936250)
ÖPNV: Bus 45 von Erbach oder Grasellenbach bis Haltestelle Hüttenthal Mossautalhalle

ESSEN & ENTSPANNEN:
Bitte an Rucksackverpflegung denken.
Abseits der Route empfehlenswert:
Gasthaus Zur Schmelz, Obere Siegfriedstraße 20, 64756 Mossautal,
Tel. (0 60 62) 37 24, www.gasthaus-zur-schmelz.de

ENTDECKEN & ERLEBEN:
Olfen-Blick ❶
Naturschutzgebiet Rotes Wasser ❷
Spessartskopf ❸
Siegfriedbrunnen ❹
Weißfrauenbrunnen ❺
Dachsbrunnen ❻
Hüttenthal ❼

Entspannung ✱✱✱✱✱
Genuss ✱✱✱✱✱
Romantik ✱✱✱✱✱

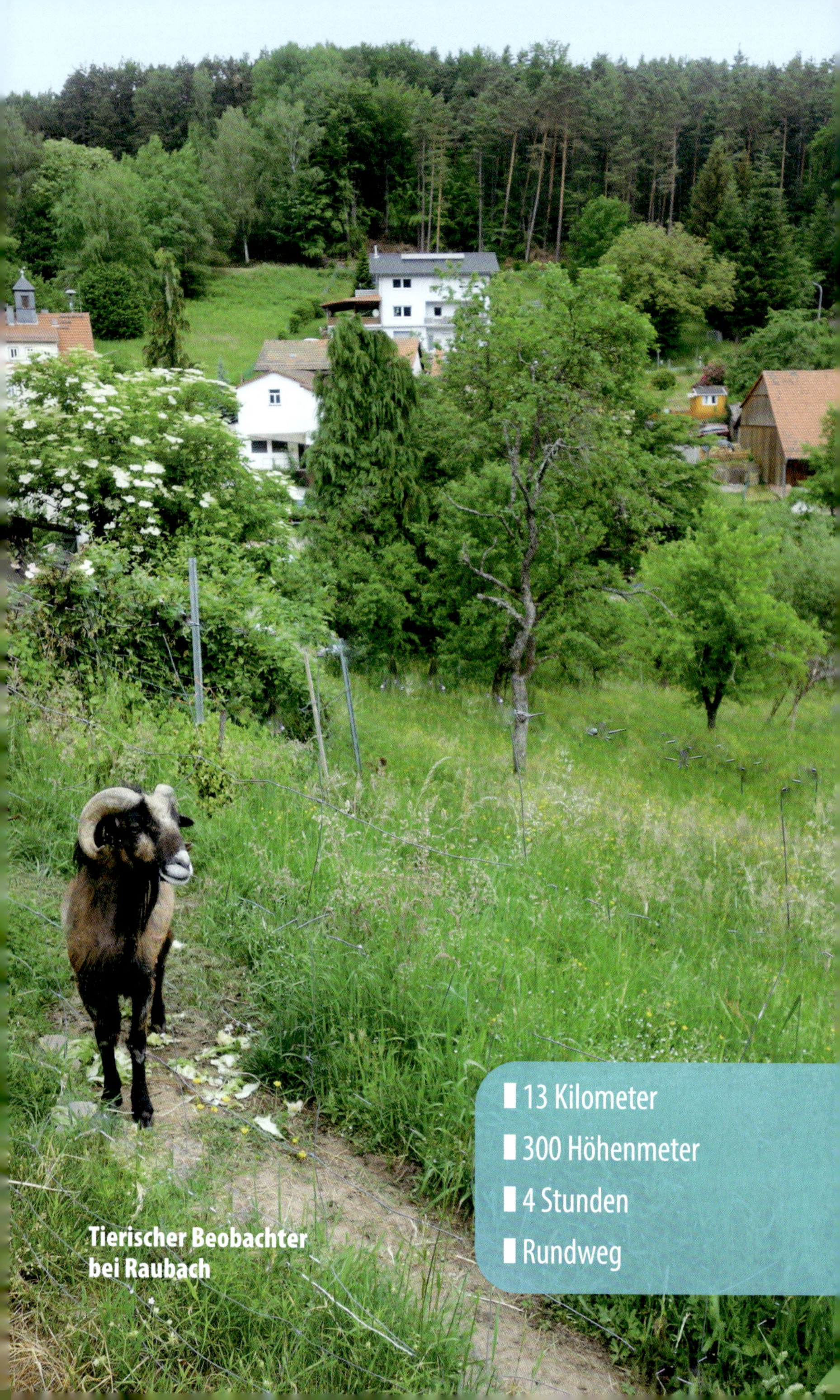

- 13 Kilometer
- 300 Höhenmeter
- 4 Stunden
- Rundweg

Tierischer Beobachter bei Raubach

Heute sind wir auf dem **Jockel-Weg.** Jakob Ihrig, gebürtig hier in Raubach, wurde liebevoll auch Jockel genannt. Er trieb hier sein Unwesen, ein echtes Odenwälder Urgestein, eben ein wahrer Hansdampf, einer, von dem die Leute sich noch lange erzählen. Ja ja, der Jockel, der Jockel. Er war bekannt wie ein bunter Hund. Nicht nur als Köhler, Totengräber, Uhrmacher und Waldarbeiter verdiente er sein Geld, sondern auch als Musiker, denn er war eine ausgesprochene Frohnatur. So wurde ihm dieser Weg gewidmet – und diese mit netten Jockel-Anekdoten versehene Wanderung bietet nicht nur eine herrlich schöne Landschaft, sondern ist auch ziemlich kurzweilig.

Wir starten am **Wanderparkplatz** unterhalb des Gasthofs Raubacher-Höhe. Die **grüne Ra3-Markierung** dient uns heute als Orientierung. Wir schreiten an einem Brunnen vorbei und gehen neben der Straße hinauf. Vor einer Rechtskurve führt der Weg linker Hand am Waldrand entlang zum **Landgasthof Raubacher-Höhe ❶.** Auf nahezu gleichbleibender Höhe spazieren wir auf dem asphaltierten Weg in ein herrlich schönes Landschaftsbild, umringt von satten grünen Wiesen mit bunten Blumen am Wegesrand. Wir müssen angesichts der netten kleinen Anekdoten schmunzeln, das erinnert uns sofort an die Geschichten der Urgesteine, die man sich auch in unserem Dorf schon seit Generationen erzählt. Im Wald gehen wir an der Kreuzung rechts und weiter hoch zum blühenden **Wiesenpfad.** Frühlingsblüte, so weit das Auge blicken kann. Hier an die-

*Auf mehreren Tafeln entlang des Wegs erfahren wir kleine Geschichten und Sagen vom **Jockel.** So war Jakob Ihrig zum Beispiel mit dem Herrgott per Du und ergaunerte von einer Bäuerin Äpfel.*

Zum Schmunzeln

Raubacher-Jockel-Weg

sem schönen Platz nutzen wir die Gelegenheit, kurz innezuhalten, die Augen zu schließen, tief durchzuatmen und die friedliche Stille in uns aufzunehmen. Sofort entspannt sich unser Körper und wir kommen ganz im Augenblick an. Mit diesem Bewusstsein schreiten wir in erhöhter Hanglage nach Raubach zurück und haben einen faszinierenden Blick auf das nette Dorf.

Am Ortsrand geht es über eine Wiese links hinauf in den Forst. Ein Waldpfad führt zu einer Landstraße, die wir am **Parkplatz Falters Ruhe** überqueren. Ein Schatten spendender Waldweg führt bergwärts und der harzige Duft von frisch geschlagenem Nadelholz begleitet uns. Die Waldarbeiter waren überaus fleißig. Hoch gestapelt liegt überall das Holz zur Abfuhr bereit. Bald lässt die Steigung nach und wir gehen an der zweiten Abzweigung links in Richtung Dürr-Ellenbach. Sanft neigt sich unser Weg und von Weitem hören wir den markanten Ruf des Kuckucks. Gemütlich wandern wir in ein Natur- und Trinkwasserschutzgebiet, bevor sich der Wald zum idyllischen Dürr-Ellenbachtal öffnet. Am Wald entlang gehen wir bergauf und schon bald

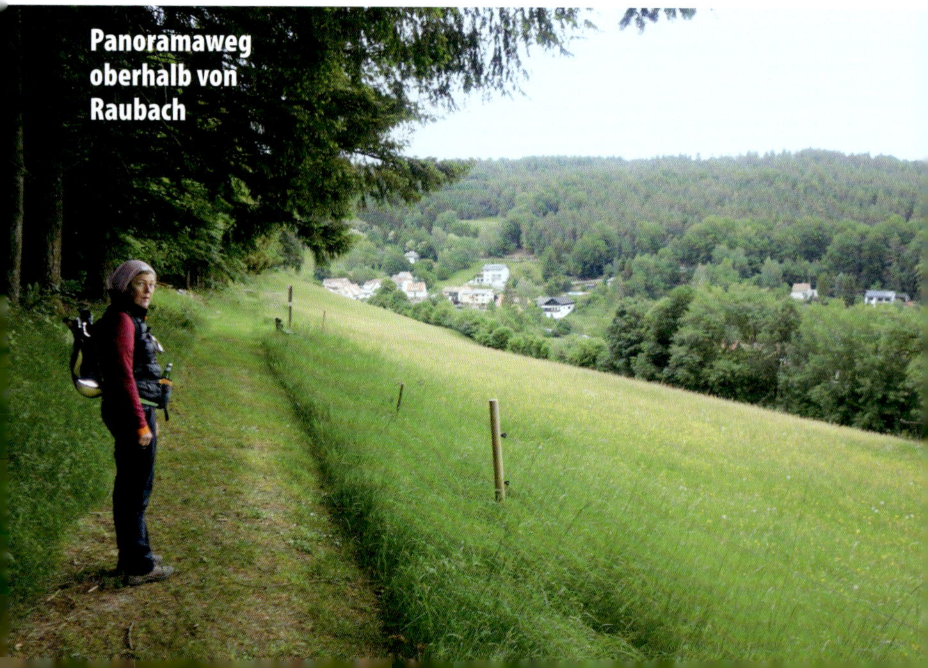

Panoramaweg oberhalb von Raubach

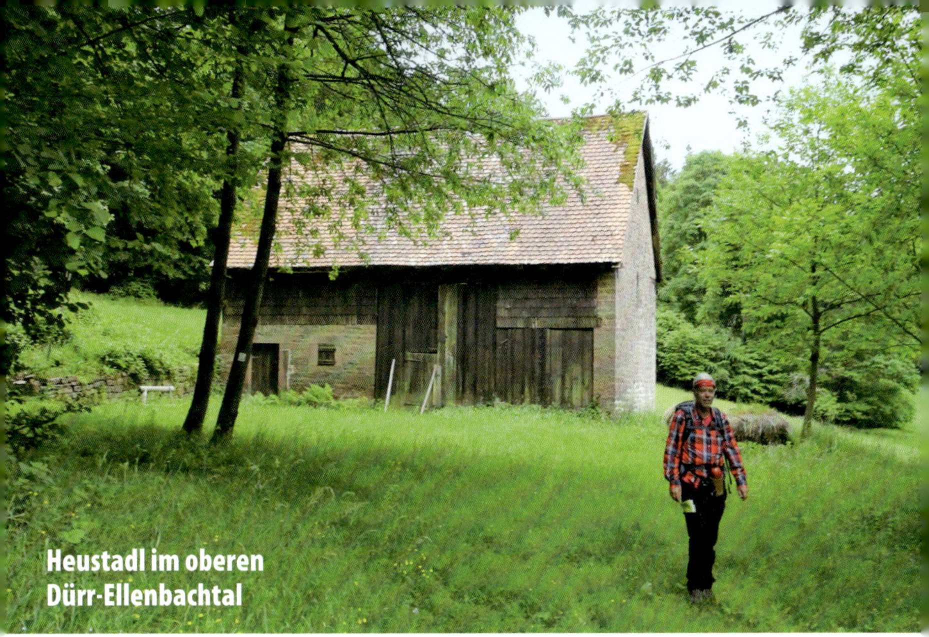

Heustadl im oberen Dürr-Ellenbachtal

taucht links unterhalb das heutige **Forsthaus Dürr-Ellenbach** ② vor uns auf. Früher lebten hier mehrere Familien, doch als Mitte des 19. Jahrhunderts die Lebensbedingungen immer schwieriger wurden, wanderten fast alle Einwohner des Ortes nach Amerika aus, lediglich ein Hof blieb übrig. Kaum vorstellbar, so einen malerischen Ort verlassen zu müssen.

Während wir über einen Grasweg halb rechts weiter zur **Wilhelm-Schlag-Eiche** wandern, gehen uns 1000 Gedanken durch den Kopf. Wie es wohl war, als die Bewohner des Weilers beschlossen haben, auszuwandern? Welche Krisen sie durchlebt haben? Unvorstellbar! Die unberührte Natur dieses stillen Wiesenhochtals vertreibt die letzten wehmütigen Gedanken und lässt uns

Für die Seele

In die Stille des Dürr-Ellenbachtals eintauchen, alle Sorgen zu Hause lassen, genießen und sich erholen. Inmitten purer Naturidylle finden wir Ruhe und Gelassenheit.

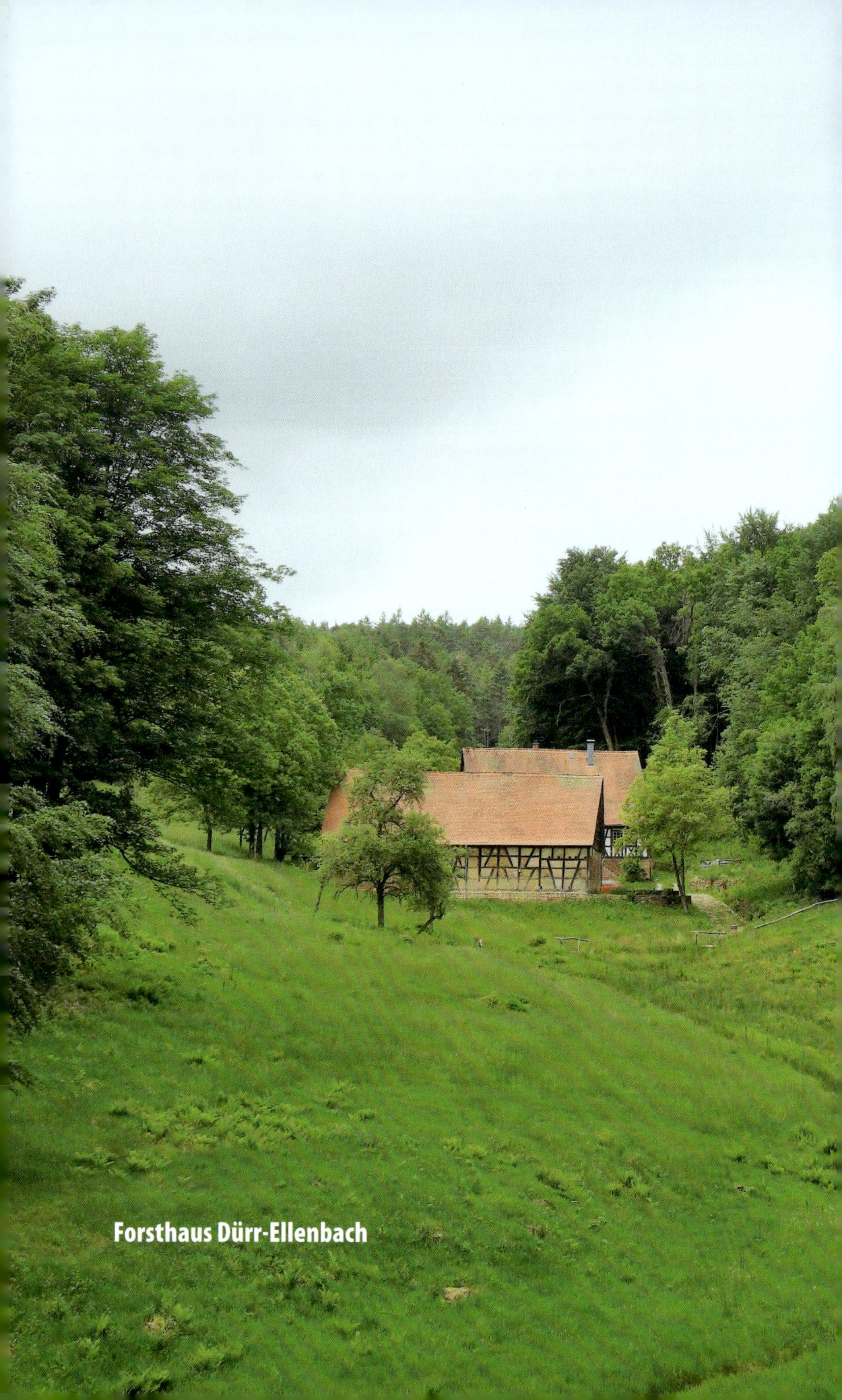

Forsthaus Dürr-Ellenbach

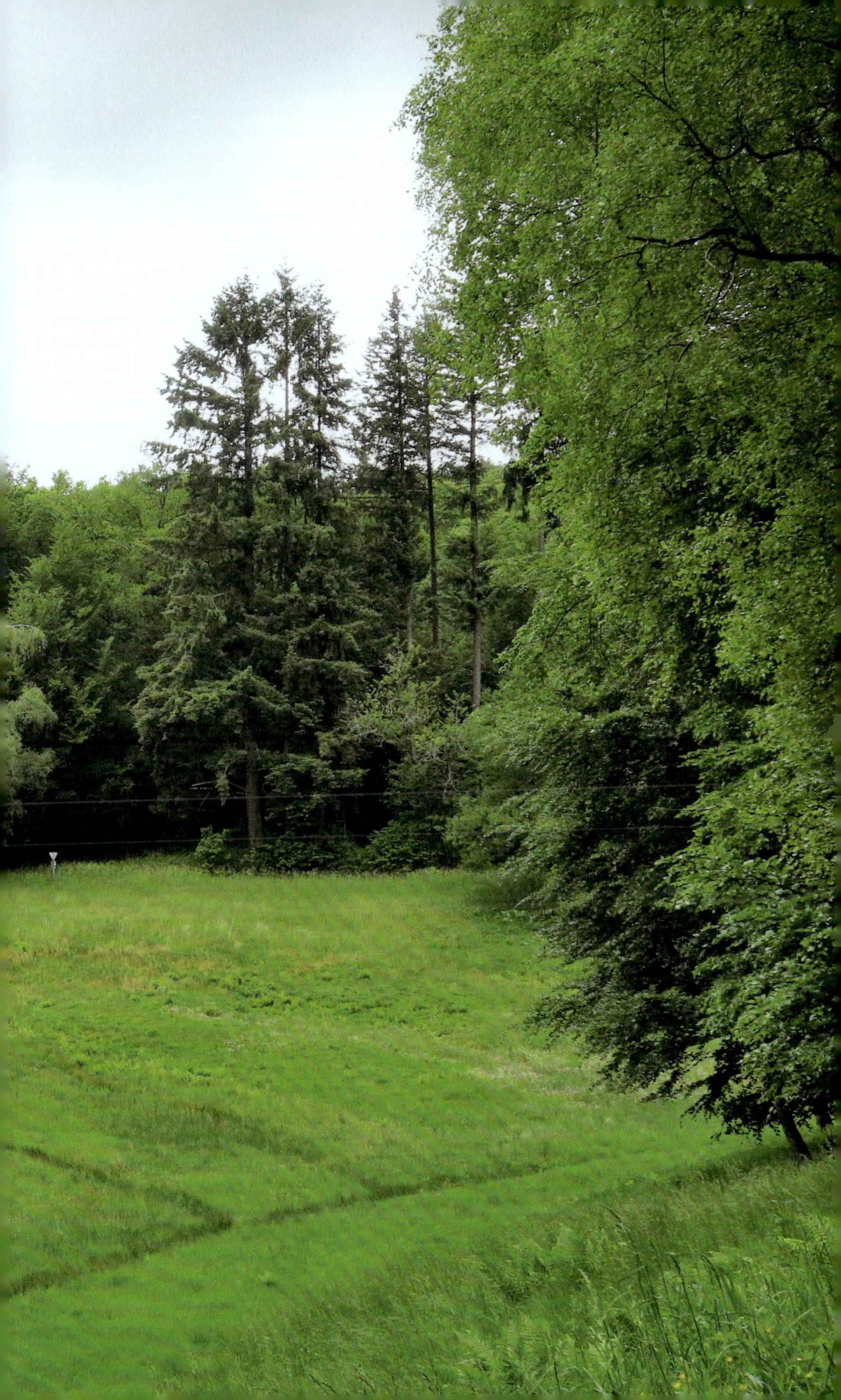

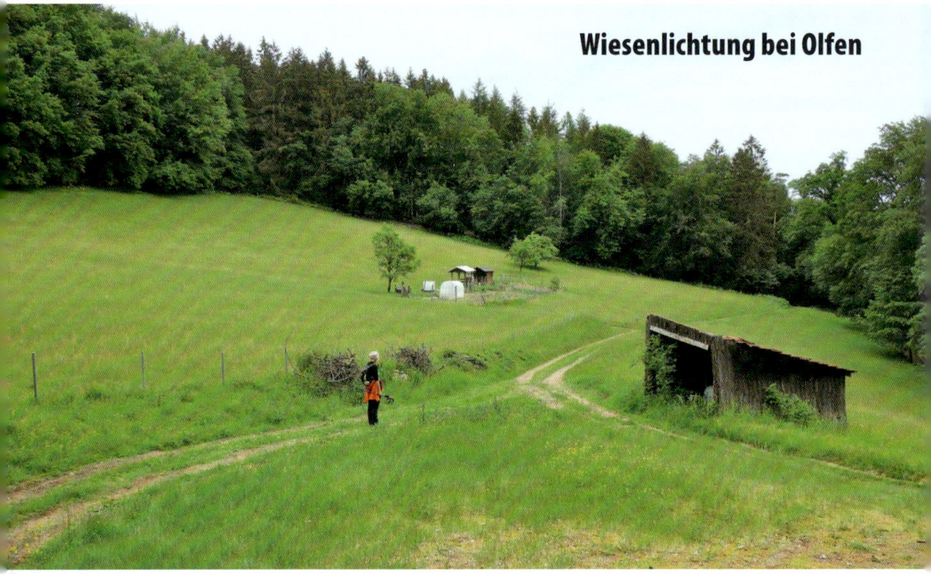

Wiesenlichtung bei Olfen

mit neuem Elan einen einsamen **Heustadl** erreichen, von dem aus wir noch einmal einen Bilderbuchblick in das abgeschiedene, urwüchsige Tal erhaschen. Am weiten Horizont erkennen wir vereinzelt Windräder, die sich auf der Bergeshöhe drehen. Da fällt uns spontan ein altes Heimatlied ein: „Oh du mein stilles Tal, du bist mein Heimatland, wo meine Wiege stand, da will ich sein …“ und so weiter. Leider sind solche alten Traditionslieder etwas in Vergessenheit geraten.

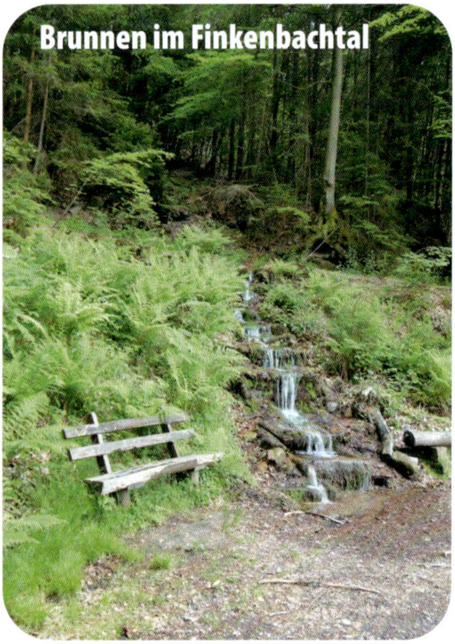

Brunnen im Finkenbachtal

Jetzt verlassen wir das Naturschutzgebiet und wandern in den kühlen Wald hinein. Dort geht es bergauf bis zum **Höhenweg,** wo wir im spitzen Winkel nach rechts gehen. Achtung, nach ungefähr 400 Metern wenden wir uns dem unscheinbaren Pfad zu, der links abzweigt. Sehr angenehm, auf weichem Boden geht es talwärts in einer Rechts-links-Kombination vorbei an einer grünen

Weidewiese. Fast meditativ wandern wir im angrenzenden Wald und verlieren Meter um Meter an Höhe, bis wir in den kleinen Ort Olfen gelangen. Im **Gasthaus Zum Spälterwald** ③ kehren wir ein.

Frisch gestärkt wandern wir am Dorfrand etwas talwärts und erblicken links die malerisch schöne **Olfener Bergwiese.** Entlang der Markierung verlassen wir das beschauliche Dorf und gelangen abermals ins Naturschutzgebiet, in dessen Talgrund der Finkenbach plätschert. Durch diese pure Naturidylle führt unser Weg weiter vorbei am **Jakob-Krämer-Quellbrunnen,** benannt nach einem früheren Schweinehirten aus Olfen. Wir dringen immer tiefer ins Hinterbachtal vor. Hier scheint die Zeit stillzustehen. Wie gebannt hören wir die Grillen zirpen, bestaunen die Schmetterlinge, die in der Luft herumflattern, sogar die Waldvögel singen ihr Lied, einfach traumhaft. Wildbäche schlängeln sich ins

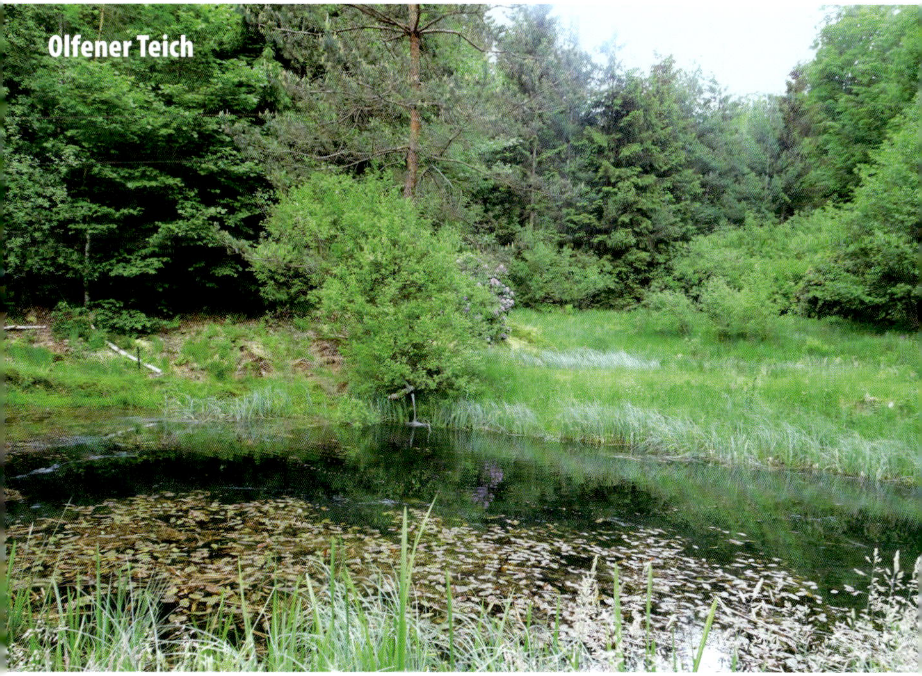

Olfener Teich

Tal. Wir genießen einmal mehr diese unendliche Ruhe, die auf uns überschwappt, und wandern beflügelt voller Leichtigkeit bis zum **Olfener Teich ④.** Eingebettet in unberührte Natur liegt er da, ein wahres Eden für Wassertiere und Insekten.

Weiter geht es auf dem Talweg, bis wir an der Kreuzung neben der Bachfurt halb rechts in den Wald hinaufwandern. Jetzt führt uns der Weg links und wir gehen an einem **kleinen Tümpel ⑤** vorbei, langsam laufen wir stetig bergan. Kurze Zeit später erreichen wir auch schon die Häuser von **Raubach.** Gemütlich wandern wir die letzten Höhenmeter im Dorf hinauf zu unserem Parkplatz. Schön war's.

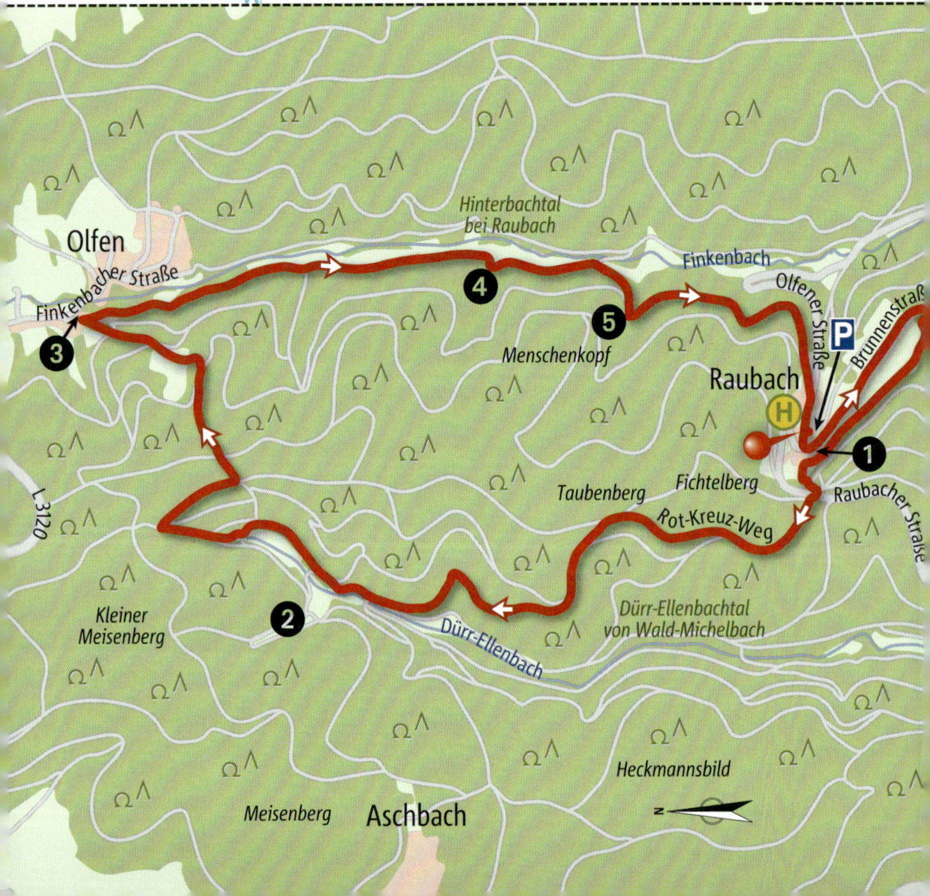

Alles auf einen Blick

WIE & WANN:
Die meist breiten Waldwege sind leicht zu begehen und durchweg sehr gut. Beste Wanderzeit von März bis November.

HIN & WEG:
Auto: Raubach liegt im Südosten von Wald-Michelbach, eine schmale Straße führt von Ober-Schönmattenwag durch den Wald hinauf.
Wanderparkplatz Raubacher Jockel, Hohl 4, 64757 Oberzent (GPS: 49.557083, 8.885750)
ÖPNV: Bus 54 von Hirschhorn oder Beerfelden bis Haltestelle Raubach Raubacher Straße

ESSEN & ENTSPANNEN:
Landgasthof Raubacher-Höhe ❶ Am Waldesrand 11, 64760 Oberzent-Raubach, Tel. (0 60 68) 21 83, www.raubacher-hoehe.de
Gasthaus Zum Spälterwald ❸ Spälterwaldstraße 4, 64743 Oberzent-Olfen, Tel. (0 60 68) 25 35, www.spaelterwald.de

ENTDECKEN & ERLEBEN:
Forsthaus Dürr-Ellenbach ❷
Olfener Teich ❹
Kleiner Tümpel ❺

Entspannung ✱✱✱✱✱
Genuss ✱✱✱✱
Romantik ✱✱✱✱

Ein gebührender Dank gilt dem Odenwaldklub e.V., der die Wanderwege stets pflegt und markiert.

Die GPS-Daten zu jeder Tour gibt es auf www.droste-verlag.de

Auf dem YouTube-Kanal „Wanderkult mit Martin Kuhnle" gibt es Clips zu allen Touren dieses Buches.

Konzeption/Satz: Droste Verlag, Düsseldorf
Einbandgestaltung: Britta Rungwerth, Düsseldorf, unter Verwendung von Bildern von © Fotolia.com: Andrey Kuzmin, undrey, dabost, niroworld; © stock.adobe.com: Gosia
Fotos: Heidi Maria und Martin Kuhnle, außer: bennytrapp/stock.adobe.com: S. 14
Karten: Thorsten David, Bochum
Textlektorat: Petra Sparrer, Köln
Druck und Bindung: LUC GmbH, Greven

MIX
Papier aus verantwortungsvollen Quellen
FSC® C011279
FSC www.fsc.org

ISBN 978-3-7700-2367-7
www.droste-verlag.de